Neue Rundschau

Begründet von S. Fischer
im Jahre 1890
S. Fischer Verlag

Herausgeber und Redaktion:
Martin Bauer, Helmut Mayer und Uwe Wittstock

Die Neue Rundschau erscheint viermal jährlich
Preis des Einzelheftes: 16 DM
Bezugspreis jährlich: 56 DM (inkl. Porto)
Berechnung jährlich bei Auslieferung des ersten Heftes
Das Abonnement verlängert sich automatisch,
wenn die Kündigung nicht bis zum 15.11. erfolgt.

Alle Zusendungen an die Redaktion erbeten an:
S. Fischer Verlag GmbH, Neue Rundschau
Hedderichstraße 114 · 60596 Frankfurt am Main
Telefax 069/60 62-319

Anzeigenverwaltung:
Runze & Casper Verlagsservice OHG
Linienstraße 214 · 10119 Berlin
Telefon 030/28 01 81 40, Telefax 030/28 01 84 00

Unverlangt eingesandte Manuskripte können nicht kommentiert werden.
Eine Rücksendung der Texte ist nur möglich, wenn Porto beiliegt.
Für unverlangt eingesandte Manuskripte kann keine Haftung übernommen werden.

Heft 4/1998 109. Jahrgang
Veröffentlicht im S. Fischer Verlag GmbH, Frankfurt am Main

Typographie: Konrad Boch, Frankfurt am Main
Umschlagentwurf: Manfred Walch, Frankfurt am Main
Satz: Fotosatz Otto Gutfreund GmbH, Darmstadt
Druck und Bindung: Clausen & Bosse, Leck
Printed in Germany 1998
ISSN 0028-3347 ISBN 3-10-809035-6

Postvertriebsnummer D 21222 F

Inhalt

Editorial 5

FÜHRUNGSSTILE

Bernd Ulrich *»Kämpfen und Durchkommen«. Anmerkungen zur ›Führung‹ angesichts des Tötens* 9
Jürgen Busche *Konditionierte Öffentlichkeit. Ein Lehrstück politischer Führung* 19
Andreas Platthaus *Das Hilfeleistungsgewerbe. Neue Selbständigkeit sucht neue Wege und verläßt sich auf alte Rezepte* 26
Heribert Klein *Patriarchen, Brandstifter, Drohnen. Kleine Galerie deutscher Wirtschaftsführer* 38
Erik v. Grawert-May *Positive Paranoia. Selbstführung zwischen Spaß und Ernst* 46
Dirk Schümer *Vom Ball getrennt. Führungsstile deutscher Fußballtrainer* 61
Barbara Sichtermann *Friß, Vogel. Erziehung als Führungsstil* 74

WERKGESPRÄCH

Überreden ist gut. Ein Gespräch mit Richard Rorty über Philosophie und Literatur, das Erhabene und die ordnende Vernunft, private Selbsterschaffung und politisches Engagement 87

FORUM

Richard Rorty *Wilde Orchideen und Trotzki* 113
C. K. Williams *In einem Regen wie diesem. Gedichte* 134
Reiner Stach *Kafkas ferne Braut. Felice Bauer und die Mühsal der Normalität* 136

Einsprüche und Nachreden

Jakob Stephan *Lyrische Visite (10). Lesereise: Müller, Hull, Wiepersdorf (III) und Marginalien* 153
Günther Rühle *»Kerr hat zweimal gelächelt«. Die Wiederentdeckung eines Kritikers* 161
Martin Stingelin *Nicht Herr im Haus der Sprache. Walter Muschg und Sigmund Freud* 166

Die Autoren 172
Register 1998 174

Editorial

Die straffste, die übersichtlichste Form der Führung ist wohl die Befehlskette. Bei ihr weiß man immer, wo oben und wo unten, was gewollt und was gesollt ist. Das hat gewiß viele Vorteile. Allerdings ist dieses ehrwürdige Führungsmodell mit der zunehmenden Demokratisierung unserer Lebensverhältnisse weitgehend obsolet geworden. Es ist weder den sozialen, noch den wirtschaftlichen Imperativen einer liberalen westlichen Industriegesellschaft gewachsen. Auch in der Bundeswehr macht man sich deshalb (wie Bernd Ulrich in seinem Beitrag zu unserem Heft beschreibt) viele und mitunter bemerkenswerte Gedanken über Art und Stil der »Menschenführung«.

Gefragt sind neue Führungsmethoden, frische Führungsideen – und tatsächlich werden sie uns allerorten angeboten. Kaum ein Fernsehstar oder Fußballprofi, der nicht dafür in Anspruch genommen wird, als Vorbild auf die Nation zu wirken (siehe den Beitrag von Dirk Schümer). Kein Manager weit und breit – sei es nun der eher intellektuell auftretender Konzernherr, der patriarchalischer Firmengründer, der frischgebackene Jungunternehmer oder der beinharte Rechner mit Sanierungsauftrag -, der uns nicht eine völlig neue Unternehmenskultur verspricht (siehe die Aufsätze von Heribert Klein und Andreas Platthaus). Und natürlich kein Politiker, der seinen Griff zur Macht nicht mit dem Versprechen verbindet, mehr Demokratie zu wagen oder eine geistig-moralische Wende einzuleiten oder wirtschaftliche Innovation erfolgreich mit sozialem Kuschelklima zu verbinden.

Aber stimmt das alles wirklich? Wie weit haben sich neue Führungsstile tatsächlich etabliert? Oder geht es nur um neue Verpackungen recht alter Vorstellungen? Machiavelli behauptete nüchtern, »für einen Fürsten, der Großes vollbringen will«, sei es »notwendig zu lernen, wie man Menschen betrügt.« Dieser Betrug ist in einer Mediendemokratie gewiß nicht unmöglich, aber vermutlich schwieriger und auf jeden Fall anders geworden. Eine Fallstudie dazu liefert Jürgen Busche, der in seinem Aufsatz beschreibt wie man sich heute durch eine Art effektvoll inszenierte Vorwahl nach amerikanischem Muster zum Kanzlerkandidaten machen kann, obwohl die deutsche Parteienlandschaft und die Verfassung Vorwahlen nicht kennt.

Früher war natürlich alles einfacher. Man schimpfte kräftig auf die Mächtigen – eine »Rotte gewohnheitsmäßiger Verbrecher ... juristisch betrachtet, gehören sie fast alle ins Zuchthaus« meinte etwa Housten Stewart Chamberlain - und hielt sich nicht selten etwas zugute auf die eigene Ohnmacht. Dieses Spiel ist freilich ausgespielt. Zu offensichtlich ist auch den vermeintlich Ohnmächtigen eine Portion Macht zugewachsen und zu deutlich erweisen sich auch die Führenden auf empfindliche Weise abhängig von den schwer prognostizierbaren Konjunkturen ihrer Imagewerte und der Abnützung ihres Leitbildvokabulars. Bleibt die sehr alte Frage, wie es mit der Selbstführung aussieht. Längst haben die Managementtheorien diesen Aspekt der Lebenskunst in ihre Modelle integiert. Nicht nur Sinn ist eine knappe Resource, wie Jürgen Habermas einmal schrieb, sondern eben auch Motivation: Sie möchte gut verwaltet werden, und an neuesten Vorschlägen dazu mangelt es nicht, wie Erik Grawert-May in seinem Beitrag zeigt. So ganz sollte man diese Frage aber den Managern doch nicht überlassen.

Martin Bauer, Helmut Mayer und Uwe Wittstock

Führungsstile

Bernd Ulrich
»Kämpfen und Durchkommen«

Jürgen Busche
Konditionierte Öffentlichkeit

Andreas Platthaus
Das Hilfeleistungsgewerbe

Heribert Klein
Patriarchen, Brandstifter, Drohnen

Erik v. Grawert-May
Positive Paranoia

Dirk Schümer
Vom Ball getrennt

Barbara Sichtermann
Friß, Vogel

BERND ULRICH

»Kämpfen und Durchkommen«

Anmerkungen zur ›Führung‹ angesichts des Tötens

I

»Muß Deutschland eine Armee haben,
kann es nur eine paradoxe sein ...«[1]

»Menschenführung«: Der Titel klingt verlockend für jemanden, der sich über heutige militärische Führungsstile informieren will. Das kleinformatige und gut in jede Uniformbluse passende »praktische Handbuch für Vorgesetzte in der Bundeswehr« ist 1992 erschienen, im überhaupt auf dem Gebiet der ›Führung‹ (Leitspruch: »Wissen – Schafft – Vorsprung«) rührigen Walhalla-Verlag. Und wenn schon nicht der Klappentext – »Das Führungsverhalten in der Bundeswehr muß den Herausforderungen der Zukunft gerecht werden« –, so könnte doch immerhin der Verlagsname die Erwartung wecken, hier werde nicht zuletzt auch verhandelt, was seit jeher ureigenstes Geschäft einer Armee ist und, so scheint's, auch zu dem der bundesdeutschen Streitkräfte werden soll: ›Menschenführung‹ angesichts des Todes und des Tötens.

Aber nichts davon! Statt dessen viel »Umgang mit Menschen« bis hin zum guten alten »Rollenspiel« (»Die Stühle werden im Halbkreis aufgestellt. Hilfsmittel: keine«) unter der Überschrift »Gewußt wie«. Doch auch schwergewichtigere Aussagen finden sich, wie etwa diese, bei denen die Frage sich aufdrängt, was »jüngere Offiziere in Führungsverantwortung« damit eigentlich anfangen sollen, wenn ihnen im Kasernenalltag ein Hauptgefreiter dumm kommt, ganz abgesehen von der Situation auf einem wie auch immer »gestalteten« Gefechtsfeld: »Immerfort handelnd, immerfort mit anderen umgehend, bin ich zugleich auf mich zurückbezogen und entwickle ein Selbstverständnis, aus dem heraus ich handle. Dieses ›Selbstverständnis‹ (Heidegger 1957), diese Selbstreflexion (Jaspers 1956), dieses Selbstbild unterscheidet das menschliche Dasein und Existieren« – (Sartre 1962) – »von allen anderen Lebewesen. Alles Handeln ist stets mehr oder minder ausdrücklich, bewußt, absichtlich oder reflektiert«.[2] Das kann man wohl sagen.

Es scheint, als ob eine Horde frisch examinierter Philosophen, Soziologen, Politologen und Pädagogen wild entschlossen ist, sämtliche Vorurteile über ihre Berufsstände voll inhaltlich zu bestätigen – und als kleiner Nebeneffekt nun auch endlich klar wird, wo ein Gutteil der Absolventen dieser Fachrichtungen unterkommt: bei der Bundeswehr. Sie reden und schreiben über »unsere bewaffnete Macht«, als verstünden sie unter Calvados ein Betriebssystem für Apple-Computer und verwechselten, um beim Thema zu bleiben, Ratatouille mit einem Maschinengewehr.[3] »Wundert Sie noch«, so fragte einst Wolfgang Neuss am Ende seiner ›Militärischen Führungskettenreaktion‹, »warum auf den Truppenübungsplätzen die Manöverbeobachter nie voll getroffen werden?«

Ganz anders ein kleines Bändchen mit dem naßforschen Titel »Kämpfen und Durchkommen«, das mir in der zehnten Auflage (1991) vorliegt. Es verspricht Hinweise für das »Verhalten abseits der Truppe«, und damit ist natürlich nicht ein Vademekum für den Deserteur gemeint. Hier herrscht ein anderer »Geist«, nämlich der des »guten Soldaten, der immer und überall ein Kämpfer« ist. Auf derart rustikale Einsichten wird der Leser in einer recht suggestiven Diktion eingestimmt, zum Beispiel so: »Du bist allein. Dein Atem geht keuchend, und du siehst dich um. Niemand da? – Niemand. ... Wo sind die anderen? Irgendwo hörst du Kampflärm, vielleicht ganz nah, vielleicht auch ersterbend (!) fern. ... Hättest du nur einen Ratgeber für solche Lagen! – Du hast ihn. Es ist dein eigener kühler Kopf! Ihn mußt du fragen.«[4] Ach, wer die Antwort wüßte!

Was in dieser spöttisch zugespitzten Gegenüberstellung aufeinanderprallt, ist der Gegensatz zwischen dem akademisierten Bürgersoldaten und dem überlieferten Typus des »Kämpfers«. Beide sind durchaus keine ›Pappkameraden‹, wenngleich sie beide von entgegengesetzten Punkten aus gleich weit vom Tod und vom Töten im Krieg entfernt sind: Der eine, weil er das, was von der »Inneren Führung« übrigblieb, auf eine Art psychologisierende »technokratische Managementmethode« (Wolfgang R. Vogt) reduziert, der andere, indem er das vermeintlich immer mögliche »Überleben« als Soldat, den »Selbstbehauptungswillen«, an den »Kampfwillen« koppelt und in den Mittelpunkt stellt. In ihrer idealtypischen Ausprägung ragen sie am vorläufigen Ende einer Entwicklung, die mit der Gründung der Bundeswehr begann, eigentümlich verquer in die Gegenwart.

Dabei ist die Lage recht unübersichtlich. Und die aktuellen Diskussionen über den »neuen Auftrag der Bundeswehr«, ihre instrumentelle Ausrichtung, ihr Selbstverständnis und ihre Führungsprinzipien nach der

Einheit täuschen in ihren vorgeblich klaren, polarweit voneinander entfernten Positionen eine Griffigkeit der Alternativen bloß vor. Denn unabhängig davon, ob generell für die »out of area«-Einsätze votiert wird oder nicht, ob der damit verbundene Umbau der Armee zur »effizienten« Militärmaschine kritisiert und eine Revitalisierung der »Inneren Führung« eingeklagt wird, ob die Wehrpflicht ›gerettet‹ oder durch eine Berufsarmee oder Freiwilligen-Miliz ersetzt werden soll – an der Existenzberechtigung der Streitkräfte wird gemeinhin nicht gezweifelt, wenn wir für den Moment einmal vom leider immer kleiner werdenden Kreis der unentwegten Radikalpazifisten absehen. Eine Armee aber ist zum Kämpfen da, sonst wäre sie wertlos – »und um zu kämpfen, muß man sich besudeln«.[5]

»Traditionalisten« und »Reformer« stehen sich in den Debatten über den Zustand und die Zukunft der Streitkräfte nach wie vor unversöhnlich gegenüber. Schon an ihrem Beginn – kaum öffentlich bemerkt vor 1956, seit Gründung der Bundeswehr immer wieder in diversen Affären und Skandalen aufleuchtend – erinnerten die Argumente der »Traditionalisten« stark an das im Krieg klassische Mißtrauen des »Frontschweins« gegenüber dem »Etappenhengst«. Das zum »Inneren Gewürge« verballhornte Konzept der »Inneren Führung« wurde als dem »militärischen Handwerk«, der »inneren Ordnung« wenig dienliches »Getue« diffamiert, mit der einer »unsoldatischen Armee« Vorschub geleistet werde. Mit dem ganzen Gewicht vermeintlich authentischer Kriegserfahrung in einer »sauber gebliebenen Wehrmacht«, für die in der Gründungsphase der Bundeswehr eine noch heute atemberaubende »Ehrenerklärung« gefordert und von Konrad Adenauer 1952 auch geliefert wurde, trieb man einen Keil zwischen »demokratische Idee und soldatische Notwendigkeit«. 1967 monierte ein Kritiker Wolf Graf Baudissins, daß dem während des Afrikafeldzuges als Major im Generalstab in australische Gefangenschaft geratenen »Vater der Inneren Führung« die »Zeugenschaft des Rußlandfeldzuges« versagt blieb »und damit die Einsicht in Katastrophen, die im Denken der Deutschen fortwirken«.[6] Mit den »Katastrophen« waren, um keine Mißverständnisse aufkommen zu lassen, die »Schlacht von Stalingrad« und die folgenden Niederlagen der Wehrmacht gegen die natürlich bloß quantitativ überlegene »Sowjetarmee« gemeint, gegen deren Vorrücken man sich für nichts weniger als die Verteidigung Europas bis vor die Tore Berlins gestemmt hatte.

Diese und andere Vorstellungen wirkten sich auch auf die Idealbilder des Soldaten und seiner Führer aus, die Unteroffiziere und Offiziere. Die wenigen Vorschläge, die von seiten der »Reformer« kamen, waren dabei kaum geeignet, den wehrmachtsorientierten Traditionsbegriff aufzuweichen. So ist etwa dem »Handbuch Innere Führung« von 1966 zu entnehmen, daß es dem Bundeswehrsoldaten wohl anstehe, sich »dem Urbild des abendländischen Soldaten: dem ›Miles Christianus‹, dem Ritter« anzunähern, womit sie der Geschichtsvergessenheit der »Traditionalisten« in nichts nach- und der politischen Propaganda der Zeit (»Kreuzzug gegen den Kommunismus«) recht nahestanden.

Neuere Untersuchungen zur Generalstabs- und Admiralstabsausbildung belegen, daß zwar mittlerweile der Rekrutierungpool dieser für die nähere Zukunft so wichtigen militärischen Elite sich nicht mehr – wie noch bis in die sechziger Jahre hinein – aus den »sozial erwünschten Kreisen« bedient, und auch der »innere Feind« steht nicht mehr da, wo er nach der Wahrnehmungsoptik des Militärs seit 1848 gestanden hat. Aber eine »Fixierung auf den Kampftruppenoffizier«, der »den modernen Krieg als Industrie- und Logistikkrieg immer noch nicht verarbeitet« hat, ist doch unübersehbar.[7]

Vor diesem Hintergrund sind die momentan sicht- und hörbaren Signale und Bekundungen aus den »Traditionszimmern« der Kasernen und aus den militärischen Führungsetagen in der Tat besorglich. Heeresinspekteur Helmut Willmann, Spitzname »Tiger Willi«, fordert etwa eine »erlebnisorientierte Ausbildung«, von der wir nicht wissen, ob sie im Ulrich Beckschen Sinne durchreflektiert wurde, die aber in jedem Fall den »ganzen Mann«, den »Kämpfer« zum Ziel hat. Brigadegeneral Andreas Broicher, Leiter der Ausbildung im Heer, bittet sich aus, daß »Kämpfen können und kämpfen wollen« wieder in den Vordergrund treten, und das von Gustav Heinemann bei seinem Amtsantritt als Bundespräsident geprägte Wort vom »Frieden als Ernstfall« (1969) ist längst und gleichsam ruckartig einem »Krieg als Ernstfall« gewichen.

In einer Analyse des eben publizierten »Friedensgutachten 1998« verdichtet sich die Kritik an solch bellizistischem Geraune zu der an einer neotraditionalistischen »Argumentationskette«. Darin amalgamiere sich der neue Auftrag, unter Rückgriff auf einseitig aus der Kriegsgeschichte ausgewählte Beispiele und bei Zementierung einer »gesellschaftlichen Sonderrolle« der Bundeswehr, in der alt-neuen Vorstellung vom Soldaten als »Kämpfer«. Derlei aber gefährde »die Gesellschaftsverträglichkeit des Militärs, das verfassungskonform und nach zivilen Normen in die Bonner Republik integriert war«.[8]

Nun könnte sich der unbefangene Zivilist fragen, was sonst, wenn nicht ein zum Kampf Bereiter sollte denn der Soldat sein, auch in einer Demokratie? Doch schwingen im Begriff des »Kämpfers« zu viele historische

Konnotationen mit, als daß sie übersehen oder vergessen werden sollten. Es ist ja nicht allein die Wendung gegen den durch angeblich zu viel Bildung womöglich tötungsgehemmten Soldaten, die darin mittönt. Und auch nicht nur, wenngleich gewiß beabsichtigt, der Verweis darauf, daß der Kampf letztlich im Mittelpunkt des von Soldaten geführten Krieges steht, womit zugleich, freilich ungesagt, gemeint ist, daß sie dabei getötet, verstümmelt und/oder psychisch verletzt werden können.

Die kampfbeschwingten Appelle rekurrieren vor allem auf die namentlich im letzten Weltkrieg unter Beweis gestellte »Kampfkraft« ›des‹ deutschen Soldaten. Dabei beruft man sich gern auf ein Werk des israelischen Militär-Historikers Martin van Creveld über eben dieses Thema. Seine Studie über die »Militärische Organisation und militärische Leistung« der Wehrmacht im Vergleich mit der US-Army entstand ursprünglich in den Jahren 1979/80 als Auftragsarbeit für das amerikanische Verteidigungsministerium, mithin zu einem Zeitpunkt, als sich Moral und Ruf der amerikanischen Streitkräfte nach dem Vietnam-Trauma auf einem Tiefpunkt befanden und zu ernsthaften Rekrutierungsproblemen führten. Insbesondere das individuelle Rotationssystem der in Vietnam eingesetzten Einheiten, nach dem vor allem Offiziere in den Kampfgruppen nach einem starren System und ohne Rücksicht auf den Zusammenhalt in den »platoons« zeitlich begrenzt eingesetzt wurden, hatte sich auf die »Kampfkraft« eher ungünstig ausgewirkt.

Natürlich erscheint es absonderlich, daß die US-Armee nun gerade (auch) auf die Wehrmacht als ›Vorbild‹ zurückgreift, wobei in der Regel von den Verbrechen sorgsam und in einer eingestandenen, künstlich erscheinenden methodischen Vorentscheidung ›abgesehen‹ wird. Es würde zu weit führen, den ganzen Komplex der namentlich in den USA seit dem 1. Weltkrieg ungebrochen wirkenden Vorstellung und Legende deutschwehrmachtlicher »Brillanz« in der operativen Kriegführung und der in zwei (verlorenen) Weltkriegen unter Beweis gestellten Güte der soldatischen Menschenführung im Gefecht hier nachzuzeichnen. (Ein Gegenstand im übrigen, dessen ausführliche Erforschung überfällig ist.) Van Creveld jedenfalls kam seinerzeit zu dem Schluß, daß das »deutsche Heer eine vorzügliche Kampforganisation«, ja, daß ihm »im Hinblick auf Moral, Elan, Truppenzusammenhalt und Elastizität wahrscheinlich unter den Armeen des zwanzigsten Jahrhunderts keine ebenbürtig« war.[9] Das hört mancher deutsche Offizier recht gern, zumal dann, wenn es aus dem Munde eines Alliierten kommt.

II

»... Was wird später sein?
Lungen- und Hodenschuß,
Und nach Wasser schrein.«[10]

Das eigentlich Erstaunliche bleibt indessen, daß ›die‹ Militärs von heute – zwar nicht alle, aber doch zu einem überwiegenden Teil, soweit es die unteren bis mittleren Offiziersdienstgrade, also Leutnant bis Oberstleutnant/Oberst, betrifft – vor kriegerischen Einsätzen in welchem Umfang und wo auch immer eindrücklich warnen. Ist das die Scheu des Professionellen, der vor der Unbedarftheit des Laien zurückschreckt? Agiert hier die intime Erkenntnis, daß aus »out-of-area« schnell »out-of-control« werden könnte und sich auch hinter »humanitären Einsätzen« bloße wirtschafts- und machtpolitische Interessen verbergen können? Ein Umstand, dessen voller Gehalt von denen, die ihre Knochen hinhalten sollen, zumeist erst ›vor Ort‹ entdeckt wird. Wie auch immer, mit eigenen Kriegserfahrungen kann die Zurückhaltung kaum begründet werden, denn das heutige Offizierskorps verfügt über sie nicht. Natürlich könnten die momentanen Probleme mit dem Einsatz auch darauf beruhen, daß, wie es im Jargon der Planer heißt, der »strukturelle Umbau und die personelle Anpassung« der Armee für die neuen Aufgaben erst im Jahr 2000 abgeschlossen sein dürfte, womöglich noch später, sollte die Aus- und Aufrüstung mit benötigtem Material etwaigen Sparzwängen unterliegen.

Und doch bleibt es bemerkenswert, wie sympathisch uneinheitlich und um Differenzierungen bemüht Offiziere bis hinauf zum Bataillonskommandeur als der eigentlichen »Leitfigur für das Führerkorps des Heeres« auf die neue Situation reagieren. Insbesondere jene Berufsoffiziere, die unter den Bedingungen der alten Bundeswehr Soldat wurden, zeigen sich mitunter ernstlich irritiert. Angetreten als pure Landesverteidiger, die unterm Schirm atomarer Abschreckung den Krieg nicht führen, sondern durch ihre Präsenz und Einsatzbereitschaft verhindern sollten, entpuppt sich für sie die Bundeswehr nun als eine – schönes Wort – »friedensgeschädigte Armee«. Nachdem die militärische Gewaltanwendung ihren »instrumentellen Charakter zurückgewonnen« hat und die noch 1963 einen von Golo Mann edierten Sammelband schmückende Frage »Ist der Krieg noch zu retten?« ein klares »Jawoll« zur Antwort bekommt, wächst offenbar das Bedürfnis nach Ethik. Jedenfalls nach einer, die mehr zum Inhalt hat, als es sich im Sandsäcke-Stapeln an der Oder zu zeigen vermochte. Und wenn der eine auch nicht darin schwankt, daß ethisch rechtens ist, »was eine legitimierte deutsche Regierung per Gesetz erläßt«, so ist sich doch mancher im anvisierten Einzelfalle – Somalia etwa, Jugoslawien oder im Irak – gar nicht sicher, ob er dafür »die Rübe« hinhalten mag.[11]

So verwirrend scheint manchem die Lage, so unerquicklich unklar die Konzepte, daß man in Anlehnung an eine Sottise aus den Gründungsjahren der Bundeswehr versucht ist, zu sagen, der Soldat, ehe er noch fällt und sich auflöst, laufe Gefahr, sich in einem Fall von Identitätsschrumpfung von selbst aufzulösen. Allerdings, wie das übereinstimmende Urteil lautet, an die »Gruppe der ›Kämpfer‹« – und das heißt, an die mehr oder weniger große, in jeder Armee vorhandene, in jeder Hinsicht bedingungslos kampfbereite Gruppe von Soldaten und Offizieren – kommt man mutmaßlich mit solchen sozialwissenschaftlichen Untersuchungen und ihnen zugrunde gelegten Interviews gar nicht heran: »Es ist anzunehmen, daß dieser Typus wenig geneigt sein dürfte, sich einer längeren verbalen Prozedur zu unterziehen.«[12] So kann man es natürlich auch sagen.

Die für den Krieg motivierende Sprache der nationalen Verpflichtung ist bekanntlich »genau die Sprache, die in der Erfahrung der Schlacht zusammenbricht, wenn es um Töten und Getötetwerden geht«.[13] Und unter anderem auch diese reichlich und blutig belegte Einsicht könnte den Widerwillen gegen feierlich begangene, öffentliche Rekrutengelöbnisse untermauern. Denn jenseits des manchen belustigenden Ablaufs des Zeremoniells geht es dabei ja um nichts weniger als um die öffentlich getroffene Übereinkunft, daß jene, die da stehen, im Kriegseinsatz ihr Leben zu geben bereit sind, mit allem, was dazugehört. Doch selbst in der national und militärisch abgespeckten Gelöbnissprache von heute wird das eher verdeckt als offen ausgesprochen.

In der politischen Sprache der Legitimation geht es noch verquaster zu. Sie ähnelt der militärischen, die darauf abzielt, Vorgänge der Schlacht, des Gefechts zu entpersönlichen, ihnen die Gefühle zu entziehen, um in diesem künstlich geschaffenen Vakuum ›der Furcht zu entgehen‹; im militärischen Idealfall kann das »grausam grinsende Antlitz des Krieges« dem Soldaten zwar nicht vertraut werden, aber es darf ihn auf keinen Fall »in Reglosigkeit erstarren« lassen.[14] Genau darum geht es auch in der das künftige Gefechtsfeld sondierenden Sprache der Politik. Doch was im Chaos der Schlacht als überlebensnotwendiger Versuch durchgehen mag, nämlich handlungsfähig zu bleiben und sich buchstäblich nicht irremachen zu lassen, wirkt in der aseptischen Semantik mancher politischen »Wehrexperten« wie eine präventive Vernebelung der praktischen Konsequenzen ihrer

Einwürfe. In den Worten eines Mitarbeiters der Deutschen Gesellschaft für Auswärtige Politik hört sich das, »mit einem wahren Overkill an Understatement« (Eckhard Henscheid), so an: »Das vereinte Deutschland kann sich nicht mehr wie in der Vergangenheit auf hehre Prinzipien zurückziehen und den Verbündeten die Kosten und Risiken für deren Durchsetzung überlassen. Es ist nicht länger Importeur von Sicherheit, sondern ein Stabilitäts- und Sicherheitsproduzent im Schulterschluß mit den Verbündeten« (FAZ vom 27.9.96). Vom Importeur zum Exporteur, vom Abnehmer zum Produzenten, sollte das die neue Sprache der Verpflichtung zum Töten und Getötetwerden sein?

Was wir hier beobachten können, ist der Beginn einer Entwicklung, in deren Verlauf sich die Gesellschaft politisch und militärisch auf den Krieg hin zu organisieren beginnt oder zumindest auf den Kern jeder Kriegshandlung, auf das Gefecht, unabhängig davon, unter welchen operativen oder militärtechnischen Prämissen es dann geführt wird.[15]

In einem ganz materiellen Sinn – und die politischen Absichtserklärungen beiseite lassend – zeigt sich der Vorgang in der bereits weit vorangekommenen Zwei- und Dreiteilung des Heeres. Die dafür im NATO-Deutsch gebräuchlichen Abkürzungen – »KRK«, »KSK«, »HVK« – erinnern zwar lautmalerisch an Partikel aus der »Ursonate« Kurt Schwitters'. Aber real verkörpern die »Krisenreaktionsstreitkräfte«, die »Kommando Spezialkräfte« – eine Art GSG 9-Truppe in Oliv – und die dagegen nahezu gemütlich abstechenden »Hauptverteidigungskräfte« (mit der Masse der Wehrpflichtigen) in ihrer geballten Trinität schon fast so etwas wie eine zweite Wiederbewaffnung. Bisher haben sich die vor allem und insbesondere für die aus Berufs- und Zeitsoldaten gebildeten »KRK« und »KSK« in dem niedergeschlagen, was der ›Mann am Leibe‹ trägt. So wurde damit begonnen, das seit 1962 zur Standardbewaffnung gehörende Gewehr »G 3« durch das »G 36« zu ersetzen. Durch kleinere Kalibergröße und die Verwendung von Kunststoff, der überdies den Vorteil hat, daß sich der Schütze bei Dauerfeuer die Finger nicht mehr am einst dadurch heiß gewordenen Stahl verbrennen kann, ist das Gewicht auf Laptop-Schwere verringert worden: ca. 3,5 Kilogramm. Dies und ein Leuchtpunktvisier erlauben hohe Treffergenauigkeit auf 200 Meter; versehen mit klappbarem Zweibein und einem Trommelmagazin, ist es schnell und ohne alle Zauberei in ein leichtes Maschinengewehr zu verwandeln. Überdies werden nun auch Scharfschützengewehre angeschafft, eine Waffe, die in der Bundeswehr bisher keine Verwendung fand. Deshalb konnte hierbei auch nicht auf Eigenproduktionen zurückgegriffen werden. Das britische AWM-F hingegen – manchmal frage ich mich, ob diese militärische Abkürzungsmanie für Truppen und Gerät das sprachliche Pendant bilden soll zu den physischen Verstümmelungen, die sie dem Feind zufügen müssen – trifft mit einem ausgebildeten Schützen am Abzug noch auf einen Kilometer genau. Das sind zwei Beispiele aus dem allmählich Realität werdenden Arsenal für »out-of-area«-Einsätze.

So wie es augenblicklich aussieht, wird die »Lizenz zum Töten« mit neuen Waffen (und zum Getötetwerden durch was auch immer) an Spezialtruppen delegiert, an militärisch höchst professionelle, elitäre Kampfgruppen, über deren Motivation und Selbstverständnis wir wenig wissen. Diskussionen über Sinn und Unsinn der »Inneren Führung« werden in ihnen aber vermutlich nicht geführt. Im Zentrum steht vielmehr eben das, was von den Befürwortern der »Kämpfernatur« gefordert wird: in einer ›ethisch befreiten Zone‹ das militärische Handwerk so wirksam und so effizient wie möglich zu betreiben. Andy McNab, ein britischer Kommandotruppsoldat, der während des Golfkrieges Führer eines von vielen kleineren Kommandos war, die – hinter den feindlichen Linien abgesetzt – auf Israel gerichtete irakische SCUD-Raketenrampen »ausschalteten«, dabei in Gefangenschaft geriet, gefoltert wurde und nach dem Krieg wieder freikam, gibt in seinen Erinnerungen zu Protokoll: »Was die Frage betrifft, ob der Krieg richtig oder falsch war – nun, damit habe ich mich nie befaßt. Ich war Soldat, und dafür wurde ich bezahlt.«[16] Ob wir damit »durchkommen«?

1 Ulrich Sonnemann, »Schweigen ist Nagold. Von der Einübung und ihrer Alternative«, in: ders., *Die Einübung des Ungehorsams in Deutschland*, Reinbek bei Hamburg 1964, S. 70–81, S. 73.

2 Hans-Joachim Reeb, Siegfried-Michael Moerchel (Hg.), *Menschenführung. Praktisches Handbuch für Vorgesetzte in der Bundeswehr*, Regensburg u. a. 1992, S. 20.

3 Vgl. Claus Sprick, »Aus dem Wörterbuch unsrer gebildeten Jugend«, in: *Der Rabe. Magazin für jede Art von Literatur*, hg. von Gerd Haffmanns, Nr. 19, Zürich 1988, S. 94–96, S. 94, 95.

4 Werner Ebeling, Horst Engelbrecht, *Kämpfen und Durchkommen. Der Einzelkämpfer – Kriegsnahe Ausbildung für das Verhalten abseits der Truppe*, Bonn 1991 (10. Aufl.), S. 10f.

5 George Orwell, »Rückblick auf den spanischen Krieg«, in: ders., *Rache ist sauer. Ausgewählte Essays II*, Zürich 1974, S. 10–38, S. 14.

6 Hans-Georg v. Studnitz, *Rettet die Bundeswehr!*, Stuttgart 1967, S. 43.

7 Martin Kutz, *Realitätsflucht und Aggression im deutschen Militär*, Baden-Baden 1990, S. 136.

8 Detlef Bald, »Neotraditionalismus und Extremismus – eine Gefährdung für die Bundeswehr«, in: *Friedensgutachten 1998*, Münster 1998, S. 277–288, S. 287, 288.

9 Martin van Creveld, *Kampfkraft. Militärische Organisation und militärische Leistung 1939–1945*, Freiburg 1989, S. 203.

10 Werner Riegel, »Hebt sich der Mond« (1954), in: Peter Rühmkorf, Werner Riegel, *»... beladen mit Sendung, Dichter und armes Schwein«*, Zürich 1988, S. 168.

11 Georg-Maria Meyer, *Soziale Deutungsmuster von Bataillonskommandeuren der Bundeswehr. Ein Beitrag zum professionellen Selbstverständnis einer militärischen Elite*, Wiesbaden 1992, S. 138, 143, 145.

12 Ruth Seifert, *Militär – Kultur – Identität. Individualisierung, Geschlechterverhältnisse und die soziale Konstruktion des Soldaten*, Bremen 1996, S. 121.

13 Michael Geyer, »Eine Kriegsgeschichte, die vom Tode spricht«, in: Thomas Lindenberger, Alf Lüdtke (Hg.), *Physische Gewalt: Studien zur Geschichte der Neuzeit*, Frankfurt am Main 1995, S. 136–161, S. 149.

14 John Keegan, *Die Schlacht*, München 1978, S. 19.

15 Vgl. Jan Philipp Reemtsma, »Trauma und Moral. Einige Überlegungen zum Krieg als Zustand einer kriegführenden Gesellschaft und zum pazifistischen Affekt«, in: *Kursbuch* 126, Dezember 1996, S. 95–111.

16 Andy McNab, *Die Männer von Bravo Two Zero*, München 1996, S. 425.

JÜRGEN BUSCHE

Konditionierte Öffentlichkeit

Ein Lehrstück politischer Führung

Im Frühjahr 1998 ereignete sich in Deutschland ein bedeutsames Stück Demokratiegeschichte. Die SPD, älteste und traditionsreichste der deutschen Parteien, bestimmte ihren Spitzenkandidaten für die Bundestagswahl durch eine Landtagswahl. Die Entscheidung für ein solches Verfahren hatte niemand anderes als der Kandidat selbst getroffen, der sich am 1. März in Niedersachsen als Ministerpräsident dieses Bundeslandes zur Wiederwahl stellte. Gerhard Schröder hatte geraume Zeit zuvor angekündigt, wenn das Ergebnis, das er hier erzielen werde, gut genug ausfalle, werde er anstreben, als Kanzlerkandidat der Sozialdemokraten nominiert zu werden. So kam es dann.

Zum Zeitpunkt dieser Ankündigung war keineswegs ausgemacht, daß er sein angestrebtes Wahlergebnis erreichen werde. Ebensowenig war klar, ob die Bonner Führung der SPD, mit dem machtbewußten saarländischen Ministerpräsidenten Oskar Lafontaine an der Spitze, der Kausalkette, wie sie Schröder zu schmieden sich anschickte, zustimmen würde.

Bemerkenswert ist, daß es auf die eventuelle Zustimmung in Bonn zuletzt gar nicht mehr ankam. Daß Schröders Kalkül aufgehen konnte, hatte eine Ursache in dem Umstand, daß der Kandidat in spe mit seiner Ankündigung ein wirkliches Risiko eingegangen war. Unter den möglichen Spitzenkandidaten der SPD ist er der einzige gewesen, der solchen Mut aufbrachte – aber auch der einzige, der überhaupt dazu Gelegenheit hatte. Das Risiko ist allerdings auch ein veritables gewesen. Kurz zuvor wollte der sozialdemokratische Erste Bürgermeister der Freien und Hansestadt Hamburg bei einer Bürgerschaftswahl ohne Not sein Verbleiben im Amt von einem Vertrauensbeweis der Wähler abhängig machen, der sich durch ein bestimmtes Wahlergebnis zeigen sollte. Das Ergebnis wurde verfehlt, der Bürgermeister gab noch am Wahlabend seinen Rücktritt bekannt. So hätte es nicht viel später auch im benachbarten Hannover dazu kommen können, daß der niedersächsische Ministerpräsident Gerhard Schröder aufgrund eines enttäuschenden Wahlergebnisses seinen Verzicht auf eine Nominierung zum Kanzlerkandidaten der SPD hätte bekanntgeben müssen.

Tatsächlich mag Oskar Lafontaine in Bonn damit gerechnet haben. Gewiß haben viele in der SPD, die sich Lafontaine als Kanzlerkandidaten ihrer Partei wünschten, darauf gebaut, zumindest aber darauf gehofft. Und bei der CDU mußten fast alle auf eine solche Eventualität setzen – nicht nur, weil es ja zunächst um das Abschneiden ihres Gegenkandidaten bei der Landtagswahl ging, sondern auch, weil sie Lafontaine für den von Kohl leichter zu besiegenden Herausforderer hielten – schließlich hatte der Saarländer 1990 schon einmal gegen den Pfälzer verloren.

Weil also die Sache in Niedersachsen keineswegs ausgemacht war, ließ man dem von Schröder – leichtfertig, wie es schien – aufgestellten Kausalnexus: Kanzlerkandidat, wenn entsprechendes Wahlergebnis, Zeit, sich zu entwickeln und zwingende Kraft zu gewinnen. Hatte zunächst geglaubt werden können, Schröder habe sich früh selbst ein Bein gestellt, so mußte in der SPD bald schon mit Anstrengungen begonnen werden, dem Eindruck entgegenzuwirken, es gebe da einen Automatismus: Wenn Schröder in Hannover hoch genug gewinne, sei er auch schon zum Kanzlerkandidaten der SPD bei der Bundestagswahl bestellt.

Für einige Wochen und mit sich steigernder Heftigkeit arbeitete die Bonner Parteizentrale der Sozialdemokraten daran, Fristen und Abläufe plausibel zu machen, die nach dem niedersächsischen Wahltag bestimmend sein würden für die Nominierung des Kanzlerkandidaten.

Schon am Wahlabend brach das Gefüge flankierender Maßnahmen zusammen. Gerhard Schröder durfte sich als überzeugender Wahlsieger in Niedersachsen für nominiert erachten, als Spitzenkandidat der SPD den Bundestagswahlkampf zu führen. Kein Sozialdemokrat in Hessen oder Bayern, Sachsen oder Nordrhein-Westfalen oder anderswo hatte noch etwas zu melden. Die Partei, die vier Jahre zuvor den Kanzlerkandidaten in aufwendigen demokratischen Verfahren ermittelt hatte, überließ es nun den Wählern eines Bundeslandes, die ja nur zum Teil Sozialdemokraten waren, die zentrale Frage für das Jahr 1998 zu entscheiden. Der Erfolg sollte den Erfolg bringen – und die Begeisterung über das Procedere schien unbegrenzbar. Eine neue Zeit war angebrochen in der Bundesrepublik Deutschland.

Das berauschende Gefühl, die Uhren neu gestellt zu haben, hatte allerdings wesentlich mit der Hoffnung zu tun, die alte Zeit, die mit dem Namen des seit 16 Jahren regierenden Helmut Kohl verbunden war, möge zu Ende sein. Den Zeitenwechsel schien Gerhard Schröder versprechen zu können – und deshalb war plötzlich alles andere gleichgültig. Was in der Geschichte der SPD ein einmaliger Vorgang war, wurde von der Öffentlichkeit als erster Schritt in die neue Zeit hinein begrüßt. Seither hat Schröder manche Schritte getan, mit denen er zumindest seine Partei auf diesem Weg voranbrachte, dabei ständig bestätigt von Umfragen der Meinungsforscher, die ihm sagten, daß er und die SPD in der Wählergunst deutlich vor seinen Konkurrenten liegen.

Von Churchill stammt das berühmte Wort, die Demokratie sei die schlechteste Regierungsform – mit Ausnahme aller anderen. Mit diesem Wort wird – wohl in ironischer Absicht – die Vorstellung von einer irgendwie erhabenen Idee der Demokratie preisgegeben und in der Volksherrschaft lediglich ein Verfahrensmodell für die Bestallung einer Regierung gesehen. Das, was dreißig Jahre zuvor in Deutschland bei der ersten Regierungsübernahme in der Bundesrepublik durch Sozialdemokraten so anspruchsvoll in Parolen wie »Mehr Demokratie wagen« oder in Demokratisierungs-Programmen verkündet worden war, hatte damit nichts zu tun. Und wirklich: 1998 entschied ein Mann allein darüber, aus einer Landtagswahl eine Meinungsumfrage zur sozialdemokratischen Kanzlerkandidatur zu machen; einer allein entschied darüber, diese Umfrage als Plebiszit zu werten; einer allein entschied über die Bedingungen des Vorgangs und über die Ausbeutung des Ergebnisses: Gerhard Schröder.

Es ist wahrscheinlich, daß sich dies alles unbeabsichtigt aneinanderreihte und zu einem Gesamtbild fügte. Aber es entspricht Bildern von politischen Abläufen, wie sie zuvor schon anderswo produziert worden waren – und hier beginnt die Vergleichbarkeit und das Recht auf die Vermutung einer Absicht. Der englische Premierminister Tony Blair hatte sich mit ähnlicher Rücksichtslosigkeit gegenüber der Tradition seiner ehedem linken Partei und ihrer langgedienten Protagonisten ins Regierungsamt gebracht. Mehr noch, er hatte die Regierungspolitik alsbald so vollständig verändert, daß kaum noch jemand darin den Gegenentwurf zu der konservativen Praxis seiner Vorgänger erkennen konnte.

Auf die gleiche Unbekümmertheit setzte Schröder in seinem Wahlkampf. Einerseits äußerte er wenig und das wenige kaum prägnant. Andererseits ließ er als künftige Mitglieder seiner Bundesregierung politische Seiteneinsteiger zu Wort kommen, die viel Aufmerksamkeit erregten. Von sich reden machten sie allerdings primär mit Äußerungen, die provokanterweise außerhalb sozialdemokratischer Traditionen standen. Für eine Partei, die ihre Geschichte nach jenen Programmen erinnert, die durch klingende Städtenamen wenigstens parteiintern populär sind, ein erstaunlicher Vorgang. Diese Seiteneinsteiger schienen bisweilen wie Minenhunde ins Operationsfeld entsandt worden zu sein, sei es, um herauszufinden, bei welchen Ideen die eigenen Leute schmerzhaft getroffen aufschreien würden, sei es, um zu erkunden, welche Ideen des politischen Gegners von den Leuten des sozialdemokratischen Kanzlerkandidaten so adaptiert werden könnten, daß etliche der Wähler des politischen Gegners dies für glaubhaft hielten und bei der Bundestagswahl zu dem jüngeren Kandidaten umschwenken könnten.

Er werde, hatte Schröder als die noch erhellendste Parole seiner Kampagne ausgegeben, alles so machen wie Bundeskanzler Kohl – nur besser. Dies wurde weithin mit Jubel aufgenommen. Elf Jahre zuvor, bei der Bundestagswahl 1987, hatte der damalige Kanzlerkandidat der SPD, der sozialdemokratische Ministerpräsident Johannes Rau, noch mit dem Vorwurf aus den eigenen Reihen zu kämpfen gehabt, er wolle und werde als Bundeskanzler alles nur besser machen als Kohl, nicht jedoch anders.

Darf man in diesem Wandel ein weiteres Stück der Erfolgsgeschichte Helmut Kohl erkennen, oder offenbart sich da ein Funktionswandel der Öffentlichkeit in der Parteiendemokratie – und zwar dergestalt, daß der Öffentlichkeit (auch der Parteiöffentlichkeit) eine andere Funktion zugewiesen wird, als ihr bis dahin zugetraut wurde, gleich, ob sie der damit verbundenen Erwartung gerecht werden konnte oder nicht? Nicht charismatische Persönlichkeiten, überzeugende Programme, faszinierende Visionen haben die Öffentlichkeit (zunächst die Parteiöffentlichkeit) zu bewegen, sondern umgekehrt: Öffentlichkeit, unkonditioniert, bewegt konditionierte Öffentlichkeit.

Die vergleichsweise beliebige Öffentlichkeit einer zur Landtagswahl aufgerufenen Bürgerschaft bewegt eine ganz andere, auch auf eine ganz andere Entscheidung erpichte Öffentlichkeit, die Bundespartei SPD, sich ihrem Votum zu beugen und den Kanzlerkandidaten als nominiert anzusehen. Eine mit vergleichsweise beliebigen Stimmungsfaktoren in Atem gehaltene Öffentlichkeit soll unter Vermeidung konkreter Zielvorgaben eine Mehrheit der Wähler konditionieren, ein Bundestagswahlergebnis zu produzieren, das dann einen bestimmten Regierungswechsel und konkrete Regierungsarbeit danach zeitigt. Daß die entscheidenden Promotoren gerade nichts mit dem zu tun haben, worum es bei der Übung geht, ist das Geheimnis des Erfolges.

Man kann das Führung nennen. Geführt wird auf dem Wege zu einem und nicht unter der Projektion eines Ziels. Führungsarbeit mit einem Ziel ist von der Verweisungskraft des Führenden und seiner Argumente abhängig. Führungsarbeit auf dem Wege verlangt die jederzeitige Beherrschung der Stimmungen derer, die geführt werden sollen. Führungskraft mit einem Ziel ist angewiesen auf das Funktionieren einer Hierarchie, einer Rangordnung von Werten. Auf sie verweisen, mit ihnen hantieren zu können, ist entscheidend für die Überzeugungsarbeit des Führenden. Moses, als er versprach, versprechen konnte, die Israeliten ins Gelobte Land zu führen, konnte von Milch und Honig sprechen; er konnte zudem das auserwählte Volk durch Hinweise auf sein Bündnis mit Gott ermutigen oder erschrecken, ganz, wie er es brauchte. Entscheidend war, daß der Bezugsrahmen stimmte und daß Moses Autorität genug besaß, mit ihm zu hantieren, auf seinen Gott verweisen zu können.

Die Gegenwart des 20. Jahrhunderts scheint dadurch bestimmt zu sein, daß es Ideen, auf die eine Öffentlichkeit verpflichtet oder mit denen sie gelockt werden könnte, nicht mehr gibt. Ein System von Ideen, in dem sich auszukennen dem Kundigen in politischen Dingen einen Vorteil verschaffte gegenüber dem Unkundigen, gibt es erst recht nicht mehr. Man kann Christ sein – oder man kann es nicht sein. Aber weder das eine noch das andere bedeutet Diskriminierung oder Vorteil. Die Natur der pseudofundamentalistischen Abwehrtiraden gegen islamische Fundamentalisten bestätigt diesen Befund auf das unsympathischste. Man kann soziale Bekenntnisse abgeben – oder man kann auf die Notwendigkeit des Wettbewerbs schwören. Beides firmiert heute unter dem stolzen Titel: verantwortliche Politik. Es kommt nur darauf an, wer was wie zuerst oder zuletzt sagt. Es ist eine Frage der Rhetorik; es kommt auf die Virtuosität an, mit der einer in den Medien der Öffentlichkeitsarbeit spielt.

Ein Reitergeneral des amerikanischen Bürgerkriegs hat einmal auf die Frage nach dem Geheimnis seiner stets siegreichen Strategie geantwortet: Ich bin überall zuerst und mit mir die meisten. Auf nichts anderes läuft es schließlich mit der demokratischen Organisation von Regierungsmehrheiten im McLuhanschen Dorf hinaus. Pathos kann angemessen sein, aber durch einen witzigen Auftritt zur rechten Zeit lächerlich gemacht werden. Ein Witzchen kann sein Publikum erfreuen – aber durch eine pathetische Intervention als Ärgernis hingestellt werden. Es kommt nur noch auf den Zeitpunkt und auf eine mit dem Gespür für den Augenblick gewählte Inszenierung an. Es ist eine Frage der für die Stimmung der Öffentlichkeit sensiblen Umschlagstechnik, die man braucht, um in einer politischen Debatte einen Umschlag zu eigenen Gunsten zu erzielen. Das Neue kann ebenso attraktiv sein wie das Alte, das Forsche ebenso wie das Behutsame, das Autoritäre nicht anders als das Nachsichtige.

Für die Politik, die mit so gefundenen Mehrheiten hernach ins Werk gesetzt wird, bedeutet das gar nichts. Weder ist sie, sind die Regierenden ihren Wählern verpflichtet – das Beispiel hat schon Helmut Kohl in sechzehn Jahren vorexerziert –, noch läuft sie Gefahr, sich in abwegigem Gelände zu versteigen. Weder muß sie auf reagierendes Verwalten beschränkt bleiben, noch kann sie zu großen Schritten gedrängt werden. Tatsächlich sind unter den skizzierten Verhältnissen Mehrheitsgewinn und Machtgebrauch weitgehend voneinander abgekoppelt. Natürlich gibt es, was den Zugang zu den Medien und die Gelegenheit zu bannenden Inszenierungen betrifft, eine Prämie auf den Machtbesitz. Nur ist unter den Gesetzen der Rhetorik die Gefahr, mit der Prämie zu scheitern, nicht geringer als die Aussicht, mit ihr zu wuchern. Der Augenblick in der Masse ist kaum beherrschbar, das Attraktive für die vielen ist nicht vorherbestimmbar. Verweisungshilfen von außerhalb gibt es nicht mehr. Wenigstens zunächst ist das so.

Führen bedeutet unter solchen Umständen, der Wahrnehmungslust möglicher Mehrheiten in der Bevölkerung immer einen winzigen Schritt – nie zuviel – voraus zu sein. In der Bestimmung des »was« und des »wieviel« liegen Chancen und Risiken. Als Gerhard Schröder lange vor der Landtagswahl in Niedersachsen seine Meßlatte auflegte, ging er ein Risiko ein. Damit war jedoch auch ein Prozeß eröffnet, der ihm einen Vorsprung verschaffte, den seine innerparteilichen Konkurrenten nicht mehr einholen konnten. Er hatte ihnen nicht das Gesetz des Handelns aufgezwungen, sondern eine Macht der Erwartung über sie installiert. Während die einen lediglich abwarten konnten, durfte er, durch die wirkliche oder vermeintliche Gefahr des Scheiterns in seine Sonderrolle gebracht, mit den Erwartungen der Öffentlichkeit alles für den Augenblick vorbereiten, in dem er Druck ausüben konnte, ohne Gegendruck befürchten zu müssen. Die Risikofelder für ihn waren dabei völlig unverbunden. Die Personen, die in Niedersachsen den Ausschlag gaben, hatten mit den Personen, die mit der Nominierung des Kanzlerkandidaten betraut waren, nichts zu tun.

Aber die Inszenierung des in der Angelegenheit führenden Politikers hatte das eine mit dem anderen unlösbar verkoppelt. Es fand ein Putsch gegen die eigene Partei statt, wie er unverblümter in der Geschichte der Bundesrepublik noch nie inszeniert worden war. Und es ist der erste moderne Putsch gewesen. Das Bubenstück Oskar Lafontaines, mit dem er auf dem Mannheimer Parteitag den SPD-Vorsitzenden Rudolf Scharping aus dem Amt gedrängt hatte, um es selbst zu übernehmen, wirkt dagegen wie die Klamotte eines Shakespeare-Epigonen. Gegen Lafontaines Taktik wäre durch mutiges Einschreiten anderer prominenter Sozialdemokraten wohl noch Widerstand möglich gewesen – aber dergleichen fand sich in Mannheim nicht. Gegen Schröders Taktik, als sie absehbar erfolgreich wurde, meldete sich verschiedentlich Opposition zu Wort, bis hin zu einer faustdicken Lüge des SPD-Bundesgeschäftsführers vor der Öffentlichkeit.

Doch die Einsprüche kamen zu spät, es half nichts mehr. Dem SPD-Bundesgeschäftsführer übrigens hat die Lüge, wie im verweisungsfreien politischen Raum jetzt auch nicht anders erwartbar, kaum geschadet.

Regierungspolitik setzt Machtgewinn und Machterhalt voraus. Das ist nichts Neues. Neu ist aber, daß die Definitionsmacht über die Ziele von Regierungsgewalt regierungsfernen Instanzen entzogen ist. Über das, womit Regierungsmacht wirbt, entscheidet allein die Regierung oder der Herausforderer der Regierung nach Maßgabe aussichtsreicher Strategien für den Gewinn oder die Verteidigung von Regierungsmacht. Politische Führung heißt unter solchen Bedingungen politische Ermöglichung. Dafür werden Wahlen gebraucht. Für alles Spätere nicht mehr. Politische Führung macht aus Stimmungen Stimmen. Die Demokratie ist die beste Regierungsform mit Ausnahme aller anderen? Nun, das ist sicherlich besser, als mit Stimmen Stimmungen zu machen.

ANDREAS PLATTHAUS

Das Hilfeleistungsgewerbe

Neue Selbständigkeit sucht neue Wege und verläßt sich auf alte Rezepte

Die interessanteste Entwicklung im gewerblichen Leben ist derzeit der Trend zur Neuen Selbständigkeit. »Die klassische Unterscheidung zwischen Unternehmer und Arbeitnehmer wird sich aufheben«, hat Bundeswirtschaftsminister Günter Rexrodt erst kürzlich erklärt, und die statistische Entwicklung gibt ihm recht. Die Umwandlung abhängig beschäftigter Positionen in Aufgabenbereiche, die von Freelancern oder Subunternehmern ausgefüllt werden, ist zumindest in Großbetrieben längst die Regel. Es sind derartige Prozesse, die das ungebrochene Wachstum der Existenzgründungszahlen ermöglichen, das etwa in Nordrhein-Westfalen in den letzten Jahren ein Plus von fast zwanzig Prozent gegenüber den Betriebsschließungen ermöglicht hat. Dieser Trend erklärt auch die Renaissance der Theorie vom dynamischen Unternehmer, den Joseph Schumpeter zur Leitfigur aller ökonomischen Entwicklung erhob. Schumpeters Verdikt, der Tod eines jeden Betriebs sei die Einführung eines Managements – also einer abhängig beschäftigten Unternehmensführung – anstelle des Einzelunternehmers, ist heute wieder in aller Munde und hat in der betriebswirtschaftlichen Debatte der letzten Jahre die Ablösung der Idealisierung des Managements zugunsten einer Konzentration auf »Leadership« hervorgerufen – heutzutage muß es ja Englisch sein, und bei dem im deutschen Sprachraum historisch diskreditierten Begriff der »Führung« ist die Ersetzung durch einen Anglizismus den Theoretikern offenbar besonders willkommen. Gerade in der deutschen Diskussion sind durch den Import der Terminologie von amerikanischen Führungskonzeptionen aber auch Mißverständnisse aufgetreten. So ist das vor einigen Jahren überall propagierte Prinzip des Benchmarking letztlich nichts anderes als der gute alte Betriebsvergleich. Trotzdem hat diese Aufwärmung des vielleicht betagtesten aller denkbaren Führungsstile erstaunliche Erfolge gezeitigt. Dieses Phänomen belegt die psychologische Wirkung von Innovationen in der Welt der Ökonomie – und beschränkten diese Neuerungen sich auch nur auf die Umbenennung einer längst bekannten Führungsstrategie. Die

Sucht nach Neuem ist der Wirtschaft eingeschrieben: Sie kann sich in einer Wettbewerbsgesellschaft nur durch Innovationen weiterentwickeln, und dieses Prinzip überträgt sie auf alle Aspekte ihrer Arbeit – zur Freude der immer weiter wachsenden Zahl von Beratungs- und Schulungsfirmen.

Diese indes stehen angesichts der zwangsweisen Delegation von Eigenverantwortung an vordem weisungsgebundene Erwerbstätige, die nun – in doppeldeutigem Sinn – in die Selbständigkeit entlassen werden, zugleich vor einer schwierigen Herausforderung. Denn die spektakulären Modifikationen, die das Führungstraining in den letzten Jahren erlebt hat, hatten vor allem eines im Sinn: die Ausbildung von Vertrauen. Dieses Angebot richtete sich in erster Linie an unselbständige Führungskräfte, an das traditionelle Management, das sich bei Erlebnistrainings in Feld und Flur, Hag und Haide, Moor, Modder und Morast eine neue Basis für Zusammenarbeit erhoffte. Wer sich in der gefahrvollen Natur gemeinsam behaupten konnte, der sollte wohl auch in der Lage sein, Gleiches im geschäftlichen Alltag zu vollbringen. Die Übertragung des rauhen Lebens in der Wildnis oder auf dem Übungsplatz auf das rauhe Leben hinterm Schreibtisch läuft unter einer gemeinsamen Maxime: Hart auf hart, das macht Spaß. Vor allem im Team. Deshalb engagierte ein Computerhersteller aus Paderborn einen ehemaligen Zehnkämpfer, um seine Führungskräfte schinden und dadurch zusammenschweißen zu lassen; deshalb ließ ein Tabakkonzern aus Hamburg seine Manager auf der Fahrt zu einem luxuriösen Tagungshotel überraschend in einem heruntergekommenen Bauernhof mit reichlich seltsamen Bewohnern stranden, wo dann die eigentliche Schulung stattfand. Die Belastungen im Seminar sollen fit machen für die immer wieder neuen Anforderungen des Berufs, denen man sich kollektiv zu stellen hat.

Für die Neue Selbständigkeit sind diese Methoden sinnlos. Gemeinsamkeit ist prinzipiell nur da am Platz, wo gleiche Ziele angestrebt werden und wo zumindest benachbarte Hierarchieebenen zusammenarbeiten. Das Prinzip der Neuen Selbständigkeit aber ist Konkurrenz und Abhängigkeit, das macht sie in den Augen des harten Kerns der Neoliberalen zu so einem faszinierenden Phänomen. Sie stellt für Theoretiker eines völlig freien Marktes eine Herausforderung dar, und sie differenziert die Erwartungen an Erwerbstätige aus. Denn während die schrumpfende Zahl von Festangestellten immer mehr auf Zusammenarbeit im Team eingeschworen wird, bringt die Neue Selbständigkeit einen Zuwachs an Eigenverantwortung mit sich – und die Notwendigkeit allein zu agieren, weil aus dem Kollegen von früher der Konkurrent von heute geworden ist. Diejenigen Wirtschaftswissenschaftler, die im Individuum vor allem einen Homo oeconomicus erkennen wollen, haben deshalb in der wirtschaftlichen Vereinzelung, die die Neue Selbständigkeit mit sich bringen wird, einen neuen Hoffnungsschimmer gefunden. Inwieweit aber auch hier vor allem die Begeisterung für eine Neuerung – nämlich für eine Variation der eingefahrenen Strukturen der nachindustriellen Gesellschaft – in die Hoffnungen auf grundlegenden Wandel einfließt, wäre einer eigenen Betrachtung wert.

Der Enthusiasmus für die erhoffte Dynamik des Prozesses läßt allerdings leicht übersehen, daß hier kein struktureller Wandel in der sozialen Schichtung vollzogen wird, keine prinzipielle Verlagerung von abhängiger zu unabhängiger Beschäftigung stattfindet, sondern eine bloße rechtliche Modifikation. All die neuen Subunternehmer und freien Mitarbeiter haben ihre Abhängigkeit aus dem Arbeitnehmerdasein in die Selbständigkeit mitgenommen, denn ihre Kunden von heute sind die Arbeitgeber von gestern, und welcher Boß würde nicht gern König Kunde werden? Es ist keine Rede davon, daß die Neuen Selbständigen sich frei auf einem Markt bewegen könnten, auf dem Angebot und Nachfrage im unbeeinflußten Spiel der Kräfte zur Übereinstimmung kämen: Die Unternehmen erkaufen sich die Abwanderung ihrer Beschäftigten in die Selbständigkeit bisweilen durch längerfristige Werkverträge, die frischgebackenen Unternehmer wiederum sind auf Gedeih und Verderb ihren Auftraggebern ausgeliefert, weil sie dank ihrer Vergangenheit überwiegend so spezialisiert auf die Anforderungen der früheren Arbeitgeber sind, daß sie in einem offenen Markt gar nicht bestehen könnten. Mehr Selbständigkeit wird ihnen vorrangig im Hinblick auf Verzicht zugestanden: Verzicht auf soziale Absicherung, Verzicht auf Freizeit, Verzicht auf regelmäßiges Einkommen. Selbständigkeit verlangt eine Risikobereitschaft, die den meisten abhängig Beschäftigten fremd ist, über die sie nicht einmal genug wissen, um die Gefahr einzuschätzen, in die sie sich begeben, wenn sie ihren sicheren Arbeitsplatz aufgeben. Selbstverständlich helfen solche Erwägungen spätestens dann nicht mehr viel, wenn man nur noch die Wahl zwischen Kleinunternehmertum und Arbeitslosigkeit hat, aber eine Idealisierung der Neuen Selbständigkeit ist vollkommen fehl am Platze, denn freiwillig kommt sie in den seltensten Fällen zustande.

Um aber den dann entstehenden Herausforderungen gerecht werden zu können, brauchen Selbständige nicht weniger Beistand als Manager. Doch wenn die Führungstrainings ihnen nichts zu bieten haben, weil sie sich vor allem an Interessenten richten, die ihre Fähigkeit zur Zusammenarbeit stärken wollen, müssen die gängigen Schulungs- und Beratungsangebote erst überarbeitet werden, bevor die neue Klientel der unfreiwillig Selbständigen hier Lösungen für ihre Probleme erkennen kann. Die Führung ihres Kleinbetriebs verlangt nach ganz anderen Rezepten als die Leitung eines Großunternehmens, weil die Neuen Selbständigen einem unvergleichlich größeren existentiellen Druck ausgesetzt sind. Führungsausbildung geht deshalb in dieser ökonomischen Schicht mit Persönlichkeitsausbildung einher, und psychologischer Beistand angesichts der ungewohnten Herausforderungen dürfte den Kunden mehr als willkommen sein.

Es gibt jedoch derzeit nur eine Gruppe von Anbietern, denen dieser Trend entgegenkommt, und das sind die Sinnlieferanten. Zu ihnen zählen Sekten, aber auch Beratungsfirmen, Psychologen und ähnliche Institutionen, die einen neuen Dienstleistungssektor entstehen lassen wollen: den der metaphysischen Hilfeleister. Dazu zählen alle Anbieter von Persönlichkeitsbildung, die individuelle Defizite von Erwerbstätigen auf transzendental-suggestivem Wege beheben wollen. Und just diejenigen werden dabei den größten Erfolg für sich verbuchen können, die in den Strukturen ihrer Institution und in deren Sinnangeboten die aktuellen Unsicherheiten bei der Planung einer Erwerbsbiographie vorweggenommen zu haben scheinen. Das sind diejenigen Organisationen, die immer schon auf Werte setzten, die man den Neuen Selbständigen jetzt von allen Seiten mehr oder weniger naiv als Leitschnur für ihr unternehmerisches Handeln präsentiert: Durchsetzungsfähigkeit, visionäre Kraft, Zielorientierung und Kommunikationskompetenz. Wer diese Fähigkeiten besitzt, so wird auch von seriösen Unternehmensberatern suggeriert, dessen Erfolg stehe nichts mehr im Weg. So falsch ist das auch nicht, sind doch alle vier Aspekte klassische Anforderungen an eine Führungspersönlichkeit. Nehmen wir als Beispiel nur die Kommunikationskompetenz: Weder kann ein Team (etwa das Management eines Unternehmens) ohne Austausch über seine Aufgaben funktionieren noch der einzelne Anbieter von Produktions- oder Dienstleistungen ohne Austausch über seine Offerte etwas verkaufen. Das Problem ist, daß bei der Beschränkung auf die genannten vier Eigenschaften diejenigen Befähigungen vernachlässigt werden, die nicht oder nur sehr schwer antrainierbar sind wie Charisma, Selbstachtung, Glaubwürdigkeit. Alle Versuche, diese »innerlichen« Befähigungen zu stärken, unterliegen zudem einem großen Risiko: der Zerstörung der Persönlichkeit im Dienste eines generalisierten Ideals von Führungscharakter.

Selbständigkeit erfordert aber weitaus mehr als bloße Führungskraft; ohne Bereitschaft zum Dienen etwa – ganz im Sinne des englischen Königshauses, das immer noch das deutsche Motto »Ich dien« im Wappen trägt – kann kein Marktanbieter auf Erfolg hoffen. Die Dialektik unternehmerischen Handelns umfaßt somit Herrschaft und Unterwerfung. Das haben die diversen Methoden der Führungsausbildung noch zu wenig begriffen. In der Ökonomie ist Führung ein ähnlich komplexes Feld wie in der Politik, wo sich in der Demokratie vergleichbare Strukturen wie in der Marktwirtschaft finden lassen: Beide Systeme beruhen auf Chancengleichheit, bei beiden Systemen ist die Leitungsebene, hier Regierung, dort Unternehmer, auf die Legitimation durch Wahlentscheidungen angewiesen, hier der Stimmberechtigten, dort der Käufer. Demokratie und Marktwirtschaft gehören deshalb historisch genauso zusammen wie Unterdrückung und Oligopol oder Monopol; das Unterscheidungsmerkmal beider Gruppen ist die Wahlmöglichkeit und damit Wahlfreiheit. Die Führungsqualifikationen, die jedoch heute in Seminaren und Kursen Entscheidungsträgern beigebracht werden, orientieren sich nicht selten am hierarchischen Modell einer undemokratischen Gesellschaft und sind deshalb in einer Marktwirtschaft kontraproduktiv. Sie bringen totalitäre Züge in eine zumindest im Modell freie Struktur und verstärken den Trend zu Oligopol- oder gar Monopolbildung. Der resultierende Erfolg solcher Schulungen beruht dann ausschließlich auf einer Außerkraftsetzung des alten Reglements und der Etablierung eines ökonomischen Ausnahmezustands.

Die metaphysischen Hilfeleister wenden sich an den einzelnen, sie betonen den individuellen Erfolg, und erst, wenn dieser gesichert ist, soll man den Blick zur Gemeinschaft weiten dürfen. Die extremste Ausprägung hat dieses Konzept in der Leitlinie gefunden, die der Gründer von Scientology, Lafayette Ronald Hubbard (der seine Vornamen zu L. Ron abkürzte und deshalb in seine Privatmythologie den guten Thetan »Elron« als Erlöserfigur einführte), seinen Anhängern mitgab: »Mach Geld, mach mehr Geld, hilf anderen dabei, Geld zu machen.« Viele Unternehmen (nach einer Umfrage des Bundes der Selbständigen immerhin ein Drittel der Befragten) fühlen sich von der Unterwanderung durch Organisationen wie Scientology bedroht, obwohl auf den ersten Blick kaum eine andere Ideologie besser mit ökonomischem Wirken vereinbar zu sein scheint, wie Hubbards Maxime belegt. Genau diese scheinbare Übereinstimmung macht Scientology so attraktiv für Führungskräfte. Das Problem dabei ist, daß die Aussage der Maxime gemäß Hubbards Lehre nur für Scientologen gilt; Solidarität oder auch nur Kooperation mit »Ungläubigen« sieht sie nicht vor. Das erklärte Ziel, eine Welt zu gestalten, die »clear« ist, also nur noch aus Scientologen besteht, unterscheidet sich im Prinzip zwar nicht von den großen monotheistischen Religionen der Welt, die immer noch auf Missionierung setzen. Aber Scientology zieht seine Rechtfertigung allein aus dem ökonomischen Erfolg seiner Anhänger und kann deshalb nur dann die eigenen Ansprüche erfüllen, wenn Konkurrenz beschnitten wird – nicht nur auf dem »Markt« für Weltanschauungen, sondern auch auf den realen Märkten. Ziel ist ein Religionsmonopol, und diese Vorgabe überträgt sich gewollt oder ungewollt auch auf das gesellschaftliche Modell, das Hubbard anzubieten hat.

Am Beispiel Scientology kann man deshalb besonders deutlich machen, worin das Risiko einer allein auf weltanschaulichen Werten beruhenden Schulung zur Selbständigkeit – und hier muß nicht einmal die ökonomische gemeint sein, versprechen doch gerade weltanschaulich orientierte Institutionen ein selbstbestimmtes Leben in allen Bereichen – besteht. Die zur Zeit in Deutschland grassierende Panik vor Scientology ist zweifellos übertrieben; nach neuesten Schätzungen hat die Organisation gerade einmal zehntausend Mitglieder, noch vor Jahresfrist wurden dreißigtausend angegeben. Was sie indes immer noch bedrohlich macht und vielleicht bald wieder zur ernstzunehmenden Gefahr werden läßt, ist ihr bereits skizzierter Vulgärökonomismus. Scientology betreibt Kapitalismus als Religion: Der Starke ist am mächtigsten allein, und was der Wille erstrebt, erreicht er. Mehr als dieses metaphysische Minimalprogramm hat die Organisation nicht zu bieten. Max Weber brachte die protestantische Ethik und ihren Einfluß auf das Wirtschaftsleben auf die Formel: Erst ist man Protestant, dann interessiert man sich für Erfolg, daraus entsteht dann Kapitalismus als Theorie. Bei Scientology ist es aber umgekehrt: Aus dem Nährboden des Kapitalismus wuchern die bizarren Theologeme. Das simple Programm der Wohlstandsmehrung überzeugt aus zwei Gründen: Einmal, weil es eindeutige Ziele benennt, die auch schlichtere Gemüter sofort als in Übereinstimmung mit ihren Alltagserfahrungen erkennen; zweitens, weil es Heilsgewißheit über den materiellen Indikator erfahrbar macht. Dabei überzeugt das Beispiel der aktiven Scientologen, weil die meisten in der Tat erfolgreich sind. Sie waren es allerdings im Regelfall auch schon vor ihrem Einstieg.

Denn Zielgruppe für Scientology, aber auch für andere weltanschauliche Gruppen, sind Menschen, deren Lebensplan eine Störung erfahren hat – nicht gravierend genug, um mutlos zu werden, aber unangenehm genug, um das Gefühl zu bekommen, auf Hilfe von außen angewiesen zu sein. Damit sind die metaphysischen Hilfeleister geradezu ideale Anlaufstellen für Neuunternehmer in der ersten Krise. Ein bereits in seinem Metier gefestigter, selbstbewußter Charakter wird den Weg zu solchen Gruppen gar nicht erst suchen. Doch unerfahrene Menschen bevorzugen Lösungsangebote, die nicht dem Bereich entstammen, in dem das Problem entstanden ist. Deshalb ist das Versprechen einer Stärkung des Selbstbewußtseins ein so zentraler Punkt in den Offerten der Hilfeleister; nicht, weil sie darin tatsächlich den Königsweg zum Erfolg sehen, sondern weil sie darin das entscheidende Defizit ihrer Interessenten erkennen. Kompensiert wird dieses Defizit durch eine Übersteigerung des Selbstbewußtseins. Laut der Lehre Hubbards zum Beispiel steckt in jedem Menschen ein prinzipiell allmächtiger Thetan, dem Zeit und Raum keine Hindernisse mehr sind, wenn er erst seine negativen Erinnerungen, die »Engramme«, die sich im Lauf seines ewigen Lebens angesammelt haben, wieder losgeworden ist. Dabei hilft ihm Scientology gegen ein nicht eben geringes Entgelt. Die Schrankenlosigkeit ist das prinzipielle Ziel all dieser Führungskonzeptionen.

Neben Scientology gibt es andere »Hilfeleister«, denen die große Aufmerksamkeit, die Hubbards Organisation auf sich zieht, nur recht sein kann. Wenn die Lufthansa AG erklärt, daß sie von jedem Anbieter von Personalausbildungs- oder Beraterdiensten Auskunft verlangt, ob er Scientology angehört, macht sie es anderen mehr oder minder zweifelhaften Institutionen nur leicht. Denn nicht die Mitgliedschaft bei Scientology ist bedrohlich, sondern die Verwendung ähnlicher Methoden. Wenn der laut Eigenwerbung immens erfolgreiche Meditationstrainer Pewe Busch zum Motto seiner Seminare erklärt: »Der Ursprung allen Lebens ist Kommunikation«, dürfte er wissen, daß weite Teile von Hubbards uferlosem Œuvre aus kaum mehr als einer Variation just dieses Gedankens bestehen; zitiert sei hier nur aus einer der letzten Ausgaben des Scientology-Magazins »Positiv« eine Passage aus Hubbards Buch *Dianetik 55!*: »Ein Mensch ist so tot, wie er nicht kommunizieren kann. Er ist so lebendig, wie er kommunizieren kann.«

Aber Pewe Busch ist mit seiner Anleihe bei der Terminologie von Scientology noch vergleichsweise harmlos. Das Programm von Landmark Education etwa, Anbieter eines zweifellos erfolgreichen Seminars zur Persönlichkeitsbildung, dem sogenannten »Forum«, beruht auf der Konzeption des Amerikaners Jack Rosenberg, einem ehemaligen Scientologen, der die Organisation aber schnell wieder verlassen hatte. Seiner Methode fehlt das pseudoreligiöse Brimborium von Scientology, doch das Grundprinzip ist nahezu identisch: Die Persönlichkeit muß von schädlichen Einflüssen gereinigt werden, damit sie ihre Grenzen überschreiten kann. Rosenberg hat sich in den sechziger Jahren in Werner Erhard umbenannt – aus Bewunderung für Werner Heisenberg und Ludwig Erhard, die er seinerzeit als Symbolfiguren für wissenschaftlichen und sozialen Fortschritt verstand.

»Werner Erhard« wurde dadurch eher ein Marken- als ein Künstlername: Er sollte direkt zeigen, was man im »Erhard Seminar Training«, wie der Erfinder seine Veranstaltungen nannte, erwarten durfte. Die Methode vereint verschiedene Psychotechniken. Neben dem von Hubbard entlehnten Prinzip des Auditings, das bei Erhard allerdings vor der gesamten Seminargruppe vorgenommen wird, stand vor allem die Psychoanalyse Pate bei dem Gedanken, man müsse die Gründe für gegenwärtige Schwierigkeiten mit der Lebensführung in traumatischen Erfahrungen der Vergangenheit suchen. Die daraus resultierenden Blockaden werden von der Seminarleitung diagnostiziert, die sie ausnahmslos öffentlich macht, um in Gemeinschaft mit der Gruppe den Betreffenden auf den richtigen Weg zu bringen. Jeder Mensch, so das Credo Erhards und seiner Schüler, ist für sich selbst verantwortlich, es gibt keine Fremdbestimmung. Die diagnostizierten Schlüsselerlebnisse sind lediglich Auslöser, deren Wirkung durch die prinzipielle Unfähigkeit der Menschen, ihr eigenes Leben zu meistern, potenziert werden.

Zentraler Gedanke der »Philosophie« des aus Erhards Programm hervorgegangenen Landmark-Systems ist das Prinzip einer pervertierten Wahl, die darin bestehen soll, die Herausforderungen des Lebens zu akzeptieren und etwaige frühere Widerstände dagegen einzustellen. Die Alternative einer Ablehnung aber kennt diese Wahl nicht, denn Ungerechtigkeiten oder Benachteiligungen existieren ja nicht. Der Mensch ist Herrscher in seiner eigenen Welt, nachdem er sich zuvor bedingungslos unterworfen und die Verantwortung für alle seine Probleme übernommen hat. Auf seiner Alleinherrschaft lastet also von Anfang an eine beträchtliche Staatsverschuldung. Zurückgezahlt wird sie nie, denn einmal akzeptiert, sollen die hemmenden Erinnerungen belanglos geworden sein. Für diesen magischen Schnitt zwischen Vergangenheit und Zukunft glaubt jede Psychogruppe das allein erfolgversprechende Rezept zu besitzen. Der neue Herrscher in seiner Welt wird von den Predigern des individualistischen Absolutismus zum Souverän stilisiert, den nichts mehr bremsen kann. Deshalb sind angebliche Blockaden, die die freie Entfaltung des Menschen hemmen, ein wichtiges Argument aller Psychogruppen. Der Glaube an die Existenz dieser unheilvollen Schranken ermöglicht es den Teilnehmern der entsprechenden Seminare, ihre Selbstachtung wiederzugewinnen, auch wenn sie zu Verantwortlichen für ihr bisher scheinbar verpfuschtes Leben erklärt werden, denn in den Blockaden hat man einen Sündenbock, der nicht dem Gedanken der Eigenverantwortung widerspricht, aber vom geläuterten Individuum überwunden werden kann.

Daß der Auslöser für den Besuch einer solchen Veranstaltung, wie bereits erwähnt, oft eher eine momentane als eine dauerhafte Unzufriedenheit ist, erleichtert die Arbeit der Seminarleitung. Doch das Risiko, das derartigen Praktiken innewohnt, ist hoch. Denn die Herausbildung eines Individuums, das nunmehr die ganze Verantwortung für sich übernehmen soll, erfordert zugleich die Überwindung der alten Persönlichkeit. Das grenzenlose Individuum verliert auch alle moralischen Schranken. Hier liegt eine psychologische Gefahr des gegenwärtigen Trends zur Neuen Selbständigkeit: Viele Erwerbstätige werden Bedarf an Persönlichkeitsentwicklung anmelden, denn den Anforderungen ihrer neuen Rolle werden die wenigsten gewachsen sein. Das Versprechen, größere Selbstachtung und Eigenverantwortung vermittelt zu bekommen, muß gerade in diesem Personenkreis auf fruchtbaren Boden fallen.

Grenzüberschreitung ist eine anthropologische Konstante. Sie ist Bedingung für Fortschritt, egal in welchem Bereich. Die Bereitschaft, sich auf neue Erfahrungen einzulassen, andere Perspektiven einzunehmen und sich in fremde Standpunkte zu versetzen, ist unentbehrlich für jede Führungspersönlichkeit. Deshalb sind entsprechende Kompetenzen Voraussetzung auch für ökonomisches Handeln. Gleichzeitig aber darf dabei das alte Zentrum nicht vernachlässigt werden, denn Grenzüberschreitung kann nur dann Nutzen zeitigen, wenn man seine neuen Erfahrungen in die gewohnte Umgebung einbringt. Im Gegensatz zu einer langsamen Grenzerosion ist deshalb eine radikale Beseitigung von traditionellen Schranken gefährlich. Wo allein das Prinzip der Selbstbestimmung gilt, ist kein Platz für Grenzen, also auch keine Möglichkeit mehr zur Grenzüberschreitung. Landmark spricht vom »Durchbruch«, den die Teilnehmer auf ihren Veranstaltungen erreichen sollen. Da ist keine Zeit mehr für eine Prüfung der Vor- und Nachteile einer Grenzüberschreitung, da muß die Schranke so schnell wie möglich weg. Das solipsistische Konzept einer vom Individuum jeweils allein bestimmten Welt läßt gar keine Herausforderungen mehr zu, weil diese ja doch nur wieder Resultat der eigenen Schwäche wären. Eine wettbewerbsfeindlichere Einstellung ist kaum vorstellbar.

Deshalb ist es paradox, wenn etwa für das von Walter Kauffmann und Erika Humbert entwickelte Block-Training damit geworben wird, daß man dort lerne, sich den Herausforderungen des Lebens zu stellen, aber die Teilnehmer zu Beginn der Veranstaltung dazu gezwungen sind, ihre Uhren abzugeben, auf etwaige Titel zu verzichten und sich mit Vornamen anzureden. Hier wird eine Gleichheit simuliert, die gerade nicht den Herausforderungen des Lebens entspricht. Sie dient allein der Zerstörung der bisherigen Selbstachtung, auf deren Trümmern dann die neue errichtet werden soll. Das kann durchaus positive Ergebnisse zur Folge haben, bei der überwiegenden Zahl der Seminarteilnehmer ist dies auch der Fall; der Erfolg des Block-Trainings ist unbestritten. Aber dieser Erfolg beruht darauf, daß das Seminar zumeist von bereits angeschlagenen Menschen nachgefragt wird, nicht aber von denjenigen, deren Selbstachtung schon gefestigt ist. Selbstbewußt ist nicht derjenige, der sich auf Kommando seiner Armbanduhr entledigt, sondern derjenige, der sie trotzdem anbehält oder das Seminar wieder verläßt. Das während der Veranstaltung aufgebaute Selbstgefühl der Teilnehmer aber vertieft nur ihre Bereitschaft, sich auch beim nächsten Mal wieder die Uhr wegnehmen zu lassen. Selbstbewußte Menschen gehen aus diesem Training deshalb nur in sehr eingeschränktem Sinn hervor: Nicht sie selbst haben sich aus dem Sumpf gezogen, sondern das Block-Training. Bei neuen Problemen werden sie sich wieder an den Hilfeleister von früher wenden. Für den Anbieter von Persönlichkeitsbildungskursen ist das natürlich erfreulich und sollte kein Anlaß zur Kritik sein, sofern jeglicher Versuch von seiner Seite unterbleibt, psychische Abhängigkeiten zu erzeugen. Für Kauffmanns und Humberts Anspruch, mittels ihrer Methode selbstbestimmte Menschen hervorzubringen, ist die Rückkehr ehemaliger Absolventen jedoch ein Armutszeugnis.

Viele Praktiken bei den unterschiedlichen Persönlichkeitstrainings müssen dubios erscheinen: etwa die bis zur Erschöpfung reichenden Sitzungen, die bei Landmark und Block jeweils fünfzehn Stunden und mehr am Tag umfassen. Sie werden nur durch kurze Pausen unterbrochen, in denen wenig Nahrung angeboten wird, die sich zudem von den Ernährungsgewohnheiten des Alltags unterscheidet. Die Seminare erhalten durch solche Gepflogenheiten den Charakter von Exerzitien – mit allen negativen und positiven Konnotationen. Schweigegebote, Sprachregelungen und andere kollektive Rituale verleihen den Veranstaltungen einen pseudoreligiösen Rang, und es ist kein Zufall, daß seitens der Block-Trainings-Gesellschaft die Zusammenarbeit mit der »Internationalen Paulus-Gesellschaft« des katholischen Theologen Erich Kellner so gern betont wird. Man vertraut auf die Überzeugungskraft von metaphysischen Argumenten angesichts der wachsenden Unzufriedenheit mit der eigenen Erwerbsbiographie. Dem Konkurrenzkampf des Berufs wird ein idyllisches Modell der selbstbestimmten Welt gegenübergestellt. Deshalb auch steht die angeblich neu entstehende Harmonie in Partnerschaften so im Vordergrund der Werbung für Persönlichkeitsbildungsseminare. Doch beruflicher Erfolg wird dabei nie vergessen, und wer selbst einmal eine derartige Veranstaltung besucht hat, weiß, daß vor allem die Herausforderungen eines härteren Personalwettbewerbs innerhalb der sie beschäftigenden Unternehmen oder Schwierigkeiten mit dem eigenen Kleinbetrieb die Teilnehmer dazu bewogen haben, sich einer solch ungewöhnlichen Maßnahme auszusetzen – in der Hoffnung, dadurch einen Kompetenzvorsprung eigener Art zu erwerben, den die Konkurrenz so schnell nicht aufholen kann.

Das ist der Berührungspunkt zu den eingangs bereits kurz angesprochenen Erlebnistrainings. Auf den Spuren von Kurt Hahn, einem deutschen Emigranten, der nach dem Zweiten Weltkrieg in Wales eine Form des Outdoortrainings entwickelte, das das pädagogische Konzept seiner Reformschule ergänzen sollte, setzten zuerst amerikanische Managementtrainer vor einem Vierteljahrhundert ihre Kunden ungewohnten Belastungen aus. Sie taten dies weniger, um ihre individuelle Belastbarkeit zu testen, sondern um Vertrauen innerhalb der Gruppe zu schaffen und tradierte Handlungs- und Gedankenmuster außer Kraft zu setzen. Ralf Becker, Geschäftsführer eines der bekanntesten deutschen Anbieter solcher Personalentwicklungsseminare, umreißt vor den Teilnehmern sein Ziel so: »Wir bilden ja nicht im Mastklettern aus. In der Nachbesprechung entwickelt ihr nach jeder Übung selbst die Parallelen zum Betrieb.« Etwas anderes ist allerdings auch gar nicht zu erwarten, weil bereits die Voraussetzungen des Seminars an dessen Absicht keinen Zweifel lassen. Die Gleichsetzung von beruflichen Erfahrungen mit den Inhalten des Seminars erfolgt habituell. Die Veranstaltungen haben deshalb etwas von einer selbsterfüllenden Prophezeiung.

Deshalb sind solche Seminare auch besonders geeignet für homogene Gruppen, etwa Angehörige eines einzigen Unternehmens oder einer horizontalen Produktions- oder Absatzkette. Beim Bergsteigen oder bei Wanderungen durch die Wüste Gobi kann ein einzelner nicht mehr erfolgreich sein, er ist auf die Mitarbeit der anderen Teilnehmer des Führungstrainings angewiesen. Ein ähnliches Konzept vertreten Motivationstrainer à la Jürgen Höller, der sich einen Namen damit gemacht hat, daß die Teilnehmer seiner Massenveranstaltungen barfuß über Scherben laufen. Unter dem hypnotischen Druck der anfeuernden Menge werden Hemmungen überwunden, ohne daß damit die Schranken beseitigt würden. Im Alltag dürfte keiner der Teilnehmer ähnliches wiederholen wollen, allein die Ausnahmesituation als Teil einer enthusiasmierten Masse hat sie zu solch außergewöhnlichen Handlungen befähigt. Das aber ist natürlich auch die Crux des Höllerschen Systems. Seine weiterführenden Seminare tragen zwar Titel wie »Alles ist möglich« oder »Sprenge deine Grenzen«, aber dieser Anspruch gründet später nur noch auf den Erinnerungen an die im Rahmen der Veranstaltungen vollzogenen Grenzüberschreitungen. Hier liegt auch die Problematik von Personalentwicklungsseminaren wie dem »Titanic-Tag«, der seit einigen Monaten in den Niederlanden für Furore sorgt: In einem großen Wasserbecken, das gewöhnlich der Ausbildung von Seeleuten oder Bohrinselarbeitern dient, werden Führungskräfte einzelner Unternehmen einem simulierten Schiffsunglück ausgesetzt. Jeder Teilnehmer weiß aber natürlich, daß ihm in dieser Situation nichts passieren kann. Deshalb sind einfacher konzipierte Extremsituationen wie Sprünge aus großer Höhe in die Arme von Kollegen oder gemeinsames Klettern an Steilhängen effektiver, denn hier ist man tatsächlich auf die Hilfe anderer angewiesen.

Die Konfrontation von solchen Trainingsmethoden mit den Persönlichkeitsbildungsangeboten der metaphysischen Hilfeleister kann auf die Formel »Soziale Kompetenz versus Unterwerfung« gebracht werden. Niemand aber bemüht sich um die Vermittlung dieses Gegensatzes. Welches der einseitigen Rezepte angesichts der Anforderungen einer unsicheren Erwerbsbiographie, die immer weniger auf den traditionellen Zusammenhalt der Beschäftigten innerhalb eines Unternehmens wird bauen können, den größeren Erfolg verspricht, ist durchaus zweifelhaft. Die klassische Konkurrenz kannte immer auch das Prinzip der Zusammenarbeit von Gleichgestellten, aber derzeit haben sogar die Standesorganisationen der Unternehmer, Mittelständler oder Freiberufler mit sinkenden Mitgliedszahlen zu kämpfen, obwohl es immer mehr von ihnen gibt. Das ist ein Anzeichen dafür, daß der soziale Konsens innerhalb der Berufsgruppen aufgekündigt worden ist. Die Einzelgänger wittern ihre Chance, und ihren Idealen stehen die Konzeptionen von Organisationen, die individuelle Stärke zum Ziel ihrer Dienstleistung erklären, selbstverständlich näher als die Grenzerfahrungen der Personaltrainer, die ihre Kunden lediglich an deren individuelle Schranken heranführen, um die Gemeinschaftlichkeit zu stärken, nicht aber die Grenze zu beseitigen. Die prinzipielle Hemmungslosigkeit, die von Scientology oder Landmark gepredigt wird, bedroht aber nicht nur unsere auf Grenzen begründete Gesellschaft; sie bedroht vor allem diejenigen, die der schrankenlosen Freiheit vertrauen, die ihnen beigebracht werden soll. Hinter der Fassade des allmächtigen Individuums versteckt sich allen Seminaren zum Trotz ein verunsicherter Mensch, dem als letzter Halt die Bindung an seine Ausbilder bleibt – ein Thetan in Ketten.

HERIBERT KLEIN

Patriarchen, Brandstifter, Drohnen

Kleine Galerie deutscher Wirtschaftsführer

Es geht, wie der Ökonom Joseph A. Schumpeter in einem Lexikonbeitrag schrieb, um die Unterscheidung zwischen Führern und Geführten. »Diese Scheidung tritt, ganz abgesehen von äußeren Merkmalen sozialer und sonstiger Stellung, sowohl im Wesen der Funktionen von Führern und Geführten als auch in der Art ihres Verhaltens hervor.« Der Führer in seiner näheren Definition als Unternehmer wäre demnach deutlich erkennbar, durch sein Auftreten, sein Erscheinungsbild.

Das war im Jahre 1928, noch ganz unter dem Eindruck der großen Unternehmer, jener Patriarchen, die im ausgehenden neunzehnten Jahrhundert die Industrialisierung des Deutschen Reiches maßgeblich in die Hand genommen hatten. Namen wie Krupp, Thyssen waren Programm: für eine seltsame Verbindung zwischen dem Kapitalisten einerseits, der mit eisenharter Hand sein Unternehmen führte, andererseits aber dem fürsorglich denkenden Unternehmensgründer, der wie Alfred Krupp im Jahre 1873 ein wenig zu pathetisch formulierte: »Der Zweck der Arbeit soll das Gemeinwohl sein, dann bringt Arbeit Segen, dann ist Arbeit Gebet.« Derselbe, der in der Deutung von Marx die Arbeiter menschenverachtend bis aufs Blut ausbeutete, schuf aber konzernintern ein wegweisendes Sozialwerk – beispielsweise, im Fall Alfred Krupps, durch die Lohnfortzahlung im Krankheitsfall und durch die Begleichung von Arztrechnungen seiner Arbeiter. War es das schlechte Gewissen oder die Gesinnung des guten Hirten, die aus seinen Worten in einer Rede am 11. Februar 1877 sprach: »Ich habe den Mut gehabt, für die Verbesserungen der Lage der Arbeiter Wohnungen zu bauen, worin bereits zwanzigtausend Seelen untergebracht sind, ihnen Schulen zu gründen und Einrichtungen zu treffen zur billigen Beschaffung von allem Bedarf. Ich habe mich dadurch in eine Schuldenlast gesetzt, die abgetragen werden muß. Damit dies geschehen kann, muß jeder seine Schuldigkeit tun in Friede und Eintracht und in Übereinstimmung mit unsern Vorschriften.«

Es war der Führungsstil des »pater familiae«, des Familienoberhauptes, des Fabrikbesitzers, der für seine Leute sorgte und dafür von ihnen bestimmte, klar umrissene Leistungen erwartete. Der Inbegriff des seelenlosen Manchesterkapitalismus? Wohl eher nicht, denn wer riskiert schon sein Vermögen (für August Thyssen ließe sich ähnliches sagen), um auch ein umfassendes Sozialkonzept realisieren zu können mit dem Bau von Wohnsiedlungen, Werkswohnungen, der Stiftung eines Lazaretts, der Gründung von Industrieschulen für Frauen und Mädchen (um bei dem Wirken Alfred Krupps zu bleiben)?

August Thyssen schrieb 1922 in einem Zeitungsbeitrag skeptisch resümierend: »Ich glaube wohl, ohne mich dabei zu überheben, sagen zu dürfen, daß von meiner Lebensarbeit die Allgemeinheit mehr Vorteile gehabt hat, als ich selbst. Was ich geschafft und erarbeitet habe, bleibt schließlich doch nur der Allgemeinheit, denn ins andere Leben mit hinübernehmen kann ich nichts davon!«

Adam Smith hätte die Tatsache, daß potentiell jeder einen Vorteil vom funktionierenden Markt hatte, mit der Arbeitsteilung erklärt: Sie, schrieb er 1776 in dem Werk *Der Wohlstand der Nationen*, dürfte die produktiven Kräfte der Arbeit mehr als alles andere fördern und verbessern. Konkret: Der eine zieht den Draht, der andere streckt ihn, der dritte schneidet ihn, der vierte spitzt ihn zu, der fünfte schleift ihn – und der sechste? Je nach Standpunkt verkauft er die Stecknadel oder, boshaft gesagt, er kassiert nur ab, was andere hergestellt haben (um im günstigen Fall damit neue Investitionen zu treffen).

An dieser subjektiven Beurteilung hat sich bis heute wenig geändert. Manche Firmeneigner bekennen sich auch heute noch zu dem Grundsatz: Geht es mir, dem Unternehmer, dem Kapitalisten, gut, profitieren davon auch meine Mitarbeiter. Wolfgang Grupp beispielsweise, Besitzer des Sportbekleidungsherstellers Trigema, argumentiert nach dieser Weise. Er ist im kleinen Ort Burladingen, unweit von Tübingen, mit Abstand der größte Arbeitgeber; allerorten wirbt er damit, daß er seine Textilien nicht wie fast alle anderen deutschen Produzenten außerhalb, sondern ausschließlich in Deutschland herstellen läßt. Er bezahlt über Tarif, er gibt sogar den Nachkommen seiner Mitarbeiter eine Arbeitsplatzgarantie, er trägt das Risiko, wenn der Verkauf stagniert oder die Firma schlimmstenfalls in Nöte geraten sollte. Das ist für ihn nicht nur eine Masche, sondern gehört zum Eigenverständnis - eine Art aufgeklärter Fürst, der in Sichtweite seines Firmensitzes über ein barock anmutendes Villenanwesen verfügt, auf das jeder seiner Mitarbeiter blicken kann. Das stört ihn nicht, im Gegenteil.

Dafür sitzt er, wie alle anderen knapp dreißig kaufmännischen Mitarbeiter seiner Firma, im Großraumbüro, ohne eigenes herrschaftlich ausgestattetes Domizil. Er hat nichts vor seinen Leuten zu verbergen, dieser unangepaßte »Kapitalist« alter und gleichzeitig moderner Prägung.

Nun zählt Grupp nicht zu den angestellten Managern, sondern zu denen, die sich ausdrücklich als Eigentümer einer Firma verstehen. Er haftet mit seinem Besitz, seine Firma gehört nicht anonymen Großanlegern oder institutionellen Investoren. Diese Tatsache hat Konsequenzen, auch für den Führungsstil. Natürlicherweise stehen solche Menschen, welche die Firma als ihr Eigentum betrachten, in der Gefahr des Alleinherrschens. Wo bleibt da der Subsidiaritätsgrundsatz, die Delegierung von Verantwortung auf die unterste Ebene, die von der Verantwortung her gerade noch möglich ist?

Gewiß haben sich die Dinge in dieser Hinsicht in Deutschland entscheidend geändert. Die Großkonzerne werden immer mehr subsidiär geführt, die Vorstände zerlegen die schwer zu manövrierenden Unternehmensschiffe in kleine, flexible »Schnellboote«, die sich rasch notwendigen Entwicklungen anpassen können. Das freilich setzt die Neudefinition des Hierarchiebegriffs aus unternehmerischer Sicht voraus. Es gibt durchaus Beispiele von Vorstandsvorsitzenden deutscher Großkonzerne, die – es sind noch nicht viele Jahre her – Ausgaben in der Höhe von hundert Mark abzeichnen mußten, besser gesagt, absegnen wollten. Delegation war dort mehr ein Fremdwort. Autorität war gefragt. Der Alleinbesitzer gibt, wenn er ehrlich ist, die Schwierigkeit zu delegieren gern zu. Nehmen wir einen Fall wie den des Mehrheitsgesellschafters von Deutschlands größtem Freizeitpark, Roland Mack. Ein Mann um die Fünfzig, diplomierter Maschinenbauer, höchst erfolgreich mit seinem riesigen Areal im kleinen Ort Rust bei Freiburg, wo er in einer Mischung aus Park und Volksfest den Menschen Abenteuer vielfältigster Prägung bietet. Er kennt den Park wie kein anderer. Bei der Fahrt mit einem kleinen Elektroauto durch den Park bleibt er stehen, springt heraus aus dem Gefährt und schaut nach, wo die Spitze eines kleinen Karussells geblieben ist. Ein Griff zum Handy, irgend jemand wird beauftragt, sich darum zu kümmern. Delegation? In Maßen, der Park ist ein Spiegelbild seiner Person, sein Geist, seine Vorstellungen prägen auch das kleinste Detail in der weitläufigen Parkanlage.

Ortswechsel: Vierzig Sekunden dauert die Fahrt mit dem Turboaufzug im neuen Gebäude der Frankfurter Commerzbank, schon befindet man sich im Vorstandsbereich, knapp zweihundert Meter über der Erde. Leute wie Roland Mack sagen: Der Unternehmer muß nah beim Geschäft sein.

Nah kann bedeuten zu nah, aber das andere Extrem der zu großen Entfernung birgt das Risiko der Entrücktheit. Aus luftiger Höhe betrachtet (also aus der täglichen Sicht eines Bankvorstands) ähneln die Menschen, die sich unten auf der Straße bewegen, mehr den Ameisen. Diese ameisenhaft sich bewegenden Menschen sind aber Gegenstand strategischer Entscheidungen, die bildlich gesprochen von oben kommen, vom Vorstand des Konzerns, zweihundert Meter über der Erde.

Die Zeit der Alleinherrscher dürfte auch dort allerdings vorbei sein. Die Zeit, in der beispielsweise der erste Vorstandsvorsitzende der nach dem Krieg wiedergegründeten Hoechst AG, Karl Winnacker, bei Entscheidungen stets davon sprach: »Das machen wir mal so«, was soviel bedeutete wie: »Ich halte dieses oder jenes für richtig«, ist vorüber. Der Konzernchef als einsamer Kämpfer ist eine überholte Vorstellung, die es hin und wieder beim Unternehmens-Besitzer noch geben mag, nicht aber beim angestellten Manager. Mit der Rolle hat sich auch die Funktion verändert. Er sehe sich, meinte der ehemalige Vorstandsvorsitzende der Deutschen Bank AG Hilmar Kopper, als obersten Kommunikator der Bank, einer, der Entscheidungen im Vorstandsteam herbeizuführen und sie nach außen zu vertreten habe. Ein einsamer Kämpfer? Wohl kaum. Eingebunden in ein Kollegium ist er der wichtigste Moderator, nicht aber der Tyrann, der allein die Richtung bestimmt. Deswegen gab der ehemalige Thyssen-Chef Heinz Kriwet gern zu, bei ihm hätten die Vorstandssitzungen oft lange gedauert – habe er doch das Ziel gehabt, möglichst eine Konsensentscheidung herbeizuführen, die von allen getragen wurde.

In der Praxis freilich dürften sich die Dinge überschneiden. Die Management-Lehrer entwickeln gern holzschnittartig klare Leitbildprofile. Beispielsweise der israelische Management-Experte Ichak Adizes, der vor beinahe zwei Jahrzehnten mit seinem Buch *Wie man Mißmanagement überwindet* einiges Aufsehen erregte. Manch einer fühlte sich erkannt mit seinen Profilen vom »einsamen Kämpfer, vom Bürokraten, vom Brandstifter, vom Superangepaßten, von der Drohne«, Charaktere, die eines verband: daß sie nicht den optimalen Erfolg für das Unternehmen erzielten, dank falscher Verhaltensweisen.

Das Sündenregister ist bis heute nicht überholt, die beschriebenen Führungsstile verändern sich erst langsam. Nehmen wir den einsamen Kämpfer: »Der einsame Kämpfer respektiert Macher, leistungsstarke Tatmenschen, aber er betrachtet jeden, der ihm helfen möchte, seine Anstrengungen zu systematisieren oder der ihm Verwaltungsaufgaben abnehmen möchte, als einen ›bloßen Akademiker‹, einen Menschen, der ›nichts zustande bringt‹.« Sollte man einen Mann wie den früheren Vorstandsvorsitzenden der Nestlé AG, Helmut Maucher, dazu rechnen? Uneingeschränkt nicht, doch er hatte seine klaren (patriarchalischen) Grundsätze. Nein, nicht das Team als Spitze, sondern das Team mit Spitze brachte nach seiner Meinung den größten Erfolg. Und viele Jahre hieß die Spitze Helmut Maucher. Gewiß hatte er, aufgrund der eigenen Biographie, Vorbehalte gegenüber den Akademikern, den studierten oder promovierten Betriebswirten in den Marketing-Abteilungen. Da fielen bei ihm schon mal Worte wie: allzu »sophisticated« seien solche Leute, die sich Produkte am Schreibtisch ausdächten, die aber über die Köpfe der Konsumenten zielsicher hinweggingen. Der Vorstellung vom Marketing-Theoretiker setzte er die Notwendigkeit des Marketing-Praktikers entgegen, der (ähnlich wie der Freizeitparkbetreiber Mack) mit seinem Ohr den Kundenwünschen lauscht: »Manchmal fehlt uns auf den höheren Konzernebenen jener Krämergeist, jene Mentalität des Einzelhändlers, bei dem täglich die Kasse klingelt. Denn dieser weiß ganz genau, was jeden Tag los ist, er sieht, wie seine Kunden reagieren.«

Diese Mentalität hat nun rein gar nichts mit dem von Adizes beschriebenen Managertypus des Bürokraten zu tun. Diese, lautet ein seit Jahren geäußerter Vorwurf, hätten dazu sehr beigetragen, daß die deutsche Wirtschaft in die Krise geriet, aus der sie sich mühsam genug allmählich befreit (auf Kosten von letztendlich Millionen Arbeitsplätzen). Treffend ist Adizes' Beschreibung: »Der Bürokrat geht jeder Veränderung soweit wie möglich aus dem Weg. Der Einfallsreichtum, mit dem er Gründe vorbringt, um neue Projekte zu verhindern, macht ihn zu einem Obstruktionisten. Die Organisation muß ihre Ziele trotz seiner Existenz verwirklichen, und jene Mitarbeiter, denen es darum geht, daß Aufgaben erledigt werden, lernen, in ihrem Bestreben, Veränderungen durchzusetzen, ihn einfach zu umgehen.« Das mochte in der Vergangenheit methodisch noch angehen; die Zahl der Unternehmen (und es waren weiß Gott nicht nur die Staatsbetriebe wie Bundesbahn oder Lufthansa), wo auf diese Art gewirtschaftet, besser gesagt, miß-gewirtschaftet wurde, ist Legion.

Wer solche Staatsschiffe, oft noch geführt von Politikern, umsteuern will, braucht Fingerspitzengefühl, neben dem Durchsetzungsvermögen. »Erst mal erkennen, was los ist bei denen, mit denen ich zu tun habe«, sagte seinerzeit der Lufthansachef Jürgen Weber, als er den Vorsitz des mittlerweile privatisierten Unternehmens übernahm, auf die Frage, was er zunächst zu tun gedenke. Er hatte Glück, dank klarer Ausrichtung der Unternehmensphilosophie und eines offensichtlich klugen Kurses, den Weber einschlug, gelang ihm eine Erfolgsgeschichte. Andere waren weniger vom Glück verfolgt. Beispielsweise der ehemalige RWE-Chef Friedhelm Gieske, der schließlich scheiterte an einem unternehmerisch richtigen Konzept, das aber den Konzern-Eigentümern – in der Hauptsache Vertretern von Städten und Gemeinden – mißfiel. Hinzu kam seine Person: Gieske wollte kein Bürokrat, kein Technokrat sein, ihm schwebte eher die Rolle des, wie er in einem Fernsehfilm bezeichnet wurde, »entfesselten Strategen« vor. Charisma, ja, das hätte er gern gehabt, doch es blieb beim gutgemeinten Vorsatz. Wichtige Entscheidungen, war von ihm in einem Vortrag einmal zu hören, würden in der Politik und in der Wirtschaft »nicht von Technokraten, sondern von Persönlichkeiten getragen, denen Charisma, Unternehmergeist und Kreativität gegeben sind – Eigenschaften, die man nicht erlernen kann«. Genau dieses Charisma aber fehlte Gieske. Er wollte, um in der Typologie von Adizes zu bleiben, eine Art charismatischer »Brandstifter« werden, doch er lief ins Leere.

Natürlich gibt es sie noch, die Unternehmens-Charismatiker, heute weniger als früher, und trotzdem: Ohne ein gewisses Maß an Charisma wäre es dem jetzigen Vorstandsvorsitzenden der Hoechst AG, Jürgen Dormann, keinesfalls gelungen, den Konzern radikal umzubauen (und ob der Umbau auf Dauer vom Erfolg gekrönt ist, bleibt abzuwarten). »Der Träger des Charismas ergreift die ihm angemessene Aufgabe und verlangt Gehorsam und Gefolgschaft kraft seiner Sendung. Ob er sie findet, entscheidet der Erfolg.« So schrieb Max Weber. Nun würde Dormann nicht Gefolgschaft kraft seiner Sendung verlangen, sondern kraft der Logik seiner Botschaft. Die lautete kurz gesagt: Der Konzern braucht eine neue Ausrichtung, wenn er überleben will. Dormann sieht sich deswegen auch nicht, im Unterschied zur Sicht vieler traditionsbewußter Mitarbeiter des Chemiekonzerns, als »Brandstifter«, sondern im Schumpeterschen Sinn als »schöpferischen Zerstörer«. Sich zu lösen vom Gewohnten sei ein schmerzhafter Prozeß, räumte er in einem Interview vor kurzem ein. Doch dies sei eben ein schöpferischer Akt, »denn die Neuausrichtung auch in der Konzernidentifikation ist für alle Beteiligten ein Transformationsprozeß. Aber nicht als Vernichtung, sondern im Sinne von Verwandlung; ein kreativer Umbau in andere Eigentümerverhältnisse, Partnerschaften, Zukunftsperspektiven.«

Dormann ist kein Maucher. Er lenkt den Konzern eher unsichtbar, ohne großes Publikum, ohne große Auftritte (darin sehr vergleichbar dem ehemaligen Bosch-Vorstandsvorsitzenden und promovierten Philosophen Marcus Bierich). Aber er lenkt den Konzern kraft eines Charismas, das zumindest in den strategischen Entscheidungsgremien des Chemieunternehmens offensichtlich Geltung findet. Jedenfalls ist er kein Typ der Adizesschen Drohne: »Die Drohne ist apathisch. Sie wartet darauf, daß man ihr sagt, was sie tun soll. Sie produziert nicht; sie verwaltet nicht; sie sprüht keine Funken wie der Brandstifter, und sie beteiligt sich nicht an Machtintrigen wie der Superangepaßte.«

Verkörpern Manager wie Dormann den Lehrbuch-Manager? Die Frage stellt sich heute umgekehrt angesichts transnationaler Unternehmen und Marktstrukturen, deren Ambitus immer weiter ausgedehnt wird: Braucht man überhaupt das große Konzernmanagement, wenn es doch zum Ziel gehört, mit kleinen, möglichst selbständigen Einheiten erfolgreich zu agieren? Differenziert spricht Dormann vom »strategischen Management«, das der Vorstand und er vorgäben. Das sei unverzichtbar, mehr aber auch nicht; die Aufgabenumstellung bedeutet gleichzeitig Grenzziehung.

Das mag der zeitgemäße Führungsstil sein. Er degradiert die (verbliebenen) Mitarbeiter nicht bloß zu ausführenden Organen, sondern nutzt ihre Kreativität, ihren Einfallsreichtum aus. Die Gruppenarbeit, die beispielsweise von den Auto-Konzernen immer stärker eingeführt wird, ist beredtes Beispiel. Das Team erhält zwar ein Produktionsziel, wie es dieses aber erreicht, kann es weitgehend selbst entscheiden. Die Abkehr vom Fließband jedenfalls ist vorgezeichnet; nicht, weil die Arbeitswelt aus humanitären Gründen heute dem Menschen angepaßter geworden ist, sondern weil, schnöde gesagt, der Kosten-Nutzen-Effekt ein sehr viel höherer ist. Charles Chaplins *Modern Times*-Geist wird damit zum Relikt der Vergangenheit, das nur noch in nicht- oder wenig industrialisierten Ländern zu finden ist.

Die Trennung von Führern und Geführten, von der Schumpeter sprach, wird sich zur Gänze nicht aufheben lassen. Doch eines steht fest: Dank des allmählichen Rückgangs von Produktionsarbeitsplätzen zugunsten von Arbeitsplätzen im Dienstleistungsbereich wird die Zahl der Führer unter den Geführten merklich steigen. Es werden vom Management viel mehr Fähigkeiten der Menschen als früher abgerufen und im Unternehmen eingesetzt. Vorausgesetzt, es sind Fähigkeiten vorhanden. Die Lösung dieses Problems freilich ist ungeklärt. Wer heute Unternehmer nach dem Inhalt ihrer Tätigkeit fragt, erhält immer öfter zur Antwort: Einen Großteil der Zeit verbringen wir damit, unsere Mitarbeiter vom Sinn und von der Notwendigkeit der Weiterbildung zu überzeugen. Auf daß jeder erkenne, welches unternehmerische Potential in ihm stecke!

Schöne neue Welt, die Vorstellung, es gebe keine abhängig Beschäftigten mehr, sondern nur noch Manager, große, mittlere und kleine. Dazu wird es nicht kommen, aber die Aussichten auf Besserung stehen nicht schlecht. Es wäre ein Schritt dorthin, was der katholische Sozialwissenschaftler Oswald von Nell-Breuning einst als eigentliches Ziel jeder Art von Wirtschaft bezeichnete: »Mittelsystem zu sein zur Selbstverwirklichung des Menschen.«

ERIK v. GRAWERT-MAY

Positive Paranoia

Selbstführung zwischen Spaß und Ernst

Porsche zum Beispiel: Ist Porsche ein Unternehmen mit paranoiden Mitarbeitern? Vielleicht noch nicht. Vielleicht schwimmt es noch zu sehr auf der Woge des Erfolgs, den es – nach massiver japanischer Unterstützung – seit ein paar Jahren wieder genießt. Begeisterung der Kunden für den Boxster, Begeisterung für den neuen 911er. Aber vielleicht ist die Unternehmensleitung inzwischen zu gewitzt, um sich davon blenden zu lassen. Sich davon nicht blenden zu lassen, nicht in die Falle des eigenen Erfolgs zu tappen, erfordert Mitarbeiter, die fähig sind, paranoide Bezüge zu sich und ihrer Arbeit aufzubauen.

Zwang zur Innovation

So oder so ähnlich drückt es John Seely Brown aus. Er ist Chefwissenschaftler von Xerox und leitet das firmeneigene Palo Alto Research Center (PARC) in Kalifornien – ein renommiertes Forschungsinstitut, das unter anderem die Computermaus und die graphische Benutzeroberfläche erfunden hat. In einem Interview über Innovationsprobleme machte Brown vor kurzem die Bemerkung, ein Umfeld für Kreativität zu schaffen, sei eine der schwersten Sachen der Welt. Das Unternehmen müsse für eine Situation sorgen, die kühn sei, aber trotzdem Bodenhaftung gewährleiste. Wörtlich: »Wie schafft man ein Spaßklima, das dem einzelnen Forscher genauso hilft wie der Entwicklung der ganzen Firma?«[1] Seine Antwort bewegte sich ganz im Rahmen neuerer Erkenntnisse über die Kundennähe von Konstruktions-, Produktions- und Dienstleistungsprozessen. Gruppen aus Mitarbeitern verschiedenster Disziplinen seien zu bilden, unter ihnen unbedingt Leute vom Marketing und Patentanwälte, damit die Ideen nicht in alle Richtungen gehen, sondern ihre Nähe zum Marktgeschehen behalten.

Gruppen dieser Art lassen nicht gleich auf paranoide Mitglieder schließen. Etwas anderes muß noch hinzutreten. Befragt, wie er sich den

Beginn von Brainstorming-Sitzungen solcher interdisziplinären Teams vorstelle, hält Brown eine fast konfuzianische Antwort bereit: Jeder müsse sich zunächst selber disziplinieren und zuhören. Das sei wesentlich schwerer, als selber zu reden. Damit nicht genug. Jeder müsse auch noch in sich hineinhören, um herauszufinden, warum er meine, das, was der andere sage, sei nicht interessant. Wer je hierzulande an einem Brainstorming teilgenommen hat, wird wissen, wie treffend Brown die für westliche Industriekulturen typische Sitzungssituation beschreibt. Vor allem das eigene Ich will sich zur Geltung bringen, behindert damit aber die angestrebte Kreativität. Das eigene Territorium verlassen und sich auf das Neue einlassen ist die schlichte Formel des Amerikaners. Und dann der Satz, der zur Forderung nach einer paranoischen Arbeitsatmosphäre überleitet: »Kreative Zerstörung ist die Essenz jeder Innovation. Unternehmen müssen sichergehen, daß sie selber die eigene Schöpfung zerstören, bevor es jemand anderes tut.«

Für europäische Ohren klingt diese Passage vertraut; sie erinnert an Schumpeters Gedanken der schöpferischen Zerstörung als grundlegendem Element kapitalistischer Dynamik. Hinter den Worten Browns macht sich indes eine doppelte Dynamik bemerkbar: die des Kapitalismus im allgemeinen und kalifornischer Jungunternehmer im besonderen. Daher auch die Zusatzfrage des Interviewers, ob Brown glaube, daß amerikanische Firmen diesen Zerstörungsprozeß besser beherrschten als europäische. »Ich denke schon«, so die Antwort. »Große Firmen sind hier zu mehr Innovationen gezwungen, weil wir in einem Umfeld arbeiten, in dem kleine Unternehmen täglich über nichts anderes reden, als uns zu zerstören.« An dieser Stelle fällt das Wort von der kreativen Paranoia, die das Unternehmen ständig zur Rechenschaft über folgende Probleme zwinge: »Sind wir noch auf dem neuesten Stand? Kennen wir die Trends? Denken unsere Forscher kühn genug?« Sich ständig mit den Besten vergleichen zu müssen (Benchmarking) sei ein Vorteil von Silicon Valley. Die Umgebung helfe Xerox jedenfalls, so Brown abschließend, paranoisch zu bleiben.

In Europa wären die Unternehmen, Brown zufolge, noch vernünftig, zu vernünftig wenigstens, um das gerade Erreichte gleich wieder zu bezweifeln. Die geringere Konkurrenz erlaubt ihnen diese vergleichsweise beruhigende noetische Verfahrensweise, für die auch der Amerikaner psychologisches Verständnis aufbringt: »Niemand stellt gerne die eigenen Zugpferdchen in Frage, solange sie noch dicke Gewinne einbringen.« Aber heute fressen nicht mehr die Großen die Kleinen, sondern die Schnellen die Langsamen. Schnelligkeit wird immer mehr zum Trumpf. Diese Tendenz ist schon seit längerem erkennbar. Doch nachdem Zeitraffer wie Business Reengineering und Lean Management, die in den letzten fünf Jahren die Diskussion beherrscht haben, weitgehend umgesetzt sind, bleibt die Hoffnung auf eine Zunahme von Wachstum und Gewinnen an den Innovationen hängen.[2]

In welchem Ausmaß dieser Befund zutrifft, mag ein Seitenblick auf Siemens erhellen. Trotz einer Reorganisation des unternehmenseigenen Forschungszentrums im Sinne Browns wurden die den Aktionären versprochenen Gewinne nicht erzielt. Der Vorstandsvorsitzende, Heinrich v. Pierer, bedauerte unlängst, daß das Innovationstempo des Konzerns nicht so recht zu erkennen sei.[3] Dabei steht Siemens 1997 hinter Philips an zweiter Stelle unter den fleißigsten Anmeldern von europäischen Patenten – ein Indiz für die schnelle Umsetzung seiner innovativen Ideen in marktfähige Produkte. Knapp drei Viertel des Umsatzes im Geschäftsjahr 1996/97 erzielte der Konzern mit Produkten, die fünf Jahre und jünger waren. Vor zehn Jahren lag dieser Anteil erst bei gut der Hälfte. Für die nahe Zukunft läßt sich daher leicht voraussagen, daß »fast drei Viertel der Produkte, mit denen das Unternehmen in fünf Jahren überleben will, noch entwickelt werden (müssen)«, so Forschungsvorstand Claus Weyrich.[4] Und das wäre vermutlich immer noch nicht schnell genug, um die entscheidenden Renditen abzuschöpfen, die dem Erstanbieter eines gleichen oder verwandten Produkts erfahrungsgemäß zufallen.

Wo es derart auf Schnelligkeit ankommt, ist der alte Typus des Arbeitnehmers, der (außer in kleinen und mittelständischen Betrieben) nur ausführt, was der Arbeitgeber ihm vorgibt, fehl am Platz. Er ist einfach zu langsam. Geben und Nehmen kosten zu viel Zeit. Bei Siemens agieren die Forscher heute weitgehend frei von Hierarchien. Nicht mehr jedes Projekt muß von oben abgesegnet werden. »Wenn ich schnelle Ergebnisse will, geht das nur über Eigenverantwortung«, so die Begründung Weyrichs für die Horizontalisierung der Weisungsstrukturen. Daran ist zu sehen, wie sehr das Thema der Selbstführung mit der jüngsten Entwicklung im Unternehmenssektor zusammenfällt – und zwar weltweit. Die global operierenden Firmen treffen auf ebenso global operierende Konkurrenten. Ein Brown sieht die Sache nicht anders als ein Weyrich, höchstens noch schärfer, weil er in einem betriebskulturell aggressiveren Umfeld wie dem amerikanischen tätig ist.

Weyrich will aus dem traditionellen Siemens-Techniker einen sogenannten Technopreneur machen – eine für die neuen Marktverhältnisse bezeichnende Zusammensetzung von Techniker und Entrepreneur, also Unternehmer. Der Techniker alten Schlages war sich zu fein, um etwa in einem Gespräch mit Kunden herauszufinden, was sie wünschen könnten. Jetzt muß er seinen Elfenbeinturm verlassen, muß die Märkte studieren, damit die Ergebnisse seiner Anstrengungen auch die Bedürfnisse der Kunden treffen. Außerdem muß er sich für Qualitäts- und Kostenfragen interessieren – alles unternehmerische Aufgaben. Deshalb hat Weyrich, nicht anders als Brown, marktorientierte interdisziplinäre Teams zusammengestellt und redet von einem heilsamen Schock für die Techniker alten Zuschnitts.

Paranoischer Wettbewerb

Aus Überlegungen, wie sie Forschungsvorstände heute anstellen, um ihr Unternehmen auf Trab zu bringen, läßt sich sehr gut ableiten, was Wettbewerb bewirkt. Nicht, daß er sich seit seiner Entstehung fundamental geändert hätte; er hat nur mit der Globalisierung sein Profil stärker herausgearbeitet. Schon als Adam Smith ihn wirtschaftssystematisch begründete, war klar, daß er die relativ ruhige Gangart einer vom Monarchen monopolistisch gesteuerten Landesökonomie zerstören würde. Die etatistische Statik wurde durch eine unternehmerische Dynamik abgelöst, welche dem englischen Staat – von Smith visionär (aber kontrafaktisch) als ein um die Neuenglandstaaten arrondiertes hypergroßes Großbritannien geplant – weit mehr Machtmittel an die Hand gab als je zuvor.

Moralisch gesehen beruhten die neuen Handlungsanweisungen auf der These, daß der Mensch nichts tauge, wenn er sich nicht in ein Verhältnis der Rivalität zu seinem Mitmenschen setze. Nur dazusein, etwa den anderen, gar den König, lediglich zu bewundern, ohne selber in Aktion zu treten, galt nunmehr als verächtlich. Unschwer lassen sich die altprotestantischen Quellen dieser Denkungsart nachweisen, der Rivalitätsgedanke ist dagegen neueren Datums. Smith empfahl in seiner *Theory of Moral Sentiments* (1761) etwa einem von Problemen Beladenen, zu seinem Feind zu gehen, nicht zu seinem Freund; damit er sich mit dem Unbarmherzigen messe und sich nicht hängenlasse. Das ist die Vorform des Benchmarking im Silicon Valley, von dem Brown willentlich-unwillentlich schwärmt. Die Youngsters unter den Konkurrenten, die »Kids«, wie er sagt, die kleinen Bill Gates, die binnen kurzem aus einer Garagenfirma ein Superimperium machen, lauern ständig im Schatten der Großen. Es bleibt daher nichts anderes übrig, als sie ebenso zu belauern, um weiter im Spiel zu sein.

Wenn man jemanden als paranoiden Charakter bezeichnet, meint man im populären psychologischen Verständnis meist dessen Verfolgungswahn. Das ist ein gutes Beispiel, Browns und Weyrichs Bemühungen um mehr Selbstführung seitens ihrer Mitarbeiter zu verstehen. Es hätte wenig Sinn, einen Mitarbeiter mit mehr Eigenverantwortung zu betrauen, wollte dieser sie lediglich in der Absicht übernehmen, sich von Fremdführung zu emanzipieren. Das mag für Unternehmenskritiker, die sich ausschließlich mit institutionengebundener (Fremd-)Herrschaft befassen, beklagenswert sein[5], doch der Reiz dieser Form von Eigenverantwortung liegt gerade darin, daß sich der Spaß an der größeren Verantwortung mit dem Ernst der Marktsituation verbindet. Diesen Reiz als Reiz zu empfinden setzt freilich voraus, das System des Wettbewerbs als paranoisches zu akzeptieren.

Abgesehen davon, daß einem keine andere Wahl bleibt, hat die eigenverantwortete Selbstführung von Mitarbeitern im Rahmen eines intelligenten Innovationsmanagements durchaus, wenn auch nicht mit Emanzipation im strengen (politischen) Sinn, so doch mit dem vielgerühmten Wertewandel der Gesellschaft zu tun. Vor allem die Generation der zwischen 1950–1970 Geborenen hat im großen ganzen mehr Lust am Leben, auch mehr Spaß an der Arbeit, sofern ihnen der Spaß über mehr eigenverantwortliche Tätigkeiten geboten wird.[6] Sie besitzt auch ein größeres Wissen über Konsum- und Gebrauchsgüter, über Vermögenswerte, Geldanlagen und so fort.[7] Daher wird sie kaum noch Gefallen daran finden, lediglich als Produktionsfaktor zur Verfügung zu stehen; heute dürfen sich Mitarbeiter, zumindest streckenweise, als »dispositiver Faktor« fühlen, wie es in der Sprache der Betriebswirtschaftslehre heißt. Gemeint ist, daß sie wie ein Unternehmer über bestimmte Prozesse disponieren können.

Das ist ein epochaler Vorgang.[8] Nie zuvor hat eine Machtübertragung dieses Ausmaßes stattgefunden, wenigstens nicht in Großbetrieben. Es hat auch nie zuvor Mitarbeiter gegeben, die fähig und willens gewesen wären, die ihnen zugedachten neuen Aufgaben zu übernehmen. Beide moralischen Größen, die Fähigkeit und der Wille, hängen mit den genannten Entwicklungsprozessen der modernen Gesellschaft zusammen. In das Links-Rechts-Schema politischer Emanzipationsprozesse passen sie nicht hinein.

Nur durch eine willkürliche Umbenennung der modernen, sagen wir, paranoischen Industriegesellschaft in eine Risikogesellschaft[9] könnte man diese allgemeinen Entwicklungsprozesse mit einer herrschaftskritischen Pointe versehen. Sie wären dann per definitionem politisch, und der Staat müßte für die Vermeidung zu großer Risiken Sorge tragen. Wer dagegen solchen Konkurrenzen ausgesetzt ist wie Porsche, Xerox und Siemens, muß ausreichend paranoid werden, um mit Freude ins Risiko zu gehen. Derart ins Risiko gehen heißt aber etwas wagen – natürlich nicht um jeden Preis. Das Wagnis gehört jedoch so sehr zum globalen Wettbewerb, daß man die moderne Industriegesellschaft statt Risiko- besser Wagnisgesellschaft nennen sollte.[10]

Das sei an einem Land beispielhaft demonstriert. Japan hat seine enorme Prosperität, die in der gegenwärtigen Krise gewiß einen Knick erhält, einem grandiosen Wagnis zu verdanken: dem Wagnis des Ingenieurs Taiichi Ohno, die Fertigung von Automobilen zu verschlanken und damit eine zum westlichen Fordismus konkurrierende Methodik des Automobilbaus einzuführen. Daß er das Wagnis mit Erfolg bestanden hat, auch gegen den störrischen Widerstand der eigenen japanischen Mitarbeiter, die anfangs so ungläubig waren wie westliche Unternehmer noch vor wenigen Jahren, ist aller Bewunderung wert, schon deshalb, weil es ohne Ohnos Vorarbeit wahrscheinlich bis heute keine Selbstführung gäbe – jedenfalls nicht in der festzustellenden Anwendungsbreite.

Prozesse der Verschlankung erfordern von den beteiligten Mitarbeitern ein Geschick, das sie ohne mehr Eigenverantwortung gar nicht entwickeln könnten. Daher läßt sich mit etwas Beherztheit behaupten, die Selbstführung in westlichen Betrieben sei ein Geschenk japanischer Konkurrenz. Man muß dazu den Charakter des Ohnoschen Wagnisses etwas genauer unter die Lupe nehmen. Seine große Neuerung bestand darin, die Produktion und ihren Wert nicht mehr aus der Sicht des Produzenten, sondern aus der Sicht des Kunden zu betrachten. Dieser neuen Sichtweise lag eine andere mentale Einstellung zugrunde. Zwar mögen die besonderen Nachkriegsverhältnisse Japans (geringe Automobilnachfrage in den fünfziger Jahren) den neuen Standpunkt nahegelegt haben, aber die sprichwörtliche Gästekultur des Landes, die den Kunden in der Regel mit einschließt, wird an dem Einstellungswechsel gewiß beteiligt gewesen sein.

Noch sprichwörtlicher als die höfliche Behandlung des Gastes ist allerdings die Fähigkeit der Japaner, zu imitieren und das Imitierte mit Elementen der eigenen Kultur zu verbinden. Wahrscheinlich geht das eine (Kundenbewußtsein) aus dem anderen (Nachahmung) hervor. »Wer gut verfolgt, lernt leicht folgen«, heißt es bei Nietzsche. Hierbei handelt es sich im Kern um spielerische Tugenden. Das Nō-Theater mit seiner Kunst der Identifikation von Subjekt und Objekt liegt ganz nah. Wenn ich dem Gast die geheimen Wünsche von den Augen ablese, kultiviere ich neben konfuzianischer Höflichkeit die Tugend der Achtsamkeit, aus der die Folgebereitschaft wie von selbst hervorgeht.

Ohno tat im Grunde nichts anderes, als genau zu beobachten. Er sah sich beispielsweise die Struktur der amerikanischen Supermärkte an und entwickelte daraus das Just-in-time-Prinzip[11]: Der Kunde nimmt etwas aus dem Regal, was von der Geschäftsleitung wieder im Umfang der vorherigen Entnahme nachgeschoben wird. Ohnos Aufmerksamkeit galt Warennachschub wie Selbstbedienung gleichzeitig. Von dieser, von der Selbstbedienung, ging letztlich der Anstoß zur Selbstführung aus – ein langer, womöglich auch ein krummer Weg, ein Umweg allemal; aber sicher ein typisch japanischer Umweg.

Typisch japanisch daran war die präziseste Imitation des Vorgangs der Selbstbedienung im amerikanischen Supermarkt und deren Übertragung auf Produktionsprozesse von Automobilen. Der Vorwurf an die Japaner, sie hätten lange Zeit den Westen nur nachgeahmt, ohne etwas Eigenes hervorzubringen, traf, wenn überhaupt, höchstens auf Technologien zu. Ohnos Transfer der Selbstbedienung vom Konsum- aufs Produktionsgeschehen war schon damals ein genialer Schachzug, der weniger einer technologischen als einer logistischen Neuerung geschuldet war: Die verschwenderischen Systeme der Lagerhaltung wurden auf ein Minimum reduziert (Operation der Verschlankung) und auf zeitgerechte (just-in-time) Nachfragesteuerung umgestellt – eine originelle Verbindung von Fremdem – die amerikanische Supermarktidee – und Eigenem – der Kampf gegen »muda« (= Verschwendung), verschmolzen mit dem japanischen Hang zum Verbergen, Verheimlichen und Verkleinern (Miniaturisierung). Das nannte Ohno »Operations Management« oder »Management by Ninjutsu« (Ninjutsu = Kunst des Versteckens).[12] Es machte weltweit Schule.

Zur Begründung dieser Weltgeltung bedurfte es neben dem Just-in-time-Prinzip einer weiteren Säule des Toyota-Produktionssystems; es ist »die Automation mit menschlichen Zügen bzw. die autonome Automation«.[13] Ihre Erfindung, die entscheidend zur hohen Eigenverantwortung der Toyota-Mitarbeiter geführt hat, ging nicht auf Ohno, sondern auf den Gründer des Unternehmens, Sakichi Toyoda, zurück. Er erfand die automatische Unterbrechung des Webstuhls; sobald ein Webfehler auftrat, stand die Maschine still. Der Fehler wurde direkt beim Entstehen beseitigt – Vorform der berühmt gewordenen Fehlerkontrolle. Schon damals fand ein origineller Transfer statt: von der Textil- auf die Autoproduktion. Bei Toyota verbreitete sich sehr bald das sogenannte Andon-System, ein Ensemble von – heute elektronischen – Anzeigen, die einen Fehler signalisieren. Zur sofortigen Fehlerbeseitigung dürfen die Mitarbeiter in autonomer Entscheidung den Produktionsprozeß anhalten, ja, sie sollen es tun, weil sich die Instant-Beseitigung als ein cost cutter erster Ordnung erweist. Je weiter ein Fehler durch den Produktionsprozeß geschleppt wird, desto teurer seine Behebung.

Darin also besteht die oben erwähnte autonome Automation, auch »Autonomation« genannt – die japanische Variante des westlichen Gewerkschaftsmottos: »Alle Räder stehen still, wenn der Arbeiter es will.« Mit den Prinzipien von Autonomation und Just-in-time-Produktion hat Toyota die westliche Konkurrenz in einer ihrer klassischen Schlüsselindustrien viele Jahre das Fürchten gelehrt. Da konnte man schon, da mußte man paranoid werden. Dabei handelte es sich zunächst um eine amerikanische Erfindung, dazu gemacht, die US-Bürger ihre Freiheit auch beim Kaufen genießen zu lassen. Nur daß die amerikanischen Automobil-Produzenten nicht auf den Gedanken kamen, das Geschehen in den Supermärkten produktionslogistisch umzusetzen. Wahrscheinlich waren sie Gefangene des von ihnen selbst entwickelten Fordismus gewesen, der länger als ein halbes Jahrhundert den Automobilbau in der ganzen Welt beherrscht hat – ein auf seine Weise und für seine Zeit ebenso geniales Produktionssystem wie der Toyotismus.

Lean Self Plus

Als das Autorengespann Peters/Waterman in den frühen 80er Jahren mit seinem Weltbestseller *Auf der Suche nach Spitzenleistungen* den Japanschock der 70er verarbeitete, wollte es das heimische Publikum ausdrücklich nicht mit japanischen, sondern mit den ureigenen amerikanischen Erfolgsgeheimnissen vertraut machen.[14] Doch trotz des Untertitels *Was man von den bestgeführten US-Unternehmen lernen kann* wimmelt es in dem Buch von Anspielungen auf Methoden der japanischen Betriebsführung. Da den Autoren besonders am Herzen lag, den Unternehmern unter ihren Landsleuten die Vorliebe für rationale Managementtechniken auszutreiben und sie mit den damals überlegenen japanischen Führungsformen vertraut zu machen, konzentrierten sie sich vor allem auf Motivationsfragen. Etwa auf die Frage, wie es die japanischen Unternehmen schafften, ihre Mitarbeiter zu Produktivitätsweltmeistern zu machen.

Die Antwort der beiden Autoren war verblüffend einfach. Da gab es kein Geheimnis, das den Japanern, und nur ihnen, zuzurechnen gewesen wäre. Der Erfolg lag in der Loyalität der Mitarbeiter, die sich mit der Firma identifizierten und das von ihnen hergestellte Produkt liebten. Und natürlich an der Menschenführung seitens der Unternehmensleitung. Amerikanische Unternehmensführer müßten daher ihr mechanisch-rationales Organisationsverständnis aufgeben und sich künftig statt an harten Managementfaktoren wie Strategien, Strukturen und Systemen an weichen orientieren: an Problemen des Personals, der von ihm geteilten Werte und seines Know-how, kurz an Fragen des Führungsstils. Die Autoren eröffneten damit eine Debatte über die neue Bedeutung der Unternehmenskultur als Produktivitätsprinzip.

Ein weniger sentimentaler Blick auf die Menschlichkeit des japanischen Organisationsverständnisses ergibt indes, daß sie nicht zu wörtlich genommen werden sollte. Man nehme als Beweisstück Ohnos Vergleich des Unternehmens mit einem menschlichen Körper und analysiere, was daran im kulturellen Verständnis des Westens menschlich ist. Wie kann, so Ohnos Ausgangsfrage, das vegetative Nervensystem, welches autonom, d. h. ohne Rücksicht auf den menschlichen Willen, operiert, auf das Toyota-Produktionssystem übertragen werden?

Der ökonomischem Räsonnement nicht so zugeneigte Leser denke an jenes berühmte Kierkegaardsche Sandkorn, das dem dänischen Religionsphilosophen, der sich – auf Besuch in Berlin – gerade seines Glückes freuen wollte, plötzlich ins Auge flog. Dieses – märkische – Sandkorn führte, ohne daß Kierkegaard etwas dafür oder dagegen tun konnte, zu einem unwillkürlichen Zucken des betroffenen Augenlids. Eine solche autonome Reaktion des vegetativen Nervensystems hatte Ohno im Sinn, als er über die neuen Nervenstränge der Produktion von Toyota philosophierte.[15] Was ihn an dem Vergleich als Ingenieur begeisterte, war die so rasche wie präzise nervliche Reaktion auf eine unvorhergesehene Störung. Wenn den Mitarbeitern Toyotas etwa die Fehlerkontrolle auf vergleichbare Weise gelänge, dann könnte man mit Recht behaupten, sie seien autonomer Reflexe fähig.

Die Analogie Ohnos bestätigt die Vermutung, daß diese Autonomie vorderhand wenig mit westlichen Vorstellungen von Selbständigkeit zu tun hat; sie entspricht in der japanischen Unternehmenskultur eher der Automatik eines willensunabhängigen Lidschlags. Was den Wesensgehalt der Autonomation ausmacht, erfordert, überspitzt formuliert, die Ausschaltung des Menschen als Willenssubjekt. Es geht bei Toyota nicht um Selbstbestimmung, es geht um möglichst fehlerfreie, präzise Produktionsabläufe. Ohno war zwar ein außergewöhnlicher Industrieingenieur, aber seine Überlegungen weichen nicht sonderlich von Theorie und Praxis der betriebswirtschaftlichen Zunft seines Landes ab. Eines der wenigen japanischen Lehrbücher, das in deutscher Übersetzung vorliegt, ist das von Akira

Yamashiro. Gleich im zweiten Kapitel geht es um die »Ausbildung der Führungskompetenz und Selbstentwicklung«.[16] Diese Termini aus der Fachdiskussion, international en vogue, werden von Yamashiro zwar übernommen, aber sofort auf eine landestypische Ebene verschoben. Der Erwerb kultureller Managementkompetenzen eines japanischen Wirtschaftsstudenten wird mit Hana- und Kome-Zukuri gleichgesetzt. Hana-Zukuri ist Ikebana: Die Kunst des Blumenarrangements (Hana = Blume). Kome-Zukuri bedeutet entsprechend die Kultivierung der Reispflanze (Kome = Reis). Das Wort Zukuri ist die substantivierte Form des Verbs »tsukuru«; es schließt eine ganze Bedeutungsreihe ein: »machen, herstellen, erzeugen, produzieren, bilden, (an-/be-)bauen, ziehen, züchten usw.«[17]

Von diesen Zuchtkünsten leitet Yamashiro umstandslos Hito-Zukuri ab. »Hito« heißt der Mensch und wird im Alltagsjapanisch laut Yamashiro häufig im Zusammenhang mit Erziehung und Schulung für Sozial-, Organisations- und Unternehmenszwecke gebraucht. Was liegt deshalb näher, als die Studenten der japanischen Managementlehre wie Reispflanzen zu züchten. Hübsch der Vergleich, den Yamashiro zwischen einem Reisbauern und einem Wirtschaftsprofessor bzw. Unternehmensleiter herstellt. Die Argumentation geht so: Der Reis wächst von alleine – gewiß; seine Selbstentwicklung besorgt die Natur. Aber um ihn zu vervollkommnen, greift der Bauer in den Entwicklungsprozeß ein. Kraft der – nicht prästabilierten – Harmonie zwischen Mensch und Natur ist dieser – permanente – Eingriff eine ethisch-ästhetische Verpflichtung. Ganz analog dazu ist die Selbstentwicklung des Menschen in Universität und Betrieb zu verstehen, außer daß hier dem Professor oder Unternehmenschef eine quasi-göttliche Funktion zufällt, die er nicht überdehnen darf. Mensch und Natur bilden eine – wohl hierarchisch gedachte – Einheit, indes Mensch und Mensch? Wer darf da über wem stehen?

Mit solchen neujapanischen Erwägungen kritisiert der Wirtschaftsprofessor ziemlich unverblümt manche Kollegen und Betriebsleiter, die ihre Rechte gegenüber den Schutzbefohlenen zu weit auslegen. Seine Argumentation bleibt von diesen kritischen Untertönen allerdings unberührt. Es ist der alte Gedanke der Pflanzenzucht, der für die Selbstführung von Mitarbeitern im Unternehmen in Anspruch genommen wird und die ewig lernende Organisation begründen soll. Die Züchtung eines Reiskorns als Vorbild der Selbstentwicklung von Managementstudenten und das Zucken eines Augenlids als Ideal präziser Autonomation von Toyota-Mitarbeitern: Beides zusammen wurzelt in einer japanischen Tradition, die sich auch im Begriff des Selbst niedergeschlagen hat. Das japanische Wort für »ich, selbst« lautet »jibun«; dessen Schriftzeichen stilisiert, etymo-ikonographisch, den einzelnen als Teil eines Ganzen: Teil einer Betriebsgesamtheit, Teil der Einheit von Mensch und Natur. Im »jibun« ist die allbekannte Teamfähigkeit der Japaner vorgebildet – jene zur Selbstführung korrespondierende Fähigkeit, die über den Umweg des Toyotismus in den Westen gelangte.

Mitarbeiter neuen Typs, die sich zur Übernahme unternehmerischer Eigenverantwortung qualifizieren wollen, sollten ihre Autonomievorstellungen unbedingt am Ohnoschen Autonomationskonzept schärfen, um auch psychologisch auf den Wettbewerb aus Fernost vorbereitet zu sein. Das würde bedeuten, ein der schlanken Produktion halbwegs analoges Selbst aufzubauen. Es entstünde ein Typus, der nicht so sehr auf die Eigenrechte des arbeitenden Subjekts pochte, sondern sich mehr die Sicht des anderen, besonders des Kunden, zur Pflicht machte. Daraus könnte ein von Selbstzentrierung befreites Ich resultieren, das sich mit Erfolg in die eigenverantwortlichen Arbeitsteams einreihen würde.

Wie eingangs an den von Brown gebildeten Kreativgruppen dargestellt, sind Marketingleute heute aus keinem Bereich mehr wegzudenken. Das verlangt bereits jener historische Wechsel vom Verkäufer- zum Käufermarkt, der in der zweiten Hälfte des 20. Jahrhunderts stattgefunden hat, was wiederum gut an der Autoproduktion zu demonstrieren ist. Die Konsumenten lassen sich nicht mehr jahrelang mit einem Ford-T-Modell abspeisen. Sie verlangt es stets nach Neuem, ihre Bedürfnisse sehen sich immer schneller gesättigt. So verkürzen die Käufer die Lebenszyklen der Produkte und sitzen den Unternehmern im Nacken. Wer da den Gesichtspunkt des Marketing nicht ständig berücksichtigt, hat schlechte Aussichten. Das ist die eine Seite der Teamarbeit. Die andere hängt unmittelbar mit japanischer Lean Production zusammen. Zwar werden überflüssige Arbeitskräfte abgebaut, aber die verbleibenden müssen, um die Schlankheitskur durchzuführen, nicht nur mehr in Eigenverantwortung tun, sie müssen auch mehr kooperieren, um Zeitvorteile für den Kunden zu erringen. Zum lean self gehört also das lean team.

Leadership

Unterdessen ist die Welt nicht in den 70er und 80er Jahren, als die Wirtschaft Japans ihren Zenit erreicht hatte, stehengeblieben. In den USA setzte sehr bald eine beispiellose ökonomische Aufholjagd ein, die das Land inzwischen in eine neue Weltmachtposition gebracht hat. Das Buch von Peters/Waterman ist dabei gewiß nicht ohne Wirkung geblieben. Es hat vor allem andere unternehmenskulturelle Ansätze nach sich gezogen. Den bislang überzeugendsten Eindruck hinterläßt das Business Reengineering von Hammer/Champy.[18]

Hammer/Champy, Consulter wie Peters/Waterman, machen Front gegen ihre berühmten Kollegen. Da auf dem Feld der Managementtheorien ein Ansatz den nächsten ablöst und jeder neue den vorangegangenen selbstverständlich übertrumpfen will, ist das Frontmachen Usus. Im Falle des Business Reengineering handelt es sich indes um eine ernstzunehmende Frontstellung. Das Plädoyer ihrer Vorgänger für die stärkere Berücksichtigung weicher Faktoren tun Hammer und Champy kurzer Hand als Modephilosophie ab. Sie ist ihnen einfach nicht hart genug. Tatsächlich hatten Peters/Waterman – aus verständlichen managementgeschichtlichen Gründen – Faktoren wie Strategien und Strukturen zu sehr ausgeblendet. Ihre Nachfolger blenden sie wieder ein. Da sie aber, ohne es zuzugeben, die Lektion ihrer beiden berühmten Vorgänger gelernt und die Verfahrensweisen schlanken Managements in ihren Ansatz eingebaut haben, fallen sie nicht in die Ära der 70er Jahre zurück, im Gegenteil.

Was Hammer/Champy vor allen anderen auszeichnet, ist ihre Radikalität. Sie sind so radikal, daß sie selbst das japanische Kaizen, den kontinuierlichen Verbesserungsprozeß, verwerfen; er ist ihnen zu langsam. Statt dessen treten sie für schnelle, fast schockartig über die Unternehmen hereinbrechende Verbesserungen ein. Das läßt sich nur mit Leuten durchführen, die sogenannte Leader sind. Leader packen den Prozeß der Umstrukturierung eines Unternehmens mit beiden Händen an und lassen ihn nicht wieder los. Sie überzeugen durch ihre Kompromißlosigkeit. Auch Leader führen jedoch das Business Reengineering nicht von heute auf morgen durch. Sie wissen sehr wohl, daß es Zeit braucht, eine Firma auf den Kopf zu stellen. Auf den Kopf stellen heißt, die im wesentlichen noch an Smith orientierten arbeitsteilig organisierten Strukturen weitgehend in Projektteams aufzulösen. Mit geschickter Unterstützung der Informationstechnologie lassen sich so fragmentierte Prozesse wieder zusammenfassen. Dadurch fallen ganze Führungsebenen fort; was an Führungspersonal übrigbleibt, muß umdenken. Wer es nicht tut, hat seinen Platz in dem Unternehmen verloren.

Vieles deutet darauf hin, daß der Typus des Leaders, den Business-Reengineering-Programme erfordern, originär amerikanisch ist. Er setzt den machtvollen, auf seine Individualität versessenen Unternehmensführer voraus. Insofern widerspricht dieser Typus dem des lean self, mit dem die Schlankheitskuren rechnen. Francis Fukuyama zufolge sind die Amerikaner allerdings beides. Sie sind sowohl teamfähig als auch gute Individualisten.[19] Sollten sie beide Typen in einer Person verkörpern können, würde das paranoide Ich um ein schizoides Element bereichert – so etwas wie ein double-bind-Effekt wäre nicht auszuschließen: Einerseits soll sich das Ich fast konfuzianisch zurücknehmen, andererseits ganz unkonfuzianisch auftrumpfen. Um die Diskussion nicht in psychologische Untiefen geraten zu lassen, sei daher angenommen, daß sich die beiden psychischen Qualitäten auf verschiedene Personen verteilen.

Wie auch immer, fest steht, daß die japanische Betriebskultur den schlanken Ansatz berühmt gemacht hat und daß die amerikanische den großen fernöstlichen Konkurrenten mit dem Business Reengineering übertrumpfen konnte. Jedenfalls sieht man an dem Eindruck, den das Business Reengineering in japanischen Wirtschaftskreisen hinterlassen hat, daß es sich nicht um eine bloße Modeerscheinung handelt. Nachdem Japan seinen wirtschaftlichen Zenit überschritten hatte und Anfang der 90er Jahre in eine Krise geraten war, die bis heute nicht überwunden ist, versuchten Toyota-Ingenieure, Elemente des Managementkonzepts von Hammer/Champy auch im eigenen Unternehmen anzuwenden. Der Betrieb, der so viel für die Verbreitung ökonomischer Schlankheit getan hatte, setzte sich also einer weiteren Entfettungskur aus. Nur nannte man diese Kur nicht Business Reengineering, sondern Business Revolution.

Der Wirtschaftsjournalist Takeshi Kojima, der das berichtet, spricht in diesem Kontext von einer »partnerorientierten Selbstreform« und trifft damit ins Schwarze.[20] Bereits die toyotistische Entwicklung des Lean Managements war im Grunde, wie oben kurz skizziert, nichts anderes gewesen. Auch Hammer/Champy reimportierten für ihr Konzept in gewissem Sinne amerikanische Managementideen, die Toyota zuvor seinen betriebskulturellen Erfordernissen angepaßt hatte. So sehen wir vor unseren Augen Unternehmensprozesse ablaufen, die wahrscheinlich immer mehr interkulturellen Charakter annehmen. Sie werden das Bild der wirtschaftlichen Zukunft prägen. Jedes Land hat eine ihm eigene Firmenkultur ausgebildet, von der ein anderes lernen kann. Das lenkt den Blick zurück zum Beginn dieser kurzen Revue der Selbstführungsdebatte, nämlich zu den Erfolgen von Porsche.

Das Unternehmen aus Stuttgart-Zuffenhausen hätte den phänomenalen Wiederaufschwung nicht geschafft, wenn es nicht in seiner größten Krise Anfang der 90er Jahre dazu entschlossen gewesen wäre, in der Lean Production erfahrene japanische Consulter zu engagieren. Vier für den Vorstandschef Wendelin Wiedeking demütigende Reisen zu Toyota nach Japan gingen diesem Engagement voraus. Erst mußte das Selbstbewußtsein der technisch hochqualifizierten Porsche-Mitarbeiter gekränkt (geknickt?) werden, ehe sie bereit waren, ihre so verschwenderische wie kostentreibende Form der Produktionstätigkeit von Grund auf zu ändern.[21] In der Kooperation mit den Japanern und unter einem industriediätetisch fast geläuterten Leader an ihrer Spitze demonstrierten sie dann jene alte Tugend, die inzwischen legendär geworden ist: technische Versiertheit auf höchstem Niveau.

Robert Lutz vom Chrysler-Vorstand antwortete kürzlich auf die Frage von *Stern*-Redakteuren, was das amerikanische Unternehmen bei der Fusion mit Daimler von den Deutschen lernen könne, mit einem Hinweis auf schwäbische Perfektion.[22] Damit ist angedeutet, was deutsche Hochleistungsfirmen an Unternehmenskultur in eine interkulturelle Zusammenarbeit einzubringen hätten. Porsche sorgt unterdessen für eine wachsende Flexibilität seiner Mitarbeiter durch systematische Talentförderung. Schon haben viele die Fähigkeit erworben, ganze Motoren zusammenzubauen; das Fließband läuft nicht mehr an den Werkern vorbei, sondern diese laufen mit dem Fließband mit. Ist der Motor fertig, stanzt der Werker seinen Namen in den Block. Da kann getrost die Qualitätskontrolle seitens der Unternehmensführung entfallen; das erledigt der Mitarbeiter ganz allein durch unternehmerische Selbstführung.[23] Hier wird sichtbar, daß auf den Kopf gestellte Unternehmen Mitarbeiter brauchen, die mitunter die Arbeit ganzer Teams übernehmen.

Der neue Stolz der Porsche-Technopreneure ist ein kostbares Ergebnis deutsch-japanischer Kooperation. Er ist zu kostbar, als daß er wieder irgendwann, wenn er dem einzelnen zu Kopf steigt, von anderen gebrochen werden sollte. Damit der Stolz nie wieder in diese Gefahr gerät, müssen ihn die Mitarbeiter der schwäbischen Firma schon selber brechen – und zwar permanent. Was sich derart entwickelt, könnte man dann schlanken Stolz nennen: Stolz, der sich fortwährend selbst überlistet, um sich nicht unverrichteter Dinge in Hoffart zu verwandeln. Dazu noch ein Schuß kalifornischer Kreativität, und fertig ist der Homo Porsche Paranoens.

1 »Kreative Paranoia«, in: *Wirtschaftswoche* 31/1998, S. 74.

2 So Ronald Jonash, Vice-President der Unternehmensberatung Arthur D. Little (ADL), zit. v. Brigitte v. Haacke, »Supertanker wenden«, in: *Wirtschaftswoche* 31/1998, S. 73.

3 Vgl. d. Art. von Dieter Dürand, »Mit sanftem Druck«, in: *Wirtschaftswoche* 30/1998, S. 62.

4 Ebd., S. 63.
5 Vgl. Hans J. Pongratz/G. Günter Voß, »Fremdorganisierte Selbstorganisation. Eine Diskussion aktueller Managementkonzepte«, in: *Zeitschrift für Personalforschung (ZfP)* 1/1997, S. 36ff.
6 Vgl. K. J. Matejka/A. G. Federouch, »Uniting Employees Around A Mission«, in: *Journal of Systems Management*, September 1990, S. 3.
7 Meinhard Miegel, »Ökonomie. Eine Kolumne – Von der Arbeitnehmer- zur unternehmerischen Gesellschaft«, in: *Merkur* 12/1997, S. 1129–1133.
8 Vgl. Thomas Kuhn, »Vom Arbeitnehmer zum Mitunternehmer. Anmerkungen zur Intention, Begründung und Umsetzung eines Transformationsvorhabens«, in: *ZfP* 2/1997, S. 195–220.
9 Ulrich Beck, *Risikogesellschaft – Auf dem Weg in eine andere Moderne*, Frankfurt am Main 1986.
10 Vgl. Minoru Tominaga, *Aufbruch in die Wagnis-Republik – Neue Chancen für den Standort Deutschland*, Düsseldorf/München 1998.
11 Taiichi Ohno, *Das Toyota-Produktionssystem*, dt. Übers. von Wilfried Hof, Frankfurt am Main/New York 1993, S. 52.
12 Ebd., S. 97–99.
13 Ebd., S. 32–34, 52.
14 Thomas J. Peters/Robert H. Waterman, *Auf der Suche nach Spitzenleistungen – Was man von den bestgeführten US-Unternehmen lernen kann*, aus d. Amerikan. v. Hartmut Reddmann u. Mitw. v. Gabrielle E. Schlichting, 4. Aufl., München/Landsberg am Lech 1993.
15 Vgl. Ohno, *Das Toyota-Produktionssystem*, S. 73–75; das Augenbeispiel S. 74f.
16 Akira Yamashiro, *Japanische Managementlehre/Keieigaku*, aus d. Jap. v. Mitsuo Hayashi, unter Mitarb. v. Alexander Schmoldt u. Wolfgang Herbert, zweisprachige Ausgabe mit Transkription, München/Wien 1997, S. 23–36.
17 Ebd., S. 32.
18 Michael Hammer/James Champy, *Business Reengineering. Die Radikalkur für das Unternehmen*, aus d. Amerikan. v. Patricia Künzel, Frankfurt am Main 1998.
19 Francis Fukuyama, *Konfuzius und Marktwirtschaft – Der Konflikt der Kulturen*, aus d. Amerikan. v. Karlheinz Dürr, Ute Mihr u. Thomas Pfeiffer, München 1995, S. 317–331. (23. Kap.)
20 Takeshi Kojima, *Die zweite Lean-Revolution – Was kommt nach Lean Production?* dt. Übers. v. Lingua Service-Team (Norbert Albrecht/Wolfgang Berger), Landsberg 1995, S. 68. Der Begriff »Business Revolution« S. 22.
21 Vgl. den zu Herzen gehenden Bericht darüber in: James P. Womack/Daniel T. Jones, *Auf dem Weg zum perfekten Unternehmen*, Frankfurt am Main/München 1998, S. 279–323. (9. Kap.)
22 Vgl. das Interview, »Einige werden Panik bekommen«, in: *Stern* 30/1998, S. 118.
23 Vgl. Jürgen Fuchs, »Die neue Art Karriere im schlanken Unternehmen«, in: *Harvard Business Manager* 4/1998, S. 9.

DIRK SCHÜMER

Vom Ball getrennt

Führungsstile deutscher Fußballtrainer

Aus der Frühzeit des Fußballspiels sind uns keine Trainer überliefert. Es scheint, als habe beim modischen Bolzen, das zu Zeiten Kaiser Wilhelms vorzugsweise die jungen Techniker und Ingenieure betrieben, tatsächlich noch das herrschaftsfreie Spiel der Kräfte gewaltet: ein körperliches Rackern, bei dem sich Strategie und Raumaufteilung während der Aktion quasi von selbst ergaben. Lange konnte dieser Zustand nicht dauern. Neben dem, der auf dem Platz die Initiative an sich reißt, ist zwangsläufig ein Außenstehender gefordert, der das Spiel mit der nötigen Distanz organisiert und plant. Dieser Prozeß ist durchaus der idealtypischen Staatsbildung verwandt, wie sie Thomas Hobbes beschreibt. Damit auf dem Fußballfeld der Mensch dem Menschen nicht länger ein foulender Wolf sei, damit die Konkurrenz in der eigenen Mannschaft umgewandelt werde in ein systematisches Vorgehen gegen den Gegner, bildet sich eine Hierarchie, eine schlagkräftige Kriegsformation, die im Wettbewerb bestehen kann. Fortan ist es der Cheftrainer, der die kompaktesten Klopper nach hinten beordert, die durchsetzungsfähigen, schlitzohrigen Ehrgeizlinge als Stürmer benennt und den sensiblen Künstler zum Spielgestalter macht, nicht ohne ihm ein paar unauffällige, doch effektive Wasserträger zur Seite zu stellen. Wer nach diesem taktischen Rohschliff übrigblieb, mußte wohl oder übel ins Tor.

So oder ähnlich mag die erste taktische Maßnahme eines Fußballtrainers ausgesehen haben – zugegeben, die Anfänge des Spielsystems erinnern bis in die zwanziger Jahre immer noch stark an die Brechstangenmethode, die man dem westfälischen Kopfballungeheuer Horst Hrubesch – heute ein geachteter Trainer auch er – zuschrieb: »Hinten dicht und vorne volle Pulle.« Immerhin war mit solchen rudimentären Aufgabenverteilungen der Erfolg gegen unorganisierte Lustbolzer gesichert, und der Trainerberuf wurde zum Bestandteil des Fußballs – nicht nur auf der professionellen und internationalen Ebene, sondern bis hinunter zur Kreisklasse. Einer muß das Sagen haben, lautet die Grundannahme für die Existenz dieses

Berufsstandes. Wir werden allerdings sehen, daß gerade die Entscheidung zugunsten eines machtvollkommenen Leviathans immer mehr in Frage gestellt wird und daß der Trainer als absoluter Monarch im Fußball niemals funktionieren konnte, weil er seine Untergebenen nicht bloß befehligt, sondern zu eigenem Handeln zu motivieren hat.

Die bloße Denkfigur aber, das Spiel werde von außen erdacht und gelenkt und vom kickenden Personal nur ausgeführt, verlieh dem Trainer schon vor dem Krieg den Nimbus des Gewalthabers. Die jeweiligen Obrigkeiten, die mißtrauisch das ordinäre Gekicke beäugten, konnten sich, anstatt es mit einem anarchischen Haufen von Freiluftsportlern zu tun zu haben, mit der Gewißheit beruhigen, daß hier eine übergeordnete Instanz den Spielbetrieb domestiziert, daß über die Rolle des regelwahrenden Schiedsrichters hinaus ein patriarchalischer Chef die Belegschaften zum korrekten, staatstragenden Handeln anhalten werde. Vom Reichstrainer und Mediziner Dr. Otto Nerz, welcher die Geschicke des nationalen Fußballs in Deutschland von 1930 bis 1936 lenkte, ist vor allem bekannt, daß er ein harter Hund war, der seine Spieler mit eisernem Drill und Ehrenerklärungen zum daheim abgelegten Training auf sein strenges System einzuschwören pflegte. Nerz wurde später Direktor des sportpraktischen Instituts der Reichsakademie für Leibesübungen und kam 1949 im umfunktionierten KZ Sachsenhausen zu Tode – eine Trainerkarriere, die mit preußischer Disziplin zum Verbandsfunktionär führte; fußballerisch waren seine Mannschaften allerdings eher Mittelmaß. Doch sein akademischer Titel, später wurde er gar noch Professor, machte Nerz schon allein zu einer Autorität, die auch jenseits der Umkleidekabinen und Aschenplätze Achtung gebieten und bürgerliche Reputation ausstrahlen konnte. Der formelle Titel »Reichstrainer« gehört zu den Errungenschaften jener autoritären Jahre. Wie bei der Reichswehr, dem Reichsadler, dem Reichskanzler und anderen staatstragenden Institutionen und Symbolen zeugt der Titel auch beim Fußball, heute mit dem Präfix »Bundes-«, von der Kontinuität deutscher Hierarchien über alle Systemwechsel hinaus.

Sepp Herberger verkörperte diese Kontinuität im Amt des Reichs- bzw. Bundestrainers über 1945 hinaus und gab einem Großteil der autoritätsgläubigen, doch zutiefst verunsicherten Bevölkerung das gar nicht so unberechtigte Gefühl, auch nach dem Untergang des Nationalsozialismus sei das Wesentliche beim alten geblieben. Wie sonst nur Konrad Adenauer, der bezeichnenderweise »der Alte« gerufen wurde, bewahrte ausgerechnet der knittrige Herberger, ein Funktionär des Dritten Reiches, die ungebrochene Gültigkeit deutscher Sekundärtugenden und konnte damit bereits 1954 den größten denkbaren Erfolg, den Gewinn der Fußballweltmeisterschaft, vorweisen. Was Wunder, daß dieser Gewinn gegen Ungarn von den Medien nahezu ausnahmslos als »Endsieg« bezeichnet wurde – der Fußball hatte symbolisch die Niederlage von 1945 wettgemacht, statt des perfiden Führers hatte es der redliche Trainer gerichtet.

Wie stellte es Herberger an, trotz der Katastrophe, nach dem Verheizen einer ganzen Generation und der Verführung durch eine fiese Ideologie nicht nur im Amt zu bleiben, sondern auch seine Autorität ins demokratische System hinüberzuretten? Hier sind wir bei den Aspekten, die für den Erfolg und den Habitus der fußballerischen Führungskräfte fortan entscheidend bleiben sollten: Es geht um die angemessene Inszenierung von Autorität, um öffentlich betriebenen Vertrauenserwerb mit Hilfe subtiler Semantik. Denn spätestens mit der Professionalisierung des Sports unter den Nazis, die etwa den Mythos von den Schalker ›Püttkickern‹ bastelten, und unter Mussolini, der die Mailänder und Turiner Teams Weltgeltung erringen ließ, hatte der Fußball aufgehört, eine bloße Frage pfiffiger Taktik, eines besonders gefinkelten ›Systems‹ zu sein. Nun mußten sensible, verwöhnte, oft genug sogar selbständig denkende Spezialisten zu einem Team geformt und mit den Mitteln der Suggestion starkgeredet werden. Auf der anderen Seite hatte der Fußball angemessen als politische Kraft präsentiert zu werden.

Ob unbewußt oder bauernschlau – Herberger verstand es genial, sich selbst die Attribute des weisen, apolitischen Eremiten zuzulegen, indem er im ausgebeulten Trainingsanzug oder allenfalls in einem verschossenen Kriminalisten-Regenmantel auftrat und allzeit ein Notizbuch mit kryptischen Kürzeln füllte, die bis zu seinem Ableben niemand zu Gesicht bekam. So erschien er, mit immer grandioser gefurchtem Sorgengesicht und sorgsam gepflegtem Mannheimer Akzent, zwar als ein provinzieller Waldschrat, doch gerade diese Attitüde des Besessenen verlieh ihm die Autorität bei Spielern, die aus dem Arbeitermilieu kamen und den Zweiten Weltkrieg häufig unter der Obhut fußballbegeisterter Wehrmachtsoffiziere überlebt hatten. Einen Mann, der Fußball so offensichtlich zum Lebensinhalt gemacht hatte und Mannschaftsaufstellungen mit der Ernsthaftigkeit eines philosophischen Systems entwarf, konnte diese verlorene Generation ohne weiteres akzeptieren. Vor allem aber pflegte Herberger – darin der genialste Trainer aller Zeiten – einen naturwüchsigen und dennoch sorgsam vervollkommneten Jargon, der ihm schließlich die unumstößliche Autorität eines Gurus verlieh. Seine Sentenzen wie »Der Ball ist rund« oder »Das Spiel dauert neunzig Minuten« sind allerbanalste Tautologien, die indes die

Beschäftigung mit den simplen Grundregeln des Spiels immer neu anfachen. Erst hinter diesen rätselhaft-offenkundigen Sprüchen, gab Herberger zu verstehen, beginnt die Magie des Spiels; es ist so simpel, weil es so kompliziert ist – und umgekehrt. Und es war jedermann klar, daß es dabei nur einen Magier geben konnte: Herberger.

Man darf den archetypischen Habitus Herbergers, den ganz anders gestrickte Trainerpersönlichkeiten wie Hennes Weisweiler oder Dettmar Cramer in Maßen zu imitieren versuchten, keineswegs mit dem Auftreten eines Intellektuellen verwechseln. Akademische Besserwisserei, beamtenhafter Ordnungswahn und das spießige Outfit eines Schlipsträgers hätte die Arbeiterkinder, die es bis in die Nationalmannschaft geschafft hatten, niemals überzeugt. Das Geheimnis von Herbergers natürlich scheinender Autorität lag in der Symbiose einander ausschließender Tugenden. Er war alles zugleich: sorgenvoller Vater und fanatischer Verschwörer, gestrenger Chef und einfühlsamer Beichtvater, autistischer Sonderling und kalkulierender Medienguru. Mit dieser persönlichen Taktik der Menschenführung ist Herberger durch die Zeiten hinweg stilbildend geblieben. Und die Nachwelt hat das genau begriffen, indem sie den Titel von 1954 keinem Spieler zuschreibt (wie Pelé 1970 oder Beckenbauer 1974) und sogar die Mannschaft als ausführendes Organ einer List versteht. Wer ein Wunder wirken kann wie das »Wunder von Bern«, ist als Trainer unsterblich geworden und zum Heiligen nobilitiert.

Warum nun funktioniert die Leistung eines Fußballtrainers nicht wie die Qualifikation in anderen Metiers? Läßt sich nicht gerade im Fußball das Ergebnis genau messen? Wird nicht die Aufstellung und das gesamte Spiel der Öffentlichkeit vorgeführt und damit zur Überprüfung offengelegt wie keine Firmenbilanz? Warum also muß gerade ein Fußballtrainer mit Geheimritualen und Image-Kalkül arbeiten? Der Blick auf Herberger erklärt es: Ein Trainer handelt mit Placebos. Das Spiel, das er zu lenken vorgibt, ist planerisch überhaupt nicht in den Griff zu kriegen, weil der Ball im entscheidenden Moment fliegt, wohin er will. Soll der Trainer Erfolg haben, muß er seine Spieler stärker machen, als sie sind, und zu Taten anspornen, von denen sie noch gar nichts ahnen. Und vor allem muß er verständliche Egoismen in ein flammendes Gruppeninteresse umlügen, obwohl bei jedem Fehler, jeder Verletzung, jeder Zufälligkeit das Kollektiv zerschlagen und neu zusammengesetzt werden muß. Während der Trainer täglich exerziert, daß der einzelne Spieler, wenn's darauf ankommt, jederzeit zu einem taktischen Rädchen degradiert und ersetzt werden kann, muß dieser einzelne allzeit bereit sein, für den Chef durchs Feuer zu gehen. Solcher Kadavergehorsam für ein herzloses System, der allen gewerkschaftlichen Erfahrungen seit der Industrialisierung widerspricht, könnte nur durch den martialischen Drill des Militärs erzwungen werden. Aber genau da sind dem Trainer die Hände gebunden: Fußball funktioniert nicht wie Exerzieren oder Schießen. Das Spiel, ist es einmal im Gang, verlangt Eigenständigkeit, Kreativität, Widerspenstigkeit und Verantwortungsgefühl. Wenn die Spieler also ihrem Trainer zuhören und gehorchen oder seinen Ideen weichen und dennoch allzeit ihren Spieltrieb zum Wohle des Kollektivs ausleben können, dann verhalten sie sich vollkommen unvernünftig: Wer sich selbst – etwa durch Verletzung oder Hinausstellung – schadet, um die Mannschaft zu retten, ist der Dumme, wenn die anderen die Ernte einfahren und er selbst ohne Prämie im Krankenhaus liegt oder in den Medien zur Minna gemacht wird. Wer bereitwillig ins zweite Glied zurücktritt und der Konkurrenz die Bälle zuspielt, wird von den ehrgeizigen Stars in den Schatten gestellt und schließlich verdrängt. Und doch funktioniert das Spiel genau so.

Um dergestalt unvernünftiges Verhalten aus den Spielern herauszukitzeln, muß der Trainer als Schamane arbeiten und die Spieler ihr zynisches Bescheidwissen über den Betrieb vergessen lassen: Nicht die konkreten Maßnahmen, die Taktik oder die technische Schulung entscheiden über den Sieg, sondern der ›Spirit‹, den er bei den Spielern zu wecken vermag. Nicht zufällig wird, wenn von Herbergers genialster Leistung die Rede ist, immer wieder der »Geist von Spiez« genannt, jener trancehafte Siegeswille, welchen der Übungsleiter im hermetisch abgeschlossenen Trainingscamp zu formen verstand.

Wie ein Medizinmann schafft der begnadete Fußballtrainer außerbewußte Wesenheiten im Bewußtsein seiner Spieler, auf die er eingeht wie auf Patienten, die er suggestiv bearbeitet wie ein Therapeut und denen er Stärken einredet, von denen sie selbst nichts ahnten. Es kommt für den Trainer nun darauf an, seine eigene Person durch ein Geflecht von Zeichen und Handlungen dermaßen in den Mittelpunkt der Bemühungen zu stellen, daß die Spieler, oft ohne es zu begreifen, in seinem Sinne agieren und die Gruppenkommunikation nach Plan des Trainers abläuft, selbst wenn er nicht in sie eingreift. Intelligente Spieler oder Instinktmenschen – und dieser Sport verlangt beide Typen in hohem Maße – werden jeden Showeffekt und jeden faulen Zauber schnell durchschauen. Fußballer lassen sich nicht an der Nase herumführen; außerdem sind sie gegenüber dem Trainer nicht nur in der Überzahl, sondern müssen ihr Werk mit einer solchen Selbstverantwortung ausfüllen, daß dieser Chef in hohem Grade auf sie angewiesen bleibt – ganz anders als in den Branchen von Industrie,

Handwerk oder niedriger Dienstleistung, aus deren Milieus die meisten Spieler sich rekrutieren. Während sie die Freiheit des Fußballspiels nicht aufgeben dürfen, müssen sie sich dennoch andauernd unterordnen. Ein solches paradoxes Verhalten kann nur evozieren, wer selbst eine paradoxe Persönlichkeitsstruktur aufbaut und lebt.

Der Trainer-Schamane muß die Hingabe und die eigene Versenkung vorleben, er muß die Spieler mitreißen, ohne je ihr Kumpel zu werden und ohne von ihnen mitgerissen zu werden. In dieser Optik war Herberger – der unnahbare Vatertyp, der bodenständige Philosoph, der bäuerliche Alleswisser, der passionierte Mißmutige – der niemals übertroffene Idealtyp der Innung.

Spieler, die nicht in der Wehrmacht, sondern im Wirtschaftswunder mit seinen Handgeldern und mannigfachen materiellen Annehmlichkeiten sozialisiert waren, ließen sich nicht mehr raunend und verschwörerisch lenken wie die »Helden von Bern«. Herbergers Meisterstück der Motivationskunst ließ sich nicht wiederholen, und nicht zufällig griff er bei seiner letzten Weltmeisterschaft auf den fast vierzigjährigen Fritz Walter zurück, der ihm gehorchte und ihn blind verstand. Auch das gehört zu den Unwägbarkeiten dieser Führungskräfte: Während sie selbst mühelos dreißig Berufsjahre aktiv bleiben können, wandelt sich ihr Personal mit jedem Jahrfünft grundlegend – und damit auch die Mentalitäten, das Verständnis von Autorität und der soziale Code, mit dem die neue Generation überhaupt zu erreichen ist. Paßt sich der Trainer dem jeweils an, wird er als modischer Kasper jede Glaubwürdigkeit einbüßen und von den Spielern wie von der jüngeren Konkurrenz unweigerlich überrannt werden. Bleibt er der Hagestolz von vorgestern, wird keine Mannschaft für ihn ihr Äußerstes geben. Auch hier wieder verlangt das Gewerbe Widersprüchliches: Sich stetig zu wandeln, um immer derselbe zu bleiben.

Der Weltgeist, der fraglos im Fußball waltet, ließ Helmut Schön auf Sepp Herberger folgen. Schön war zweifellos nicht der genialste Taktiker und nicht einmal ein charismatischer Mensch. Als sächsischer Altinternationaler und Ostflüchtling verband er – wie fast alle in seiner Generation – Vorkriegserfahrungen mit Nachkriegselend und arbeitete sich nun zäh und ordentlich wieder an die Weltspitze, wie der Rest der Bundesdeutschen es gleichfalls versuchte. Statt Herbergers zerbeulter Vorkriegsmontur trug Schön brav den Drei-Streifen-Trainingsanzug des Sponsors in optimistischem Hellblau. Schön traf bei seinem größten Erfolg, dem Weltmeistertitel von 1974 in München, auf eine aufmüpfige, vom Geist der 68er-Zeit gestreifte Truppe. Den Edelmaoisten Breitner verstand dieser Trainer ebensowenig wie den Möchtegern-Weltmann Beckenbauer oder gar den exzentrischen Beau Netzer, den er folgerichtig kaum spielen ließ. Und doch wußte sich Schön, dem die Geldgier und die Ellenbogenmanier dieser Jungunternehmer fremd und abstoßend erschienen, mit den Jungen zu arrangieren. Statt an das Wir-Gefühl appellierte er an den gesunden Gruppenegoismus, vertraute nach Konflikten auf die Selbstreinigung durch Leitwölfe wie Beckenbauer und ließ seine Mannschaft aus einer sicheren Deckung heraus an der langen Leine laufen. Mit viel Glück reichte das für den ersten Platz, obwohl die Holländer viel besser spielen konnten. Doch Schön wurde für alle Welt sichtbar zum Ermöglicher und Verwalter – nie und nimmer zum Vater – des Erfolges. Da hielt er es wie zahlreiche andere Führungskräfte in der deutschen Wirtschaft und Administration.

Die gierigen, arroganten Jungspunde, die das Wirtschaftswunder geprägt hatte, konnte er nicht frontal angehen. Statt dessen verlegte sich auch Schön wie so mancher Ordinarius oder Manager aufs Moderieren und Sichten und prägte damit den unterkühlt kolloquialen Ton im Land. Was geniale Fußballstrategen wie Rinus Michels oder Hennes Weisweiler an Spielsystemen ersonnen hatten, modifizierte Schön penibel und paßte seinen Stil dem Personal an. Zudem konnte ja noch allerhand in der Verwaltung verbessert und effizienter gestaltet werden. Schön vertraute bei seinem Beobachterstab, beim Material und bei der konditionellen Schulung nicht mehr auf seinen Instinkt, sondern nutzte die Infrastruktur und die technischen Errungenschaften, welche die modernisierte deutsche Wirtschaft und die Medizin zu bieten hatten. Das reichte – im Zusammenspiel mit dem schwachen Nimbus der Vorkriegsbiographie – gerade noch für den Erfolg, während sein ähnlich gestrickter, wenngleich rheinisch-gemütlicherer Nachfolger Derwall 1978 und 1982 gnadenlos an der großkotzigen Mentalität der neureichen deutschen Spieler scheitern sollte.

Seit der Einführung der Bundesliga, der wahrscheinlich einzigen historischen Großtat der sechziger Jahre, zehrt jeder Nationaltrainer von dem Übungslabor und der fußwerklichen Qualität, die den nachwachsenden Spielern hier beigebracht wird. Taktisch und ästhetisch hat der deutsche Fußball niemals nennenswerte Innovationen hervorgebracht, doch haben es seine Trainer verstanden, die Innovationen der anderen effizient zu nutzen und mit der deutschen Terriermentalität und beinharter Zerstörungskraft zu verschmelzen – darin lange Zeit den gelehrigen, disziplinierten Japanern auf dem Weltmarkt der Waren verwandt. Prototypisch zu nennen wäre hier Udo Lattek, ein ostpreußischer Flüchtling und *homo novus*, der mit ruppiger Zähigkeit das Bayern München der Beckenbauer, Maier, Hoeneß auf Erfolg trimmte. Ein durchaus verwandter Fall ist der Technokrat Dettmar Cramer, der es als »kleiner Professor« vermochte, den Fußballern einen gewissen außersportlichen Respekt einzuflößen und sich mit unendlichem Schreibtischwissen das Image einer Art von Atomtechniker am Ball zu verschaffen. In ihm und vor allem auch in Lattek verkörperte sich der Typus des zynischen, sachorientierten, unnahbaren Trainers, der seinem nicht mehr hintergehbaren Personal überhaupt kein Wir-Gefühl einzuimpfen versucht. Lattek war stets glaubwürdig, weil er kalt und hart mit allen Mitteln nach sportlichem, ergo ökonomischem Erfolg strebte. Eine solche Sprache verstand sein internationaler Spielerkader, der seit den siebziger Jahren ebensogut mit Börsenkursen und Bauherrenmodellen, mit Werbeterminen und Autogrammstunden zurechtkommen mußte wie mit dem Ball. Lattek und das niemals wieder erreichte minimalistische Erfolgskollektiv der Bayern zeugen von einem zweckorientierten Betriebsklima, wie es sich seit den 70er Jahren überall in der Bundesrepublik durchgesetzt hat: Jeder spürt den Atem des Auswechselspielers im Nacken, denn das Unternehmen zapft rücksichtslos alle Ressourcen an und holt gerne internationale Konkurrenz ins Haus. Man ist modern. Wer sich aber in diesem kühlen Klima behaupten kann, dem winken im Gegenzug Spitzenlöhne und hohe gesellschaftliche Reputation.

Uli Hoeneß, geprägt in diesen Jahren, versucht das Erfolgsrezept bis heute zu kopieren – und doch scheint sich der fußballerische Erfolg nicht mehr allein in einer zynischen, technokratischen Zweckgemeinschaft erzwingen zu lassen. Nur noch ein ehrgeiziges Glückskind vom Schlage Franz Beckenbauers vermochte nach einigen Anpassungsproblemen in diesem Soziotop zu reüssieren. Ohne den Trainerschein abgelegt zu haben, motivierte Beckenbauer als »Teamchef« seine coole Truppe bis zum Sieg bei der Weltmeisterschaft 1990. Es war, zeitgleich mit der Wiedervereinigung, der letzte Triumph, der von der überlegenen Infrastruktur und dem gruppenegoistischen Klima der alten Bundesrepublik zehrte. Nur noch ein Weltmann und Siegertyp wie Beckenbauer vermochte bei geschäftstüchtigen, polyglotten und weltgewandten Persönlichkeiten wie Klinsmann, Völler, Matthäus Interesse für das optimale Konzept zu erwecken. Spätestens hier wäre ein großväterlicher Kauz vom Schlage Herbergers zur Lachnummer geworden. Wie ein Unternehmensboß, der er bei Bayern München bald darauf ja auch werden sollte, schritt Beckenbauer nach dem Titelgewinn mit Maßanzug und visionärem Blick mutterseelenallein über den Rasen des Olympiastadions von Rom und schaute in eine rosige

Zukunft: »Wer«, so sagte er, »soll uns mit dem Riesenpotential nach der Wiedervereinung denn überhaupt noch schlagen?«

Da hatte sich der Sieger gründlich verkalkuliert. Das soziale System Fußball ist viel zu komplex, um stets nur die stärkste Volkswirtschaft, den talentiertesten Spielerpool, die innovativste Taktik zu belohnen. Beckenbauers sehr viel kleinerkarierter Nachfolger Vogts mußte das bitter erkennen, als er 1992 gegen die Badelatschen-Elf der Dänen im Finale der Europameisterschaft unterlag. Hier hatte – ein glücklicher Moment für den Fußball – die Lockerheit über die Verbissenheit, die Improvisation über die Akkuratesse, der Humor über den Bierernst gesiegt. Daß Vogts immer noch im Amt ist, daß ihn komplette Katastrophen wie die beiden Weltmeisterschaften 1994 und 1998 und dabei offenbarte massive persönliche Unzulänglichkeiten nicht aus dem Amt beförderten, beweist, wie provinziell und innovationsbedürftig nicht nur die deutsche Fußballwirtschaft inzwischen geworden ist. In Italien wirkt ein »allenatore« nicht mehr als bloßer Übungsleiter, sondern stützt sich auf taktisch perfekt geschulte Spieler. Dementsprechend paßt er seine Taktik der jeweiligen Mannschaft an und holt damit das Optimale an Raumaufteilung und Effizienz aus seinem Team heraus. Zu solcher Differenzierung wären die meisten biederen deutschen Trainer gar nicht in der Lage.

Ein anderes Beispiel findet sich in den Niederlanden. Hier hat man im führenden Verein, Ajax Amsterdam, ein Spielsystem entwickelt, das auf schnellem Kurzpaßspiel, Flügelflitzern und einem systematischen Rochieren der Spieler über das ganze Feld beruht. Diese anspruchsvolle Spielweise ist inzwischen, je nach Talent des Teams, im ganzen Land verbreitet. Ein Trainer wird hier zum Manager, der die Einhaltung der Firmenprinzipien auf allen Ebenen vom Schülerteam bis zur Ersten Mannschaft kontrolliert, hier und da ins geölte Funktionieren der Trainingseinheiten eingreift und Details modifiziert. Mit seinem vielköpfigen Stab wählt der Cheftrainer Talente aus, die von Spähern auf ihre Tauglichkeit für das Ajax-System überprüft wurden. Inzwischen baut der Verein sogar Fußballschulen vor Ort, vor allem in Afrika, um Talente in den armen Ländern früh zu finden, ab dem Grundschulalter zu trainieren, sie dann in die Niederlande zu importieren, dem Ajax-Team behutsam zuzuführen und schließlich mit großem Profit auf dem Weltfußballermarkt verkaufen zu können. Einen solchen Apparat kann kein Übungsleiter im Trainingsanzug mehr überwachen, sondern nur ein Manager, der mit moderner Kommunikationstechnik und psychologischer Menschenführung vertraut ist. In diese Richtung, als leitender, doch weisungsgebundener Angestellter eines 200-Millionen-

Mark-Unternehmens hat sich das Traineramt bei den europäischen Großclubs wie CF Barcelona, AC Mailand, Juventus Turin, Bayern München inzwischen überall entwickelt. Da diese Markentitel den Fußball als rein kapitalistisches Showgeschäft nach Maßgabe der Bilanzen in Zukunft dominieren werden und in einer Superliga den ökonomischen Champion ausspielen wollen, werden bei diesen Konzernen ausnahmslos die besten Trainer landen. Der väterliche Altfußballer vom Übungsplatz wird einzig noch bei kleineren Vereinen, die dem Sportcharakter des Fußballs verhaftet bleiben, sein Auskommen finden.

Vogts, darin ganz der provinzielle und sich durchwurstelnde deutsche Selfmademan, ist ein gutes Beispiel dafür, daß das deutsche Fußballgewerbe mit den internationalen Standards noch nicht mithalten kann – was einerseits sympathisch vom korporativen Aufbau des Großvereins DFB zeugt, andererseits leider zu Niederlagen gegen modernere Fußballkulturen führt. Die deutsche Mentalität wird wohl auf Dauer der uncharmanten, kalten Variante den Vorzug geben und den Erfolgstrainer dem verdienten Kämpen, der sich nach ganz oben gegrätscht hat, vorziehen. Vogts verhält sich, weil er es nicht anders kann, ähnlich wie andere nach oben gespülte, uninspirierte Fleißarbeiter seiner Generation in Deutschland. Er klammert sich ans beamtenhafte Organisieren und hofft, sein persönlicher Fleiß und seine Integrität würden ihn gerechterweise vor der Niederlage behüten. Niemals zuvor wurde vom Chef das Agieren der Truppe mit ähnlicher Präzision geplant wie von Vogts. Vom Wecken über den Koffertransport, vom Test der Laktatwerte bis zur Route des Waldlaufs ist alles von ihm ausgeklügelt worden. Es ist, als ob ein Konzernchef die Kantine und den Fuhrpark überwachte und dabei die Firmenstrategie aus dem Auge verliert. Vogts steht für eine ganze Generation konservativer Technokraten, die das Land schon vor 1989 fest im Griff hatten und sich bis zum letzten Moment an einer Macht festzuklammern gedenken, die für sie eine Nummer zu groß ist. Die Männerfreundschaft von Vogts zu Helmut Kohl, die eher einer Abhängigkeit gleichkommt, ist hier bezeichnend. Aussitzen ist zur Kardinaltugend geworden.

Erfolgreicher Fußball bedeutet derzeit indes sehr viel mehr als blinder Machterhalt. Während sich das Geschäft rasant kapitalisiert und internationalisiert, treten nun die deutschen Provinzialismen, die Vogts in Reinform verkörpert, deutlich zutage. Immer unsicher und deshalb argwöhnisch, ohne echte Fremdsprachenkenntnisse, ohne Auslandserfahrung, ohne Fähigkeit zu südlichem Laisser-faire oder britischer Selbstironie wird Vogts zunehmend zur Karikatur alter deutscher Tugenden, die in der

Welt allerdings kaum mehr etwas wert sind: Bissigkeit, Zähigkeit, Fleiß, Härte.

Hier müssen deutsche Trainer in Zukunft noch allerhand lernen, ein positives Beispiel ist weniger der geniale und nicht zu kopierende Selfmademan Otto Rehhagel als Christoph Daum, der beständig über die Grenzen blickt und an seiner Qualifikation arbeitet, ohne seine angeborenen fanatischen Züge als Einpeitscher und Psychologe für Härtefälle zu verlieren; von ihm und allenfalls vom verkniffen-redlichen Fleißarbeiter Ottmar Hitzfeld wird man im hochspezialisierten Showgewerbe der Spitzentrainer künftig am ehesten hören, wenn da überhaupt Deutsche zum Zuge kommen.

Ein Trainer als Manager muß zusammen mit seinen hochqualifizierten Spielern, die oft das Vielfache seines Einkommens beziehen, konsensuelle Modelle entwerfen, ohne dabei an Autorität einzubüßen. Diese Ausgangslage hat sich seit Herberger nicht geändert. Nur muß ein Trainer, der von seinen Spielern geachtet und verehrt werden will, Souveränität verkörpern, etwa in Sachen Sozialverhalten im Betrieb, im Umgang mit Medien, beim geistigen Horizont. Der permanente Erfolg des derzeit Besten seiner Zunft, Otto Rehhagel, zeigt, wie sich das Beharren auf Autorität mit Fürsorge und einem begeisterten Betriebsklima verbinden lassen, wenngleich fraglich ist, ob dieser Personenkult jenseits des Managements bei einem europäischen Spitzenclub durchführbar wäre; dieser wundervolle Trainer scheint eher der richtige Mann für mittelständische Betriebe wie Werder Bremen oder den FC Kaiserslautern zu sein. Nun hat Rehhagel seit seiner Zeit als Spieler viel an seiner Persönlichkeit gearbeitet, liest und genießt Außerfußballerisches wie Literatur, Theater, Caféhauskultur und münzt die Erfolge in immer neue Fassaden der Gelassenheit um, ohne dabei je in Laxheit zu verfallen. Dieser lange Weg ist einem mimosenhaften, unsicheren, stockkonservativen Mann wie Vogts wohl dauerhaft verbaut.

Eine Revue der größten Trainerpersönlichkeiten hierzulande verrät, daß die besten Vertreter der Innung über ihre Hingabe an den Fußball hinaus stets ein Surplus erwirtschaftet haben – und weit über den Sport hinaus in die Gefilde des Lebensphilosophischen gewirkt haben. Hier wäre für die Zukunft etwas abzuschauen.

Ein Hennes Weisweiler verkörperte mit rheinischer Lebensfreude durchaus die provinzielle Nestwärme, die auch Herberger pflegte, doch modernisierte er das Spiel viel radikaler, vielleicht weil er in der Nachbarschaft von Mönchengladbach, in Holland, eine dynamische Fußballkultur fand, in der immer neue taktische Varianten zu testen waren. Und Weisweiler hatte im stillen Mönchengladbach die Freiheit, seinen Offensivfußball mit einem jungen Team auszuprobieren. Immerhin besaß Weisweiler die Neugierde und Weltläufigkeit, um Cruijff oder Michels zu beobachten und an seiner eigenen Version des »totalen Fußballs« zu basteln. Im wiedervereinigten Deutschland, das statt über die Grenzen nur ins Landesinnere starrt, sind solche Tugenden fast schon Legende. Hier werden im Zweifelsfall immer noch die eisenharten »Erfolgstrainer« beschäftigt, die jeden mittelmäßigen Club mit hartem Drill und einer Reihe von 1:0-Gewürge vor dem Abstieg retten können – mehr allerdings auch nicht.

Um 1980 führte eine einzige Lichtgestalt die Langeweile solcher Berufsauffassung vor: der Hasardspieler und Zocker Ernst Happel, der den Hamburger SV zu einem Europapokal peitschte, indem er seine Leute provozierte, ungerecht strafte und mit irre geweiteten Augen letztlich hypnotisierte. Er konnte satte Profis wie Magath oder Kaltz, an denen ein biederer Typ wie Derwall scheiterte, nach Belieben euphorisieren. Happel schien seine Spieler geradezu intellektuell zu verachten, während er selbst sie an Amoral und Abgebrühtheit allesamt übertraf. Das stachelte die besten an. Sein Erbe lebt nurmehr in einem Wiener Schmähspieler wie Toni Polster, im Trainerfach könnte kein rechnender und eitler Vereinspräsident mit dem mephistophelischen Happel klarkommen; er würde Deutschland bald verlassen müssen.

Ein Trainer muß zwar als Guru wirken, ist aber letztlich das schwächste Glied in der Kette, ein hochbezahlter Mann auf dem Schleudersitz. Unweigerlich geraten Trainer bei der immer stärker kommerzialisierten Struktur der Großvereine da in die Klemme. Es geht ihnen nicht viel anders als den Politikern, deren Arbeit von der Verwaltung erledigt und deren Image von den Medien und der werbenden Wirtschaft geschaffen wird, während ihr Einfluß auf die Gesellschaft stetig schwindet. Als Magier müssen auch die Fußballtrainer nach außen und gegenüber der Mannschaft weiter den Einpeitscher spielen, während sie doch nur bescheidene Gehaltsempfänger der kapitalisierten Großclubs und Dienstleister der Medien sind und – wie man in jeder Saison überprüfen kann – in Krisenfällen sehr viel eleganter ausgetauscht werden können als die faul spielende Belegschaft. Der Trainer ist dabei, zu einem leitenden und leidenden Angestellten fürs Ballyhoo zu werden, der die fachliche Arbeit nach dem Medienrummel während heimlicher Überstunden erledigen muß. Denn Zeit und Vertrauen, an seinem System zu arbeiten, wird ihm nicht mehr zuteil. Und das, obwohl ihm im handwerklichen Bereich ganze Stäbe für Torwart-, Taktik-, Nachwuchs-, Amateur-, Rekonvaleszenz- und Konditionstraining die Arbeit abnehmen;

Physiotherapeuten, Orthopäden, Sportärzte und Ernährungsberater bestimmen die Fitneß, während die Manager die Teams mit dem Scheckbuch zusammenstellen oder mit dem Rotstift zusammenstreichen. Gute Trainer – und darin sind sie echte Idealtypen unterm »flexiblen Kapitalismus«, wie Richard Sennett ihn beschreibt – neigen im Wissen um das Unhaltbare ihrer Position zur Magenkrankheit. Ein Blick in viele abgezehrte, verhärmte Gesichter, gerade von Jungtrainern, sagt hier mehr als tausend Worte. Weise Trainer beziehen in dieser Lage ihre Würde aus sich selbst. Sie wissen, daß sie keine schwere Krise überleben können, und versuchen, wie alle anderen abzukassieren. Dabei können sie wenigstens an ihrer eigenen Vervollkommnung arbeiten und sich sukzessive der Herbergerschen Weisheit annähern: »Das nächste Spiel ist immer das schwerste.« Denn was ist das Leben anderes als tägliches zähes Training in dem Wissen, daß es uns dennoch nicht vor dem Abstieg bewahren wird?

BARBARA SICHTERMANN

Friß, Vogel

Erziehung als Führungsstil

Die neoliberale Grundströmung der 90er Jahre hat den homo oeconomicus wieder zu Ansehen gebracht und die Illusion genährt, daß wir alle besser fahren, wenn wir Sentimentalitäten wie Solidarität, Partizipation und Gerechtigkeit vergessen und statt dessen der einfachen Wahrheit die Ehre geben, daß der Mensch ein Egoist sei, der immer zuerst sein eigenes Schäfchen ins Trockene bringen will, und daß, wo gehobelt wird, Späne fliegen. Beziehungen des Marktes und des Geldes und alles, was sich drum herumlagert an Effizienzdenken und Geschäftstüchtigkeit bis hin zur Rücksichtslosigkeit, wurden aufgewertet zu Modellen eines zukunftsfähigen Miteinanders; Gedankenspiele, die einst sakrosankte marktferne Sphären wie Wissenschaft, Künste, Gesundheitswesen und Religion den Gesetzen von Angebot und Nachfrage unterordnen wollten, blieben keine Theorie, sondern wurden umgesetzt: bei der ersten geschlossenen Bibliothek, dem ersten stillgelegten Theater gab's noch Protest, dann kehrte Schweigen ein. Dieses Schweigen hatte etwas Respektvolles, so als wolle die Gesellschaft einbekennen: Oh, wir haben leichtsinnigerweise vergessen, wie hart das Leben ist und daß es nur den Tod umsonst gibt, und wollen jetzt mal ganz schnell unsere verstiegenen Ansprüche auf Vollversorgung mit Kultur und Gesundheit aufgeben und uns statt dessen daran erinnern, daß, wer nicht gearbeitet hat, auch nicht essen soll.

Diese neue Ideologie der Härte und der masochistischen Lust an ihr ist in fast alle Bereiche des gesellschaftlichen Lebens eingesickert; sie hat eine charakteristische Illusionslosigkeit erzeugt und das alt-neue »Friß, Vogel, oder stirb«-Motto verbindlich gemacht. Leben heißt gewinnen oder verlieren, und mit den *losern* hat die neoliberale Gesellschaft wenig Geduld. Die Ruhe ist hin, man muß sich sputen, und wer zu spät kommt, den bestraft der Markt.

Kein Wunder also, daß die Prinzipien des Kaufmännischen sich auch da niederschlugen und Wirkung zeigten, wo sie im Grunde nichts verloren haben: in der Kinderstube. Wenn die Welt härter wird, müssen es die Erziehungsmethoden auch sein; verantwortungsbewußte Eltern bereiten ihren

Nachwuchs auf ein Leben vor, in dem er sich behaupten und nach Möglichkeit bewähren kann, und wo immer weniger Pardon gegeben wird, muß man die junge Generation entsprechend präparieren. Elterliche Sorge also ließe sich neuerdings, ohne daß man an der Sache vorbeiginge, als *Management zum Wohle des Kindes* beschreiben, und das, was man einst zärtlich das »An-die-Hand-Nehmen« nannte, ist heute ein Führungsstil.

Wirklich? Natürlich ist die Lage in der Praxis nicht so eindeutig. Und was sich manchmal anhört wie der Einbruch des Neoliberalismus in Kinderzimmer und Schule ist in Wahrheit höchstens eine Akzentverlagerung. Aber auch diese Verschiebung lohnt die Betrachtung; das Verhältnis zwischen den Generationen wandelt sich laufend, und daß es derzeit nicht gerade von allzuviel Wärme und Gelassenheit getragen wird, dafür sprechen allerlei Anzeichen.

Die Jugendkriminalität wird mit kühlen, gleichgültigen, eigensüchtigen Eltern in Zusammenhang gebracht, die viel zu viel damit zu tun haben, ihren Stand in der Welt zu sichern, als daß sie noch Zeit hätten für ihre Kinder – oder mit der Perspektivlosigkeit in sozial schwachen Familien, Verlierern der neuen Ära, die ihren Söhnen und Töchtern keinen Ansporn bieten und keine Ausbildung bezahlen können, während der Staat mit seiner eigenen Verschlankung beschäftigt ist und nicht mehr weiterhilft. Auch die Angleichung der Generationen, das Jungbleibenwollen der Eltern und das verfrühte Flüggewerden der Jugend wird als ein Prozeß beschrieben, in dem die natürliche erzieherische Autorität einer oberflächlichen, die Kinder überfordernden Kumpanei weicht. In dieser anomischen Situation wird der Ruf nach Erziehungsmethoden laut, die den Ernst der Lage reflektieren und die Kinder kraftvoll bei der Hand und an die Kandare nehmen: Erziehung als Führung, die sich wieder mehr als Verantwortung für die Zukunft denn als Einfühlung in die Gegenwart begreift, die die Distanz zum Kind betont, es nicht durch eigene Unsicherheit verwirrt, ihm klare Grenzen setzt und Ziele steckt und ihm schon zeitig Disziplin abverlangt. Partizipativ soll der neue Führungsstil allerdings doch sein; das Kind soll mitreden dürfen. Niemand verlangt die Rückkehr zu einer repressiven Autorität, die oft befiehlt und selten lobt und ansonsten nicht mit sich spaßen läßt: Dieses Uralt-Modell funktioniert nicht mehr, soweit sind wir immerhin. Aber die eher als Stimmung denn als Parole durchs Land ziehende Aufforderung zu mehr Effektivität und einer engeren Verkoppelung von Lohn und Leistung hat auch die Pädagogen aufgescheucht und sie ihre permissiven Erziehungsideale und ihren Traum von einer Emanzipation des Kindes überdenken lassen.

Führung bedeutet in der Wirtschaft die Motivierung von Mitarbeitern und die Koordinierung ihrer Leistungen zu einem einheitlichen Ergebnis im Sinne der Unternehmensziele. Natürlich kann man das Verhältnis zwischen den Generationen formal auch so beschreiben: Die Kinder wären die Mitarbeiter, die Eltern die Manager und die glückliche Familie mit chancenreichen, gut benoteten Schulabgängern das Unternehmensziel. Es geht ja in Betrieben darum, das Beste aus den Mitarbeitern herauszuholen, und darum soll es, auf die Kinder bezogen, in Familien auch gehen. Konkurrenz wird, heißt es, heute sehr viel weniger abgepuffert als noch in den 70er Jahren, da man das Augenmerk auf ihre destruktiven Auswirkungen lenkte; jetzt erwägt man öffentlich die Etablierung von Elite-Universitäten, und viele Bildungspolitiker betonen gerne, daß Intelligenz und Talent unterschiedlich verteilt seien und man nicht alle Kinder gleich fördern könne und solle. Die Gesellschaft braucht auch ihre Schuhputzer.

In den aufstiegsorientierten Schichten ist man zielstrebig darum bemüht, den eigenen Kindern einen solchen Abstieg zu ersparen, zumal die technischen, politischen, wissenschaftlichen und künstlerischen Eliten längst am eigenen Leibe erfahren, daß die Luft dünner wird. Also glauben sie, daß es mit dem Laissez-faire vorbei zu sein hat und sie ihre Kinder für die Herausforderungen der Ungewißheit schulen müssen. Dabei greifen die Eltern, wie alle Menschen in Not, auf Muster zurück, die sie für bewährt halten – und das sind in der Erziehung eher die autoritären. Was sie für ihre Kinder anstreben, ist Allroundkompetenz und Illusionslosigkeit. Der neue Erfolgsmensch bedarf keiner Ideale, hält überhaupt nichts von kopflastiger Weltanschauung und theoretischer Überanstrengung – er soll auf dem Boden der Tatsachen reüssieren. Er gehört unbedingt zu jener Fraktion am Meinungsmarkt, die das Wort ›Utopie‹ am liebsten aus dem Lexikon streichen würden, dabei in der Überzeugung und in der Absicht zu Werke geht, irgendwie von vorn anzufangen und die Dinge geradezurücken. Die Mittelschicht und die funktionalen Erben des ehemaligen Bildungsbürgertums erziehen, führen und bilden ihre Kinder ziemlich geschlossen in diesem Sinn – selbst wenn sie persönlich anders empfinden.

Nun war es zu allen Zeiten Wunsch und Verpflichtung von Eltern, ihre Kinder für die Welt fit zu machen, wie sie nun mal war oder wurde – eine schwierige Aufgabe, weil Eltern andrerseits dazu neigen, mit ihren Söhnen und Töchtern genau das anzustellen, was ihnen selbst in ihrer Kindheit widerfahren ist. Irgendein Kompromiß kommt schlußendlich dabei heraus, wobei die Kinder durch ihre Bereitwilligkeit oder Gegenwehr bezüglich elterlicher Strategien das Verhältnis, in dem alte und neue Erziehungsideen sich mischen, mitbestimmen. Was sich Erziehung nennt, war und ist stets die Einpassung der Kinder in die Geleise der jeweiligen Schicht – oder, sofern möglich, einer höheren –, ist die Lehre von Verhaltensweisen, Selbstdarstellungsformen, Herrschaftsattitüden und Unterwerfungsgesten, wie sie beim Kampf um Positionen gebraucht werden. Auch Wissen ist nach einer Seite hin eine Prätention, ein Imponiergehabe, ein Anspruch: auf einen Platz an der Spitze oder knapp davor. Kinder sollen lernen – weniger um zu wissen, als um dieses Wissen vorteilhaft einzusetzen.

Dieser opportunistische Aspekt von Bildung beherrscht das Interesse der meisten Eltern an der Schulkarriere ihrer Kinder – deshalb sind auch Schulen mit »gutem Ruf« erwünscht und Noten immer wichtiger als das, was die Schüler tatsächlich »mitgekriegt« haben. Insofern ist der Führungsstil von Mittelschichteltern gegenüber ihren Nachkommen ausgesprochen zielorientiert – »management by objectives« sozusagen: Das zu erreichende Ziel gibt die Methoden vor und nicht etwa die Wünsche, Fähigkeiten und Ideen der Kinder/Mitarbeiter. Es gibt nur wenige Eltern, die sich in erster Linie dafür interessieren, ob ihre Kinder sich in der Schule wohl fühlen, ob sie Freunde finden und mit den Lehrern auskommen; die meisten wünschen zuvörderst, daß ihre Kinder Pluspunkte sammeln, um sich in der Konkurrenz zu behaupten – egal, ob sie mit den erlernten Inhalten etwas anfangen können oder nicht.

Dieses Eintreten der Eltern für die Zukunft (»Du wirst später mal ... Deshalb mußt du heute ... «) ist wie gesagt eine klassische elterliche Entscheidung: Schon im antiken Rom haben Väter ihre Söhne so geschurigelt, und auch im nächsten Jahrtausend wird die Mehrzahl düpierter kleiner Mittelschichtgören zu spüren kriegen, was es heißt, für ein »Später« zu büffeln. Kinder werden immer darunter leiden, weil sie viel stärker als Erwachsene in der Gegenwart leben, und Erwachsene werden sich mit ihrem Führungsstil eben deshalb im Recht fühlen: Der Junge weiß eben nicht, wie wichtig es einmal für ihn sein wird, daß er ... Diesen Generationenkonflikt schafft wahrscheinlich keine pädagogische Reform aus der Welt. Gleichwohl gibt es solche Reformen immer wieder, und sie trauen sich auch an den Konflikt heran – meist mit nur kurzfristigem Erfolg, aber selbst, wenn alles wieder zurückrutscht in die alten zwanghaften Geleise, sind sie, die Reformen, nicht umsonst. Sie schaffen ein Problembewußtsein, das es den Erwachsenen erschwert, sich über ihre Motive zu täuschen.

In den 60er und 70er Jahren war Reformzeit; die Kinder und ihre Neigung, die Gegenwart zu erleben und nach Möglichkeit zu genießen, rückten in den Mittelpunkt der Aufmerksamkeit. Der Ehrgeiz der Eltern und die Vorwände, unter denen sie darauf bestanden, die Kinder auf die Zukunft zu orientieren, gerieten unter Verdacht. Mußte diese ganze anstrengende Erziehung mit all ihren autoritären Versagungen eigentlich sein, wurden Kinder nicht von allein klug – begleitet und gestützt von freundlichen Müttern und Vätern anstatt von prinzipienfesten Erziehern? Die antiautoritären Reformideen wirkten breit: Kinder sollten weniger eingeschränkt und stärker ermutigt werden, ihren eigenen Weg zu gehen, anstatt Vorschriften zu befolgen. Wo dieses Konzept allzu radikal umgesetzt wurde, scheiterte es an der Anarchie, die es produzierte; pragmatische Zwischenlösungen aber setzten sich durch. Ganz allgemein verzichteten Eltern und Erzieher auf strenge Weisung und ließen Kinder mehr »selber machen«. Dieser permissive Stil obsiegte vor allem in den Mittelschichten und eroberte von da Kindergärten, Schulen und Jugendclubs. Ein neuer egalitärer Ton kam auf. Das Befehlsgehabe der alten Pädagogengarde wirkte plötzlich peinlich. Erst in den 90er Jahren zeichnete sich die Wende ab – wobei allerdings eine Restrücksicht auf den Kinderwillen erhalten blieb.

Doch jetzt werden Eltern wortreich ermuntert, wieder mehr zu führen – nicht nur von den Konservativen und den Kirchen, auch Progressive sind dabei, selbst ehemalige Antiautoritäre. Das müsse sein, schon da die Phase des hemmungslosen Wachstums vorbei, der BSP-Kuchen kleiner, der Staat ärmer und die Welt enger geworden sei. Die antiautoritäre Erziehung wurde als Verirrung hingestellt, der man die Orientierungslosigkeit der Generation X anlastete. Wenn es knapper würde, müßten auch die Kinder wieder härtere Bandagen tragen und härter angefaßt werden.

Es ist seltsam, daß niemand auffiel, wie unlogisch diese Folgerungen sind. Gerade wenn die Konkurrenz schärfer wird, erhöht sich die Notwendigkeit, ihre destruktiven Auswirkungen zu erörtern und zu mildern, erübrigt sich der Zwang zu lernen und zu wissen, nur um damit aufzutrumpfen, weil weniger Trümpfe im Spiel sind und die Summe der enttäuschten Verlierer nur wachsen kann. Eltern aber glauben immer, es werde nicht *ihre* Kinder, sondern die des Nachbarn treffen, und ziehen die Zügel fester an. Rationalisiert wird dieser Akt mit der Behauptung, daß Kinder das »brauchen«, weil Freiheit sie überfordere. Der kritische Tenor einer sich gegen den permissiven Stil sträubenden »neuen Härte« unterstellt sogar, antiautoritäre Eltern hätten ihre Kids aus egoistischer Lust an der eigenen »Selbstverwirklichung« vernachlässigt; die 68er-Generation hätte sich ihren pädagogischen Pflichten entzogen und so den Kleinen die Last der Selbsterziehung aufgebürdet. So kann man's auch drehen, aber das ist perfide –

und leicht schon mit der Tatsache zu widerlegen, daß der Markt für Bücher, die sich um eine alternative Pädagogik bemühen, kaum je so groß war wie in den 60er und 70er Jahren. Nur sehr oberflächliche Betrachter der Szene können wirklich glauben, daß »Gewährenlassen« ein anspruchsloserer »Führungsstil« sei als Zwang.

Neben der Schule und der Vorbereitung auf sie gibt es ja noch die häusliche Sphäre: Spiel, Sport, Spaß, Quatsch, Mittagessen, Zähneputzen und Zubettgehen. Dieser traditionell mehr den Müttern unterstehende kindliche Lebensbereich wird zwar auch für frühe Bildung genutzt, besitzt aber eine gewisse Autonomie, und es ist ziemlich wahrscheinlich, daß der Charakter eines Kindes, soweit er überhaupt von außen geprägt werden kann, hier seine Gestalt gewinnt. Man hat immer wieder versucht, Strategien zu formulieren, die eine förderliche Prägung garantieren, gerade die antiautoritäre Pädagogik war reich an solchen Versuchen, aber auch der feste Führungsstil will ja das Beste herausholen. Seriöse Pädagogen geben zu, daß es keine Rezepte zum Backen des perfekten Kindes gibt und daß wie überall im menschlichen Zusammenleben der Zufall, die Kontingenz, das Chaos, die Unberechenbarkeit eine weit größere Rolle spielen als es Leuten, die Führungsstile ausarbeiten, recht sein kann.

Der Witz an dem Unternehmen, das sich Erziehung nennt, ist, daß immer wieder paradoxe Resultate an einer allzu ausgetüftelten Programmatik zweifeln lassen. Stichwort »Vorbild«. Daß sie keine Vorbilder mehr sein wollten, habe, so eine Kritik von heute, die antiautoritären Pädagogen um ihre Glaubwürdigkeit und deren Schützlinge um ihre beste Lebenshilfe gebracht. »Kinder brauchen Vorbilder ...« Lassen wir dahingestellt sein, ob Kinder tatsächlich Vorbilder brauchen, untersuchen wir ein paar Fälle, in denen Eltern als Vorbilder aufgetreten sind. Wir werden finden: In Fall A hat es funktioniert, der Sohn hat dem Vater nachgeeifert und führt heute dessen Geschäft. In Fall B lief es andersrum: Der Sohn, wie in Fall A dazu ausersehen, einmal den väterlichen Betrieb zu übernehmen, entwickelte sich gegenläufig – alles, was der Vater tat und darstellte, war für ihn das, was er *nicht* wollte, und je mehr der Vater sich zum Vorbild aufbaute, desto ablehnender reagierte der Sohn. Im nachhinein kann man natürlich Gründe dafür finden, warum Fall A erfolgreich verlief und Fall B nicht, aber wenn man versucht, Lehren aus Fall A zu ziehen, um sie auf Fall B anzuwenden, ist man mit seinem Latein schnell am Ende. Die Vergleichbarkeit beider Fälle deckt eine viel zu kleine Schnittmenge ab; und je länger man darüber nachdenkt, desto unhintergehbarer drängt sich die Einsicht auf: Das Feld ist viel zu komplex, die autonomen und unbekannten Faktoren sind zu zahlreich, als daß sich beim Unternehmen Erziehung nicht-intentionale Folgen und paradoxe Ergebnisse vermeiden ließen. Erziehung ist immer ein Versuch mit offenem Ausgang, für den ein »situativer Führungsstil« am besten geeignet ist.

Die Ergebnisse wohlüberlegter, konsequent durchgeführter »harter« Erziehungsmethoden sind nicht nur häufig paradox, sie sind auch gerne uneindeutig. Für einen permissiven Erziehungsstil gilt natürlich dasselbe – der Unterschied besteht darin, daß der tolerante Erzieher im vorhinein um die eventuelle Fruchtlosigkeit seiner Bemühungen weiß, während der autoritäre Erzieher sich Illusionen macht – sonst würde er sein »Management by objectives« überdenken. Uneindeutigkeit heißt, daß die Verhältnisse zwischen den Generationen oft so leidenschaftlich getönt sind, daß sich Nähe- und Distanzwunsch, Zutrauen und Ungläubigkeit, Hingabe und Fluchtimpuls, Liebe und Haß nur schwer unterscheiden lassen bzw. die eine Emotion die andere sozusagen in sich trägt. So ließ sich beispielsweise in Fall A nicht übersehen, daß der Junior sich vom Senior abhängig fühlte und dessen Rückzug oder gar Tod innig wünschte, während im Fall B Vater und Sohn nach mancherlei Mißverständnissen zu einem harmonischen Verhältnis des Einandergeltenlassens fanden. Welcher der beiden Fälle ist nun wirklich derjenige, der das Etikett »erfolgreiche Erziehungsmethode« verdient?

Im Grunde keiner, denn es kam, wie es kam, und der äußerlich positive Ausgang von Fall A und der menschlich überzeugende Ausgang von Fall B, sie haben nur zufällig oder nebenbei mit Erziehungskonzepten zu tun. Diese Schlußfolgerung stellt die Frage nach dem Sinn von Erziehung mit gehöriger Skepsis – und je differenzierter das Wissen wird, das der homo sapiens über sich selbst gewinnt, desto tiefer wird diese Skepsis reichen. Erziehung ist in der Theorie ein frommer Wunsch, in der Praxis ein wilder Prozeß, man kann Kinder nicht formen. Es sieht manchmal so aus – wenn Söhne mit Begeisterung in die Fußstapfen ihrer Väter treten oder Töchter zu strahlenden Kopien ihrer Mütter heranreifen. Aber das sind optische Täuschungen. Erziehung als absichtsvolle Hinlenkung auf ein Ziel vermag wenig, ganz so, wie die Führung in einem Unternehmen nie so durchschlägt wie das Zusammenspiel all der unterschiedlichen Kräfte, die auf den betrieblichen Prozeß einwirken, mit all ihren immer wieder überraschenden, von niemandem intendierten Folgen, die bisweilen sogar erfreulicher sind als die lückenlose Deckung von Soll- und Istzustand.

Heißt das nun, daß man auf Erziehung verzichten kann, da sie eh zu nichts führt? Ja und nein. Erziehung als Hinlenkung auf ein in allen Einzelheiten ausformuliertes Ziel ist in der Tat vergeblich und deshalb entbehrlich – als situativer Führungsstil aber, der Kinder in die Erwachsenenwelt hineingeleitet, ist sie wichtig. Kinder »brauchen« weder Erziehung noch Führung – aber sie brauchen Menschen, die sich um sie kümmern, und wenn man das Verhalten dieser Menschen »Erziehung« oder »Führung« nennt, trifft man zwar die Sache nicht, aber man folgt einer Konvention. Vielleicht wird ein weiseres Zeitalter auf diese Vokabeln verzichten, denn sie insinuieren ein Subjekt-Objekt-Verhältnis – wissender und lenkender Erzieher und abhängiges, folgsames Kind –, das so nicht existiert. In allen Fällen wird zwar das Kind durch den Erzieher geprägt, selten aber entlang der Absichten dieses Erziehers. In manchen Fällen gar wird der Erzieher stärker durch das Kind geprägt als dieses durch ihn. Entscheidende Prägungen, die nie fehlen, können ganz woandersher kommen: durch eine Nachbarin, einen Freund, einen Hund, einen Lehrer, Erlebnisse wie Reisen, Verluste, Schocks, Unfälle, Glückszufälle, Lektüre – selbst durchs Fernsehen. Eine Steuerung der entscheidenden Einflüsse auf die Kinderseele ist dem Erzieher letztlich verwehrt, und vielleicht ist das gut so.

Was bleibt? Ein situativer Führungsstil, der dem Kind signalisiert: Es ist jemand für dich da. Es ist jemand da, der Anteil nimmt, sich alles erzählen läßt und bereit ist, zu handeln, wenn es nottut. Jemand, dessen handlungsleitende Maximen erkennbar sind und sich mit denen des Kindes vergleichen lassen. Jemand, der sich immer in die Karten gucken läßt und dem Kind erklärt, was es selbst für ein Blatt hat. Jemand, der immer wiederkommt. Und für den es nur wenig gibt, das so wichtig ist wie das Zusammensein mit dem Kind – im guten wie im bösen. Jemand, der zur Verfügung steht und Interesse hat. Mehr kann »Erziehung« nicht. Aber das ist schon eine Menge.

Sollen Eltern führen? Nein, sie können es gar nicht, weil sie selbst nicht wissen, wo es langgeht. Der größte Tort, den Eltern sich antun, besteht in der Überforderung der eigenen Persönlichkeit, die sie gern zur Allwissenheit aufblähen – mit der unausbleiblichen Folge trauriger Blamagen. Es stimmt, daß es Kindern wohltut, wenn sie in Sicherheit aufwachsen – emotionaler, sozialer, wirtschaftlicher –, aber wo die auf Lügen und Verstellungen beruht, ist sie nichts wert. Groß zu werden und ein Bild zu gewinnen von dieser bizarren Welt ist schwer genug; Eltern sollten die Verhältnisse nicht auch noch durch gutgemeinten Zwang und Druck komplizieren.

Gleichwohl *führen* Eltern – das liegt in der Natur der Sache. Zwar kennen sie die Lebensziele ihres Kindes nicht, aber sie wissen, wo die Oma wohnt und zeigen dem Kind den Weg. Schon wenn sie es bei der Hand nehmen, um es das Laufen zu lehren, führen sie. In diesem trivial-funktionalen Verständnis wird Führen immer eine elterliche Aufgabe sein und der Stil immer situativ – denn wenn es gestern zur Oma ging, geht's heute zum Onkel Doktor und morgen zum Spielplatz, die Wege wechseln mit den Zielen, und die Eltern weisen sie. Was Mütter und Väter dabei, unterwegs im Alltag mit den Kindern, so reden, drohen, spaßen, schimpfen, fällt tiefer in die Seele eines Kindes und richtet dort mehr aus als jede Gardinenpredigt oder Schule mit gutem Ruf. Wie auch im Liebesleben bildet sich die Beziehung zwischen Eltern und Kindern und so auch ein Teil des kindlichen Charakters – seine Gefühlswelt, seine Aufmerksamkeit, seine Sinnlichkeit, seine Reagibilität – in diesem Mikrokosmos der Blicke, Worte, Gesten, Berührungen. Für die Intelligenz, auf deren Förderung manche Erziehungskonzepte in der Praxis zusammenschnurren, gibt es kein stabileres Fundament als eine intakte Neugier – die ihrerseits ein liebevolles Vertrauen voraussetzt, wie es nur Eltern in einer Kinderseele wecken, die ihrerseits von liebevoller Neugier auf ihr Kind erfüllt sind.

Haben bei solchen Entwicklungen die Worte ›Führung‹ und ›Erziehung‹ einen Sinn? Kaum. Was man einem Kind wünschen kann, ist ein Mensch, der ihm sein Herz öffnet, seine Aufmerksamkeit widmet und ein sinnliches Entzücken an ihm findet, und das über viele Jahre – so läßt sich die Brücke bauen, über die hinweg ein Kind am sichersten in diese Welt hineingelangt und sich am besten in ihr behauptet. Normalerweise ist dieser Mensch die Mutter oder der Vater, manchmal sind es beide, aber es gibt auch andere Konstellationen. Oft haben Großeltern diese Rolle gespielt, auch ältere Geschwister oder Freunde der Familie. Ein Kind gedeiht psychisch-charakterlich nur, wenn es ein starkes, liebevolles Interesse an seiner Person spürt und erwidern kann, und kein Erziehungskonzept kann das garantieren. Leider ist ein solches Interesse nicht immer da und auch nicht einklagbar, so daß es immer Kinder geben wird, die es schwer haben und es anderen schwermachen; mithin wird auch das Verlangen nach konsequenter, »harter« Erziehung nicht aussterben.

Unsere heutige Situation der sich verschärfenden (globalen) Konkurrenz braucht weniger den designierten Erfolgstypen, der ideal- und illusionslos, dafür mehrsprachig und anpassungsfähig seinen Weg macht, als den Lebenskünstler, der sich durchwurstelt und bereit ist, seine Erfüllung nicht mehr ausschließlich im Beruf zu suchen. Über die Chancen und Fallen von mehr Flexibilität wird derzeit viel nachgedacht, aber die Schlußfolgerungen für die Erziehung sind noch nicht gezogen worden. Wenn es stimmt, daß die 15–35jährigen völlig andere Lebens- und Arbeitsbedingungen vorfinden werden als ihre Eltern, wäre es Wahnsinn, zu den Erziehungsstilen aus der Zeit des Wirtschaftswunders zurückzukehren. Kinder, die streng, besserwisserisch und unter lückenloser Kontrolle großgezogen werden, entwickeln nicht jene Art von Gelassenheit, sportlicher Reaktionsfreude, Nehmerqualität und Initiative im rechten Moment, wie sie heutzutage verlangt werden. Viel eher bietet sich ein »Führungsstil« an, der frühe Selbständigkeit zusammen mit der Fähigkeit trainiert, verschiedene Optionen im Blick zu behalten und immer wieder neu anzufangen. Man muß es den Kindern überlassen, sich ihre Ziele selbst zu stecken, gerade heute, wo *ein* Ziel nicht mehr genügt und die großen Lebensträume sich immer seltener erfüllen. Bei so unklaren, wechselhaften und bereichsweise ganz dahinschwindenden Zukunftsaussichten, wie die heutige Elterngeneration sie ihren Nachkommen nur bieten kann, wäre es fahrlässig, Kinder selbstbewußt zu »führen«. Wohin denn? Man kann ihnen unterschiedliche Wege zeigen und sie ermuntern, sich auszuprobieren. In den 80er Jahren hieß es: Du hast keine Chance, aber nutze sie. Heute könnte man sagen: Du hast jede Menge Chancen, wenn du nicht mehr an die *eine* glaubst. Erziehung, die dieser Situation gerecht werden will, darf sich nicht mehr als Führung verstehen. Sie sollte mit den Kindern einen Pakt schließen, dessen Parole etwa lautet: Laßt es uns gemeinsam versuchen.

Werkgespräch

Überreden ist gut.
Ein Gespräch mit Richard Rorty
über Philosophie und Literatur, das Erhabene und die
ordnende Vernunft, private Selbsterschaffung
und politisches Engagement

Überreden ist gut

Ein Gespräch mit Richard Rorty über Philosophie und Literatur, das Erhabene und die ordnende Vernunft, private Selbsterschaffung und politisches Engagement

Neue Rundschau: Herr Prof. Rorty, Sie haben einen Ruf an die University of Stanford angenommen und werden dort am Fachbereich für Vergleichende Literaturwissenschaft lehren. Hat dieser akademische Wechsel von der Philosophie zur Literaturwissenschaft einen programmatischen Sinn?

Richard Rorty: In Princeton war ich Professor für Philosophie. Aber ich kam dort mit den Kollegen nicht sonderlich gut zurecht und dachte, manches würde leichter werden, wenn ich eine Stelle außerhalb eines philosophischen Fachbereichs fände. Dann gab mir die University of Virginia, wo ich fünfzehn Jahre lang gelehrt habe, genau das, was ich wollte – eine nicht fachbereichsgebundene Dozentur, etwas, das wir in den Vereinigten Staaten »*University Professorship*« nennen. Wenn man eine solche Stelle hat, bleiben einem Fachbereichskonferenzen erspart, und man kann lehren, was man will.

Tatsächlich habe ich an der University of Virginia dann doch die meiste Zeit nicht-analytische Philosophie (Nietzsche, Heidegger, Derrida usw.) für Literaturstudenten gelehrt. Das war naheliegend, denn meine Bücher werden von Literaturstudenten mehr gelesen als von denen, die analytische Philosophie studieren.

Das gleiche will ich nun in Stanford tun. Ich werde einen Kurs über Nietzsche und William James geben, einen über Heidegger und Derrida und einen über Foucault und Habermas. Daß ich nun auf eine Stelle im Fachbereich Vergleichende Literaturwissenschaft und nicht im Fachbereich Philosophie berufen wurde, hat keine weitere Bedeutung, es zeigt allenfalls die Kluft zwischen nicht-analytischer und analytischer Philosophie. Die nicht-analytische Philosophie wird in den Philosophie-*departments* der amerikanischen Universitäten nicht sonderlich intensiv studiert.

NR: Nun haben Sie immer wieder geschrieben, daß die Beschäftigung mit Literatur in vieler Hinsicht wichtiger sei als die Beschäftigung mit Philosophie.

RR: Wichtiger ist die Literatur in einer ganz bestimmten Hinsicht: wenn es darum geht, moralischen Fortschritt zu bewerkstelligen. Die Literatur trägt zur Erweiterung der moralischen Vorstellungskraft bei, indem sie uns sensibler macht, indem sie unser Verständnis für die Unterschiede zwischen den Menschen und für ihre unterschiedlichen Bedürfnisse vertieft. Philosophie ist nützlich, wenn es darum geht, die eigenen moralischen Einsichten in moralischen Prinzipien zusammenzufasssen, aber bei der Erweiterung dieser Einsichten hilft sie nicht viel. Philosophische Reflexionen über Fragen der Moral haben zur Abschaffung der Sklaverei nicht viel beigetragen – anders dagegen manche Geschichten über das Leben der Sklaven.

NR: Was waren eigentlich Ihre eigenen ersten großen Erfahrungen mit Literatur, für die diese Charakteristik zutrifft?

RR: Zwei Sorten von Büchern haben mich besonders beeindruckt: zum einen die sozialistischen Romane von Autoren wie Upton Sinclair, Sinclair Lewis, James Farrell, Émile Zola und Theodore Dreiser, zum anderen Bildungsromane, vor allem Proust und Thomas Mann.

NR: Wenn Sie meinen, Literatur sei für die moralische Erziehung viel wichtiger als Philosophie, bedeutet diese Aufwertung der Literatur nicht auch eine Einschränkung: Für Sie fungiert Literatur ja letztlich als Werkzeug, als Hilfsmittel, um Unterdrückung aufzuzeigen oder um Solidarität und Identifikation zu stiften.

RR: Ich sage nicht, daß eine Sensibilisierung für die Bedürfnisse anderer Menschen das einzige ist, was die Literatur leistet. Sie leistet vielerlei, und es wäre gar nicht möglich, eine vollständige Liste ihrer Funktionen aufzustellen. Manchmal erfüllen literarische Werke den gleichen Zweck wie philosophische Systementwürfe: Wordsworth und Coleridge zum Beispiel entwickeln so etwas wie eine »Weltanschauung«, trotzdem würde sie niemand als Philosophen bezeichnen. Eine andere Funktion besteht einfach darin, zu erfreuen oder zu belustigen – großen, originellen Köpfen die Möglichkeit zu geben, ihre individuellen Freudengefühle mitzuteilen: Blake und Whitman zum Beispiel.

NR: Aber Sie unterscheiden zwischen Literatur, die private Bedürfnisse (der Bildung und Selbstentfaltung) erfüllt, und Literatur, die für öffentliche und soziale Belange wichtig ist?

RR: Es gibt keine klare Trennung zwischen den verschiedenen Funktionen. Aber es gibt sicher ein Spektrum, in dem Zola eher auf der öffentlichen, Proust eher auf der privaten Seite angesiedelt ist.

NR: Sie haben einmal Dichter und Schriftsteller neben Ingenieure und

Techniker gestellt: Beiden gelinge es, so schreiben Sie, die Maxime vom größtmöglichen Glück für die größtmögliche Zahl von Menschen zu erfüllen. Können Sie das etwas genauer ausführen?
RR: Als Utilitarist und Pragmatiker, wie ich einer bin, erhofft man sich für die menschliche Gattung nicht, daß ihre Angehörigen religiöser oder rationaler werden sollen. Die Hoffnung geht vielmehr dahin, daß die Menschen in Zukunft mehr Geld, mehr Freizeit, mehr soziale Gleichheit genießen mögen und daß sie mehr Vorstellungskraft oder Phantasie, mehr Mitgefühl entwickeln mögen, daß sie eher imstande sein mögen, sich in andere Menschen hineinzuversetzen. Die Hoffnung geht dahin, daß die Menschen in dem Maße »anständiger« (*decent*) werden, wie sich ihre materiellen Lebensumstände verbessern.

Ingenieure und Naturwissenschaftler tun etwas für die Verbesserung unseres materiellen Lebens, während Dichter und Romanschriftsteller etwas dafür tun, daß wir freundlicher, toleranter werden. Es ist nicht das einzige, was Ingenieure und Wissenschaftler, Dichter und Romanciers leisten, aber hierin besteht der Beitrag beider Gruppen zum moralischen Fortschritt.

Verglichen damit, haben die Philosophen nicht viel zu bieten. Die Moralphilosophie hat seit jeher gesagt: Unseren Seelen ist das eingepflanzt, was Platon eine Erinnerung an die Idee des Guten und was Kant das moralische Gesetz in uns nannte. Die Philosophie trägt dazu bei, dieses moralische Bewußtsein explizit zu machen. Sie gibt dem Gewissen eine Stimme.

Das Problem bei dieser ahistorischen Auffassung von Moral besteht darin, daß die Stimme des Gewissens einem sagen kann, man möge sich gegenüber kleinen oder auch gegenüber großen Gruppen anständig verhalten. Sie kann aber auch die Ausgrenzung von Menschen und ihre Einbeziehung unterstützen. Denken Sie an die christlichen Fundamentalisten, die die Ungläubigen, die Angehörigen anderer Bekenntnisse oder die Homosexuellen ausgrenzen und verfolgen – und sich dabei immer auf ihr Gewissen berufen. Die Ingenieure, die dafür sorgen, daß unser Leben weniger gefährlich und bedrohlich wird, und die Romanciers, die unser Mitgefühl für andere Menschen erweitern, schaffen die Voraussetzung dafür, daß wir unsere Vorstellungen, auf wen es ankommt oder auf wen sich unsere moralische Erwägungen beziehen sollten, erweitern. Mehr Geld und Sicherheit auf der einen Seite, mehr Phantasie und Vorstellungskraft auf der anderen machen uns kosmopolitischer.
NR: Da Sie Literatur gegen Philosophie stellen: Wie trennen Sie eigentlich zwischen beiden?

RR: Ich denke mir die westliche Philosophie des 20. Jahrhunderts als ein Denken und Schreiben, das unter ständiger Bezugnahme auf Platon und Kant betrieben wird. Das ist keine sehr genaue Definition, aber eine bessere kann ich nicht geben. Wenn Sie keine Meinung dazu haben, wie man diese beiden Autoren deuten soll, oder dazu, wo sie recht haben und wo unrecht, dann wird man Sie kaum für einen Philosophen halten. Wenn Sie hingegen viele Ansichten zu diesen Fragen haben, spricht auch vieles dafür, Ihr Tun als »philosophisch« zu bezeichnen. Deshalb zählen Nietzsche und Kierkegaard zu den Philosophen, Proust und Thomas Mann hingegen nicht.
NR: Also eine »pragmatische« Antwort: Was sich auf einen bestimmten Textkanon bezieht, firmiert als Philosophie.
RR: Zumindest läßt sich mit diesem Kriterium eine Anzahl von Anwärtern ausschließen: östliche Mystiker, Naturwissenschaftler, die einen Nobelpreis bekommen haben und nun der Ansicht sind, ihre Entdeckungen würden auch sämtliche alten Probleme der Philosophie lösen, und so weiter. Und umgekehrt erlaubt dieses Kriterium, nicht-analytische Philosophen wie Odo Marquard, Hannah Arendt und Hans-Georg Gadamer und analytische Philosophen wie John Rawls, Peter Strawson und Donald Davidson in die gleiche Schublade zu stecken. Alle diese Leute haben irgendwann in ihrem Leben ein paar Bücher gelesen, die die anderen ebenfalls gelesen haben, und sie haben Interesse an den Fragen entwickelt, die von diesen Büchern gestellt wurden. Wem die Idee des Guten nichts bedeutet oder wem Kants Unterscheidung zwischen Phänomenon und Noumenon seltsam vorkommt, der wird sich wahrscheinlich auch nicht für die Schriften der sechs zeitgenössischen Denker interessieren, die ich eben erwähnt habe. Selbst anti-metaphysische analytische Philosophen wie Russell und Carnap haben genauso angefangen wie Gadamer und Davidson; niemand würde sein Leben einem Feldzug gegen die Metaphysik widmen, der nicht irgendwann einmal von Platon und Kant fasziniert gewesen wäre.
NR: Sie schrieben einmal, daß die westliche Kultur ihre Eigenart verlöre, käme der Streit zwischen Literatur und Philosophie an ein Ende. Und das wäre wohl ein Verlust?
RR: Als ich das sagte, ging ich von der Vorstellung aus, daß im Zentrum der Philosophie das Bemühen steht, eine Ordnung zwischen Dingen zu finden, die uns schon vertraut sind, während die Literatur versucht, mit dem Vertrauten zu brechen und uns etwas Verblüffendes, Neues zu geben. So gesehen, strebt die Philosophie nach Schönheit, nach gefälligen, harmonischen Anordnungen bereits bekannter Entitäten. Die Literatur hingegen strebt

aus dieser Sicht nach Erhabenheit – sie will dahin, wo Wörter noch nie hingelangt sind. Die Spannung, an die ich dachte, war die Spannung zwischen dem Bekannten und dem Unbekannten.

Die Dichter erweitern unserer Sprache, indem sie Metaphern oder Gleichnisse verwenden, die dann irgendwann zu festen Wendungen werden. In dieser speziellen Hinsicht ist die Philosophie konservativ und stocknüchtern, die Poesie hingegen radikal und ausgreifend. Wenn Philosophen erklären: »Wir haben vernünftige Argumente, die Dichter haben keine«, dann besagt das eigentlich: »Wir befassen uns mit dem, was schon auf dem Tisch liegt.« Die Dichter könnten erwidern: »Ja, aber wir bringen gelegentlich etwas Neues auf den Tisch.«

NR: Besitzen Argumente für Sie auch eine ästhetische Qualität?

RR: Ich stelle mir vor, daß Platon zu jenen Menschen gehörte, für die ein Beweis im Werk des Euklid eine echte Quelle ästhetischen Vergnügens ist. Der Philosoph, dem das Konstruieren eines verwickelten, überzeugenden Arguments Vergnügen macht, übt sich in einer Form von Kunst. Romantische Dichter üben sich in einer anderen Form von Kunst. Beide Arten von künstlerischer Produktion ergänzen einander.

NR: So wie viele Mathematiker von der Schönheit einer Formel sprechen?

RR: Genau. Wir sprechen auch von der Schönheit von Newtons Vereinheitlichung der Lehre von der Planetenbewegung und der ballistischen Bewegung, oder wir sagen, die Entdeckung der DNA biete uns eine »schöne« Möglichkeit, den Prozeß der biologischen Evolution zu erklären. Das Erhabene dagegen integriert nicht und vereinheitlicht nicht. Es transzendiert.

NR: In welcher Hinsicht sind Argumente dann »lediglich« rhetorisch?

RR: Manche Philosophen sehen einen wesentlichen Unterschied zwischen Logik und Rhetorik oder zwischen »Überzeugen« und »Überreden«. Ich nicht. Es gibt einen Unterschied zwischen guten und schlechten Argumenten, aber das ist ein publikums- oder adressatenbezogener Unterschied. Gut ist ein Argument für ein Publikum, wenn diesem die Prämissen des Arguments plausibel erscheinen. Es gibt auch einen Unterschied zwischen aufrichtigen und unaufrichtigen Argumenten: Erstere sind so beschaffen, daß diejenigen, die sie vorbringen, von ihnen selbst überzeugt sind. Ich glaube aber nicht, daß wir eine Unterscheidung zwischen logischen Argumenten und »bloß rhetorischen« Argumenten brauchen. Ich würde Habermas' Unterscheidung zwischen strategischem und nicht-strategischem Sprachgebrauch ersetzen durch die »common-sense«-Unterscheidung zwischen unaufrichtigen und aufrichtigen Überredungsversuchen.

NR: Ihre Unterscheidung zwischen Dichtung und Philosophie steht für eine Art von kultureller Arbeitsteilung. Die Dichter erweitern unsere Vokabulare und Sichtweisen auf unvorhergesehene Weise, die anderen – unter ihnen die Philosophen – dürfen dann wieder für Ordnung sorgen.
RR: Ganz recht. Wenn wir zum Beispiel sagen, Platon und Hegel seien poetischere Philosophen als Aristoteles oder Leibniz, dann meinen wir damit, daß sie Wörter in einer Weise verwenden, wie dies vor ihnen noch nie geschehen war. Sie kneten die alte Sprache zu neuen Zwecken (denken Sie an Platons metaphorischen Gebrauch des Wortes »Idee« oder an Hegels metaphorischen Gebrauch des Wortes »Begriff«). Wir sehen in ihnen Gestalten, die uns nicht so sehr gute Argumente als vielmehr vollkommen neue Sprechweisen geschenkt haben. Aristoteles ist sehr viel argumentativer als Platon, weil er dem »common sense« sehr viel nähersteht. Er schiebt Figuren auf dem altbekannten Schachbrett umher, während Platon ein völlig neues Spiel erfunden hat.
NR: Ist bei Ihrer Hochschätzung der Dichtung und der Literatur auch ein wenig alter Philosophen-Neid im Spiel?
RR: Ganz gewiß. Ich beneide die Dichter sehr, ähnlich wie analytische Philosophen vom Schlage Quines die Naturwissenschaftler beneiden. Einer der Unterschiede zwischen analytischer und nicht-analytischer Philosophie hat mit der Frage zu tun, wen der Philosoph beneidet. Ich kann mir nicht vorstellen, wie ich einen Physiker oder Mathematiker beneiden könnte – respektieren gewiß, aber beneiden so wenig, wie ich einen Bankkaufmann oder einen Rechtsanwalt beneiden würde. Ich bin mir nicht sicher, ob Quine sich vorstellen kann, Blake oder Rilke zu beneiden.
NR: Das bringt uns auf Harold Bloom, auf den Sie öfter Bezug nehmen, und seine Beschreibung des »strong poet« (des wirkungsmächtigen Dichters). Dichter werden hier zu heroischen Größen, die sich durch Distanzierung von der Tradition behaupten.
RR: Ich finde Blooms Darstellung, wie Dichter ihre Vorgänger zu übertreffen versuchen, nämlich genauso, wie heranwachsende Jungen ihre Väter zu übertreffen (oder aus dem Weg zu räumen) versuchen, sehr überzeugend.
NR: Abgesehen davon, daß damit eine mittlerweile kaum mehr selbstverständliche Programmatik der Avantgarde festgeschrieben wird: Braucht es für die relativ bescheidene Einsicht, daß Dichter ihre Vorgänger zu übertreffen versuchen, die dramatische Szenerie Blooms?
RR: Vielleicht dramatisiert Bloom zu sehr, aber ich denke, daß er im Grunde recht hat. Gedichte gehen aufeinander ein, und Philosophien ebenso.

Blake will Milton nutzen, aber er will auch über ihn hinaus. Marx will Hegel nutzen, aber er will auch über ihn hinaus. Davidson fragt sich: »Wie komme ich mit Quines Prämissen so klar, daß ich über Quines eigene Schlußfolgerungen hinausgelange?« Jeder will über den Lehrer, der ihm der liebste ist, hinauskommen, so wie Söhne ihre Väter übertreffen wollen.

NR: Wie läßt sich nun aber die Vorstellung vom heroischen Dichter in Beziehung bringen zur Figur des liberalen Ironikers, deren Vorbild wir nachstreben sollen?

RR: In meinem Buch *Kontingenz, Ironie und Solidarität* habe ich »Ironie« definiert als Wissen um die Kontingenz des eigenen »abschließenden Vokabulars«.[1] Mit Bloom zu sprechen, ist dies nichts anderes als ein Bewußtsein davon, daß die tiefsten Überzeugungen, die man hegt, das Ergebnis einer poetischen schöpferischen Leistung der Vergangenheit sind. Hinzu kommt die Erkenntnis, daß es niemals ein letztes Gedicht geben wird – niemals ein Ende des Prozesses der Auseinandersetzung mit Geschichte. Raum zur Selbsterschaffung wird immer vorhanden sein, aber keine Selbsterschaffung läßt sich durch irgend etwas außerhalb ihrer selbst Liegendes ratifizieren.

Ironie assoziiert man oft mit Gleichgültigkeit und Distanz. Ich habe mit diesem Wort etwas anderes verbunden. Ich wollte mit ihm auf die Einsicht verweisen, daß jeder Selbstschöpfer immer auch ein Geschöpf der Zeit und des Zufalls ist.

NR: Nun ist es ja auch in Sachen Philosophie nicht leicht zu sagen, wie ein Sieg eigentlich aussieht. In der Philosophie werden Probleme weniger gelöst, als daß sie durch neue Beschreibungsweisen abgelöst und umformuliert, manchmal auch einfach vergessen werden. Mit Nietzsches Worten: »Philosophische Probleme werden nicht gelöst, sie werden auf Eis gelegt.«

RR: Nietzsche hatte vollkommen recht. Und Russell sprach es ihm unwissentlich nach, als er erklärte, niemand habe Bergson je widerlegt, aber am Ende sei er allen langweilig geworden. Philosophische Probleme sind vergänglich, genau wie die Vokabulare, in denen sie formuliert werden. Deshalb wird zwischen schön geglätteten älteren Vokabularen und der Roheit und Rauheit neuer Vorschläge, wie zu sprechen sei, immer eine Spannung bestehen.

NR: Es gibt also keine »philosophia perennis«. Doch könnte man nicht sagen, daß es bestimmte philosophische Probleme gibt, die man eben nicht vergessen sollte. Nicht weil man an der Idee ihrer letztlichen »Lösung« festhält, sondern weil bei ihrer Bearbeitung ein Mehrwert herausspringen kann und auch eine Verfeinerung unserer Beschreibungsweisen?

RR: Man kann sehr abstrakte Probleme wie »das Eine und die Vielen« beschreiben und behaupten, sie seien schon immer diskutiert worden und würden auch immer wieder diskutiert werden. Aber kein Philosoph arbeitet wirklich im luftleeren Raum eines solchen Abstraktionsniveaus. Deshalb bezweifele ich, daß man sagen kann, wir verfügten über ausgefeiltere Methoden zur Diskussion solcher Probleme, als die Griechen sie besaßen. Aber eigentlich kommt es nicht darauf an, ob wir sagen, die Probleme, die Platon und Aristoteles diskutiert haben, seien die gleichen, die Wittgenstein diskutiert hat, oder ganz andere. Es gibt viele Ähnlichkeiten und viele Unterschiede.

NR: Zurück zum Ironiker: Er ist durch Nüchternheit definiert, andererseits sprechen Sie durchaus pathetisch von den Heroen der Dichtung. Wie paßt das zusammen?

RR: Diejenigen unter uns, die keine Helden sind, werden vor dem Schauspiel des Heroischen bescheiden. Hegel, Wordsworth, Blake, Schiller sind heroische Gestalten. Sie haben unsere Sprache und unser Denken erneuert und verändert. Jede heranwachsende Generation sollte solche Gestalten verherrlichen und hoffen, ihnen nachzueifern – auch wenn diese Hoffnung meistens vergeblich sein wird.

NR: Es ist wohl ein deutsches Problem, von Helden zu sprechen. Dieses Wort ist belastet.

RR: Es gab nach Hitler in Deutschland eine ganz natürliche Tendenz zu sagen: Schluß mit der Heldenverehrung, bloß noch Rationalität. Aber daß ein Land einen verrückt gewordenen Tyrannen heroisiert hat, sollte dieses Land nicht veranlassen, die Heldenverehrung ganz aufzugeben. Es wäre töricht, wenn die Deutschen aufhören würden, die Helden der freiheitlichen Demokratie zu heroisieren, z. B. die Männer, die sich 1848 in der Paulskirche versammelten.

NR: Rationaler Diskurs besteht in Ihren Augen lediglich im Hin- und Herschieben bereits vorhandener Argumente und in der Verwendung toter Metaphern? Es entsteht dadurch nichts Neues?

RR: In diesem Hin und Her vollzieht sich, wie Hegel erkannt hat, der moralische und geistige Fortschritt. Einige unserer Helden (Václav Havel, Martin Luther King) sind heroisch, weil sie einfache, offenkundige Wahrheiten in einer Situation aussprachen, in der alle anderen das Offenkundige leugneten. Andere sind heroisch, nicht weil sie die Wahrheit sagten, sondern weil sie unsere Vorstellungskraft erweiterten, unser Bewußtsein von dem, was möglich ist. Nietzsche gehörte zu diesem zweiten Heldentypus. Der Fortschritt braucht beide Arten von Helden.

NR: Heroisierungen und dem politisch genutzten Erhabenen steht man hier in Deutschland mit einigem Mißtrauen gegenüber...
RR: Ich kann verstehen, warum Menschen dem Erhabenen mißtrauen. Die Politik sollte Erhabenheit nicht anstreben. Ich denke, Lyotard war im Unrecht, als er an Habermas kritisierte, dieser kenne bloß eine schöne, keine erhabene Politik. In der Politik geht es jedoch um Kompromisse, damit etwas erreicht wird – es geht um die kluge Neuanordnung von Vorhandenem. Ein Kompromiß kann schön sein, aber nicht erhaben.
NR: Doch kann man zwischen dem privaten Gefallen am Erhabenen und seiner öffentlich-politischen Instrumentalisierung überhaupt scharf trennen?
RR: Mir scheint, wir unterscheiden immerzu zwischen privater Erhabenheit und öffentlicher Schönheit. Gläubige Menschen tun dies, wenn sie einen Unterschied zwischen ihrem Verhältnis zu Gott und ihrem politischen Umgang mit anderen Menschen machen. Die Frömmigkeit einer Katholikin richtet sich auf etwas, das über bloße Schönheit hinausgeht. Aber als Bürgerin eines demokratischen Landes kann sie sich auch der Aufgabe widmen, schöne, zweckdienliche Kompromisse zu erzielen.

Schon Rawls hat gesagt: Aus den Religionskriegen haben wir unter anderem gelernt, daß es darauf ankommt, zwischen privaten und öffentlichen Angelegenheiten zu trennen. Es war sehr nützlich, zu begreifen, daß Loyalität zu ein und demselben Nationalstaat von Menschen mit unterschiedlichen Glaubensüberzeugungen oder mit unterschiedlichen Ansichten über den Sinn ihres Lebens aufgebracht werden kann. Aus dem romantischen Bestreben, die Religion durch Poesie und Kunst zu ersetzen, haben wir unter anderem auch gelernt, daß man es in einer demokratischen Gesellschaft den einzelnen überlassen kann, sich eigene Religionen zu zimmern, wie es Blake oder Joseph Smith, der Gründer der Kirche der Mormonen, getan haben.
NR: Kant ging davon aus, daß das Erhabene ein Bewußtsein für die Vernunftideen wecken kann und so nicht zuletzt die Eigenart – und Größe – des Menschen gegenüber der Natur vergegenwärtigt. Diese Vergegenwärtigung der Vernunftideen könnte doch auch eine Art von Solidarität zwischen den Menschen schaffen, ein Bewußtsein für die menschliche Gattung insgesamt: Alle Menschen sind durch ihre Vernunft miteinander verbunden.
RR: Der Gedanke, die Solidarität zwischen den Menschen damit zu begründen, daß alle Menschen Anteil an der Rationalität und an Kants »reinen Vernunftideen« haben, war ein guter Versuch. Aber ich glaube nicht, daß er wirklich funktioniert hat. Er ist genauso plausibel oder unplausibel,

genauso nützlich oder unnütz, wie wenn man versuchen würde, menschliche Solidarität mit der Aussage zu begründen, wir alle seien Kinder desselben Himmlischen Vaters. Auch das hat nicht besonders gut funktioniert. Keine dieser »Grundüberzeugungen« hat viel dazu beigetragen, die Grausamkeiten einzuschränken, die verschiedene Gruppen von Menschen einander angetan haben.

Was hingegen wirklich funktioniert, das ist die Identifikation auf dem Weg über die Vorstellungskraft – erkennen, daß die Angehörigen einer zuvor verachteten Gruppe in wichtigen Aspekten so sind, wie man selbst ist, oder wie jene Menschen, die man liebt. *Onkel Toms Hütte* funktioniert ziemlich gut, ebenso die Geschichten von Alan Paton und Athol Fugard über das Leben der Schwarzen unter dem südafrikanischen Apartheid-Regime. Wenn wir wirklich daran glauben würden, daß alle Menschen Brüder sind oder durch reine Vernunftideen miteinander verbunden sind, dann würden wir die Armen nicht so leiden lassen, wie wir es tun. Wenn die Reichen der Welt den Armen der Welt jemals zu Hilfe kommen, dann nicht wegen solcher weiträumiger, abstrakter »Grundüberzeugungen« von menschlicher Solidarität, sondern weil sich die Reichen so sicher fühlen, daß sie teilen können, und weil sie soviel Mitgefühl entwickeln, daß sie teilen wollen.

Mit anderen Worten: Es geht nicht darum, etwas zu finden, das uns allen gemeinsam ist, sondern darum, zu erkennen, daß die vorhandenen Unterschiede (zwischen Schwarzen und Weißen, zwischen Heterosexuellen und Homosexuellen) weniger wichtig sind, als wir früher gemeint haben. Eine solche andere Sicht ergibt sich nicht aus philosophischen Argumenten oder philosophischem Scharfsinn.

NR: Doch können nicht immerhin auch religiöse Überzeugungen dazu beitragen, dem Ziel näher zu kommen, Grausamkeit gegenüber anderen Menschen zu verringern?

RR: Ich glaube nicht, daß religiöse Überzeugungen als Kitt für den gesellschaftlichen Zusammenhalt besser taugen als philosophische Grundüberzeugungen. Verschiedene Konfessionen haben sich bekanntlich immer wieder hervorgetan, wenn es darum ging, Randgruppen auszugrenzen oder ihnen das Leben schwerzumachen. Denken Sie an die Haltung der Dutch Reformed Church in Südafrika gegenüber den Schwarzen oder an die Einstellung der Mormonen und der Southern Baptist Church in den USA gegenüber Homosexuellen und Feministinnen.

Eheschließungen zwischen zentralen und marginalisierten Gruppen sind der beste Kitt für den Zusammenhalt von Gesellschaften, und die Religionen haben sich solchen Ehen oft heftig widersetzt. Durch ihre Verbote haben sie die Solidarität zwischen den Menschen wahrscheinlich mehr behindert als durch direkte Verfolgungen, wie die Inquisition sie betrieben hat.

Man kann die Solidarität zwischen den Menschen durch religiöse Überzeugungen stärken, wie dies in der Zeit der Bürgerrechtsbewegung in den USA geschah, man kann sie auf diese Weise aber auch schwächen, wie dies in Südafrika in der Zeit vor Mandela geschah. Religiöse Überzeugungen sind, ähnlich wie philosophische Lehren, Werkzeuge, die man zur Einbeziehung oder zur Ausgrenzung verwenden kann.

NR: Kehren wir zu Ihrem Verständnis von Philosophie zurück. Besitzt die Lektüre philosophischer Texte für Sie (noch) einen therapeutischen Effekt? Was bringt die Kenntnis der philosophischen Tradition und gerade auch der analytischen Philosophie?

RR: Die Philosophie kann auf so unterschiedliche Weise wirken wie die Literatur: sie kann inspirieren oder deprimieren, erregen oder langweilen, ermutigen oder entmutigen. Manche Leute finden die analytische Philosophie inspirierend und ermutigend – vor allem Europäer, die eine Überdosis Lacan oder Heidegger abbekommen haben.

In meinen Augen kommt der analytischen Philosophie keine besondere historische Wichtigkeit oder Bedeutung zu. Einige analytische Philosophen (Donald Davidson, Daniel Dennett, Annette Baier, Robert Brandom zum Beispiel) haben wichtige intellektuelle Fortschritte gemacht, aber daß die Philosophie in den angelsächsischen Ländern fast ausschließlich analytisch ist, hat, im ganzen gesehen, erheblichen Schaden angerichtet, vor allem weil dies die Philosophiestudenten dazu verleitet hat, die Geschichte der Philosophie zu vernachlässigen und sich damit selbst Scheuklappen aufzusetzen.

Die Studenten fragen nicht, woher die Begriffe stammen, mit denen sie umgehen. Sie werden nicht dazu ermuntert, die Bewegung von Kant zu Hegel nachzuvollziehen, die Bewegung von der Vorstellung, daß alle Menschen über das gleiche Begriffsrepertoire verfügen, zu der Vorstellung, daß Begriffe im Laufe der Geschichte geboren werden und wieder sterben.

Die analytische Philosophie hat sich oft auf sonderbare Art und Weise entwickelt: zwei Schritte zurück und dann drei voran. Wittgensteins *Tractatus* war ein Rückschritt, aber seine *Philosophischen Untersuchungen* waren ein triumphales Über-sich-selbst-Hinausgehen. Carnap war ein Rückfall in einen veralteten philosophischen Atomismus, aber der radikale Holismus von Quine und Davidson war eine kraftvolle und nützliche Neuformulierung älterer Argumente gegen den Atomismus.

NR: Wittgenstein hat an einer therapeutischen Funktion des Philosophierens festgehalten.
RR: Der späte Wittgenstein verhalf der analytischen Philosophie zu der Einsicht, daß man viele von Lockes und Kants Problemen nicht ernst zu nehmen braucht. Aber Hegel und Nietzsche waren schon lange vorher zu dieser Einsicht gelangt. Die Vernachlässigung Hegels und Nietzsches in den Kreisen der englischsprachigen Philosophie trug dazu bei, daß Wittgenstein hier bemerkenswerter und origineller erschien, als er war. In anderen Ländern ist es der Philosophie früher gelungen als im angelsächsischen Raum, sich von Kant loszueisen. Die englischsprachigen Philosophen ließen sich noch sehr lange von der neuen, linguistisch geprägten Version des Kantianismus ablenken, den Russell und Carnap, A. J. Ayer und C. I. Lewis in den zwanziger und dreißiger Jahren dieses Jahrhunderts zusammenschusterten.

Diese Leute waren für die Philosophie in Großbritannien und in den Vereinigten Staaten so schädlich wie Husserl für die Philosophie in der übrigen Welt. Aber der frühe Heidegger, Sartre und andere trugen dazu bei, daß es der französischen und der deutschen Philosophie ziemlich rasch gelang, Husserls Fesseln abzuschütteln. Als dieser Bruch vollzogen wurde, schlugen sich englischsprachige Philosophen immer noch mit »Sinnesdaten« herum. Auch heute schließt die angelsächsische Philosophie nur langsam zum Rest der philosophischen Welt auf. Die anglophonen Philosophen brauchen nach wie vor mehr Therapie als ihre Kollegen anderswo.
NR: Sie haben viel über amerikanischen Pragmatismus geschrieben, viel über Heidegger oder Davidson – doch Sie vermeiden es fast auffällig, sich ausführlicher über Wittgenstein zu äußern?
RR: Ich habe einige Aufsätze über Wittgenstein geschrieben. Meiner Ansicht nach kann man ihn auf zweierlei Weise lesen. Man kann sagen, daß uns der späte Wittgenstein von verschiedenen schädlichen Quasi-Kantianern wie Russell, Carnap und dem frühen Wittgenstein befreit hat. Man kann auch sagen, daß er etwas getan habe, das wichtiger und zugleich weniger historisch bedingt war, daß er nämlich unsere Einstellung zur Philosophie selbst verändert hat. Stanley Cavell bevorzugt diese zweite Lesart. Ich ziehe die erste vor.
NR: Kann man den späten Wittgenstein wirklich darauf festlegen, nur die angestrengte Metaphysik des *Tractatus* vor Augen zu haben, wenn er sich über die therapeutische Funktion der Philosophie äußert?
RR: Der späte Wittgenstein bietet eine wirksame Therapie für Leute, die irgendwann einmal in einem bestimmten Komplex von Ideen befangen

waren. Aber stellen Sie sich vor, Sie würden einem Gadamer sagen: »He, Sie da, Sie sollten mal diese phantastische neue Wittgenstein-Therapie probieren! Die wird Ihnen zeigen, wie Sie aus der Fliegenfalle herauskommen, in der Sie sitzen!« Es wäre lächerlich. Gadamer hat in dieser speziellen Fliegenfalle nie gesessen. Es gibt nichts, was Wittgenstein ihn lehren könnte. Ihn haben die Bilder nie gefangengehalten, die den frühen Wittgenstein gefangenhielten.

NR: Könnte man es so formulieren: Sie finden alles, was Sie an Wittgenstein brauchen, auch bei dem viel »oberflächlicheren« Ryle? Als dessen *Concept of Mind* erschien, soll Wittgenstein ja gesagt haben, die Probleme verlören in Ryles Behandlungsweise »all ihre Magie«.

RR: So ungefähr verhält es sich wohl. Wenn man sich von Ryle (oder O. K. Bouwsma oder Wilfrid Sellars) hat überzeugen lassen, hat man den größten Teil der Behandlung, die einem durch die *Philosophischen Untersuchungen* zuteil werden könnte, schon hinter sich. Ich hätte mein Buch *Der Spiegel der Natur. Eine Kritik der Philosophie*[2] auch schreiben können, wenn ich Wittgenstein nicht gelesen hätte; ich hätte mir alles Nötige auch bei Ryle und Sellars holen können. Ich bin Wittgenstein für vieles sehr dankbar, aber ich halte ihn nicht für eine titanische Gestalt. Ich halte Wittgenstein für einen von denen, die auf wirksame Weise etwas getan haben, das Dewey, der frühe Heidegger und viele andere ebenfalls getan haben: uns von Descartes, Locke und Kant loszueisen.

NR: Hat philosophische Therapie – in welchem Sinn auch immer – nicht durchaus ihre Ansatzpunkte? Immerhin ist doch der sogenannte »common sense« ein ausgelassener Metaphysiker, sobald er sich nur einmal auf tief anmutende Begründungsfragen einläßt.

RR: Mir scheint, »common sense« ist nichts anderes als ein Komplex von sprachlichen Praktiken einer bestimmten Gruppe von Menschen. Diese Praktiken werden fortwährend verändert. Wer sich gegen die Philosophen auf den »common sense« beruft, der will nicht die Wirklichkeit gegen die Illusion ins Feld führen, sondern stellt nur die Frage: Tun diese Philosophen etwas, das für uns nützlich ist? Sind sie wirklich hilfreich? Leisten sie wirklich etwas für unser Selbstbild? Oder schaden ihre phantastischen Systeme mehr als sie nützen? Als sich Thomas Reid gegen Hume oder J. L. Austin gegen A. J. Ayer auf den »common sense« beriefen, fragten sie eigentlich nur: Wer braucht diese Leute?

Die Vorstellung, daß im »common sense« eine fundamentale Wahrheit verkörpert sei, ist genauso irreführend wie die, daß der »common sense« tiefe philosophische Probleme aufwerfe. Er ist...

NR: Nur eine façon de parler?

RR: Ja. Denken Sie nur an die These, der »common sense« behaupte sowohl die Willensfreiheit als auch den Determinismus und verstricke uns deshalb in einen Widerspruch. Das ist albern. Man kann natürlich einen Gegensatz zwischen beidem *konstruieren*, aber dazu muß man eine Menge philosophischen Scharfsinn aufbieten. Der »common sense« birgt keine philosophischen Probleme in sich, wenngleich er den Stoff liefert, aus dem ein Sokrates oder ein Descartes solche Probleme konstruieren könnte.

NR: Sie würden sagen, sich Probleme der philosophischen Tradition zuzuziehen, hat keinen besonderen Wert?

RR: Nun, die Studenten so weit zu bringen, daß sie sich den Kopf über den Gegensatz von Freiheit und Determinismus oder über die Existenz der materiellen Welt zerbrechen, hat durchaus einen Sinn, auch wenn dabei ein bißchen Hinterlist ins Spiel kommt. Auf diese Weise bringt man sie nämlich dazu, Bücher zu lesen, die sie lesen sollten – die *Meditationen* von Descartes zum Beispiel.

NR: Doch warum sollen sie eigentlich?

RR: Wenn sie diese Bücher nicht lesen, besteht die Gefahr, daß sie sie selbst schreiben. Es gibt einen Ausspruch von George Santayana: Wer die Vergangenheit nicht studiert, ist dazu verurteilt, sie zu wiederholen. Je mehr berühmte alte Bücher man liest, desto klüger wird man, weil man immer deutlicher erkennt, woher die verschiedenen allgemein anerkannten Ideen stammen. Man sollte diese Bücher nicht in der Hoffnung auf tiefe Wahrheiten lesen, sondern um zu lernen, wovor man sich in acht nehmen muß.

NR: Und auf diese Weise wird man dann zum liberalen Ironiker?

RR: Genau. Zum Erwachsenwerden gehört ja auch die Erkenntnis, daß einem kein Buch das Geheimnis des Universums oder den Sinn des Lebens offenbaren wird – die Erkenntnis, daß all diese wunderbaren alten Bücher Sprossen einer Leiter sind, die man mit etwas Glück eines Tages wegwerfen können wird. Wenn die Bücher, die den Kanon der abendländischen Philosophie bilden, nicht mehr gelesen würden, wäre uns viel weniger bewußt, welche Kräfte uns dazu gebracht haben, so zu sprechen und zu denken, wie wir es tun. Wir wären weniger fähig, die eigene Kontingenz zu ermessen – weniger fähig zur »Ironie«, in dem Sinne, in dem ich diesen Ausdruck verstehe.

NR: Wie soll man dann eigentlich noch zwischen wichtigen und weniger wichtigen Büchern unterscheiden, wenn doch immer nur Beschreibungsweisen gegen andere Beschreibungsweisen ausgespielt werden?

RR: Mir scheint, es gibt einen Prozeß der natürlichen Auslese. Immer wieder kehren die Menschen zu Platon zurück, zur Bibel, zu Cervantes, Goethe,

Hegel und Proust, gleichgültig, wie viele Bücher sie außerdem noch lesen. Lehrer sprechen im Unterricht über die Bücher, die sie lieben, und hoffen, daß ihre Schüler sie ebenfalls lieben werden. Aber im Laufe der Jahre und Jahrzehnte welken manche Bücher dahin, während neue aufblühen. Die kulturelle Evolution gleicht der biologischen; von beiden wissen wir nicht, wohin sie führen werden, aber es kann für uns sehr anregend sein, den Vorgang zu beobachten. Wer mehr will als neue Beschreibungsweisen, der fordert im Grunde das, was Religion und Philosophie immer wieder versprochen haben: einen Fixpunkt in der sich wandelnden Welt, einen unverrückbaren Angelpunkt. Aber seit Hegel und Darwin beharren wir weniger nachdrücklich auf der Einlösung dieses Versprechens.

NR: Doch macht man mit dieser Methode aus den Studenten Ironiker?

RR: Je mehr Geschichte und Ideengeschichte man liest, desto ausgeprägter wird wahrscheinlich auch das Bewußtsein von der eigenen Kontingenz sein.

NR: Was ist Ihrer Meinung nach die Haupttugend des Ironikers?

RR: Toleranz.

NR: Und wie steht es mit der Flexibilität? Der Ironiker, ausgebildet in verschiedensten Sprechweisen, vermag auf sehr unterschiedliche Situationen erfolgreich zu reagieren.

RR: Okay, sagen wir, Toleranz ist die oberste soziale Tugend und Flexibilität die oberste private Tugend des Ironikers. Toleranz bezieht sich auf Leute, die anders sind als man selbst. Flexibilität hat etwas mit dem Besitz eines wandelbaren Selbstbildes zu tun. Nietzsche und Proust waren Spezialisten in der Verwandlung des eigenen Selbstbildes.

NR: Könnte man nicht den Ironiker neben den »Weisen« der antiken Lebensphilosophie, insbesondere den Pyrrhonischen Skeptiker stellen? Auch dort geht es ja darum, eine Position gegen eine andere auszuspielen, und letztlich muß man sich den Kopf nicht mehr zerbrechen über Wahrheit. Auch dort gibt es also keine Beschreibungsweisen, die privilegiert werden, keine fundamentalen Überzeugungen.

RR: Der Unterschied zwischen den Alten und uns besteht darin, daß wir, abgesehen von denen, die sich zum Zen-Buddhismus hingezogen fühlen, nicht auf Ruhe und Ataraxie aus sind. Uns geht es um Selbsterschaffung. Die Alten waren der Meinung, die Männer und Frauen der Zukunft würden sich von denen, die sie kannten, nicht wesentlich unterscheiden. Wir hingegen hoffen, daß sich unsere fernen Nachkommen sehr stark von uns unterscheiden. Hans Blumenberg hat meiner Meinung nach vollkommen recht, wenn er sagt, daß wir Modernen eine Haltung zur Zukunft einnehmen, die in früheren Zeiten unmöglich gewesen wäre.

Man kann sich die Pyrrhonischen Skeptiker als Proto-Pragmatisten denken: Philosophen, die erklärten, alles müsse als ein Mittel zum Glück der Menschen betrachtet werden. So gesehen, sind sie mir natürlich sehr sympathisch. Allerdings haben wir Visionen von möglichen Formen menschlichen Glücks, die sie nicht hatten.

NR: Sie betonen jedoch auch, die Position des Ironikers sei nur Intellektuellen anzuempfehlen. Warum?

RR: Es sind eben jene Leute, die wir Intellektuelle nennen, die den Grips und den Mumm haben, ihr Selbstbild flexibel zu halten. Das ist gar nicht so einfach, und viele Leute schaffen es nicht. Der Unterschied zwischen den Intellektuellen und den Massen ist der Unterschied zwischen Leuten, die mehrere Vokabulare gleichzeitig im Kopf behalten können, und Leuten, die nur eines behalten können.

NR: Ist das Modell also: Intellektuelle als die Avantgarde, und nach und nach sinkt von ihren Errungenschaften auch etwas zur breiteren Basis herab?

RR: Ja, manchmal vollzieht sich der moralische Fortschritt in Form eines Herabsickerns von den Intellektuellen zu den Massen. Aber manchmal sind auch die Massen selbst die Avantgarde eines solchen Fortschritts. Das wechselt sich ab.

Zwei Beispiele. In meinem Land haben die weißen Intellektuellen nach dem Ende des Bürgerkriegs für die Schwarzen nicht mehr viel getan. Aber in den fünfziger Jahren erhoben sich die Schwarzen unter der Führung ihrer Geistlichen (die größtenteils keine Intellektuellen waren, keine Leute, die viele unterschiedliche Bücher lasen) und brachten die Bürgerrechtsbewegung hervor – das Beste, was in diesem Jahrhundert in den USA zustande gekommen ist. Die Bürgerrechtsbewegung wurde von den weißen Intellektuellen unterstützt, aber sie war im wesentlichen eine Bewegung, die von unten nach oben wirkte, ähnlich wie die Gewerkschaftsbewegung. Die schwarzen Massen legten sehr viel mehr Mut und Initiative an den Tag, als die weißen Intellektuellen je gezeigt haben.

Dagegen war die Schwulenbewegung vor allem eine Bewegung, die von oben nach unten wirkte. Arme, ungebildete Homosexuelle können sich zu dem, was sie sind, nicht bekennen und können nicht dagegen protestieren, wie Schwule fertiggemacht werden, ohne ihren Job zu verlieren. Deshalb kommt hier der gesamte Aktivismus von oben. Die Forderungen nach Toleranz gegenüber den Homosexuellen, nach Anerkennung von Ehen zwischen Schwulen usw. sind aus den Universitäten in die amerikanische Mittelschicht mit College-Bildung heruntergesickert.

NR: Doch was genau ist die Beziehung zwischen dem Fortschritt der Demokratie einerseits und dem Abbau von Grausamkeit?
RR: Das Wichtige an einem repräsentativen, demokratischen Regierungssystem ist, daß es den Armen und Schwachen eine Gegenmacht gibt, die sie gegen die Reichen und Mächtigen einsetzen können – besonders gegen die unbewußte Grausamkeit der Institutionen, die die Mächtigen den Schwachen aufgebürdet haben. Eine demokratische Gesellschaft zeichnet sich nicht nur dadurch aus, daß sie demokratisch regiert wird, sie verfügt auch über wichtige Institutionen, wie Presse, Universität, Justiz, die ständig nach bisher unbemerkten Formen von Grausamkeit und Leiden Ausschau halten – nach der Grausamkeit der Weißen gegenüber den Schwarzen oder dem Leiden der Schwulen zum Beispiel. In einer vollkommen demokratischen Gesellschaft würde es kein *unnötiges* Leiden geben: alles Leiden wäre nur noch eine unausweichliche Folge unserer Sterblichkeit.
NR: Wenn es um die Distanzierung von hochfliegenden Äußerungen über Rechte und Pflichten »des« Menschen geht, dann verweisen Sie gerne darauf, daß von der Gattung nur in einem biologischen, darwinistischen Sinn gesprochen werden kann. Das ist eine gute Strategie der Ernüchterung. Doch mittlerweile regiert oft ein eher affirmativ, normativ in Anspruch genommenes darwinistisches Vokabular in Evolutionsbiologie und Soziobiologie.
RR: Die Soziobiologen scheinen anzunehmen, sie könnten das Ergebnis irgendwelcher gesellschaftlicher Experimente auf Grund ihres biologischen Wissens vorhersagen. Aber nichts spricht dafür, daß sie hierzu wirklich imstande sind. Nichts von dem, was die Soziobiologen zutage gefördert haben, gibt uns Anlaß zu bezweifeln, daß die Menschheit kulturell tatsächlich so flexibel ist, wie die Geschichte es zu bezeugen scheint. Die Biologie sagt uns etwas über die Hardware, nicht über die Software. Auf ein und derselben Hardware kann eine unendliche Vielfalt von Programmen laufen, und ein und derselbe Organismus kann durch eine unendliche Vielfalt von Kulturen geprägt werden.

Es gibt einen mittleren Bereich zwischen der Vorstellung, daß der Mensch ein nicht-biologisches, geistiges Wesen sei und mit einem Bein in einer immateriellen Welt stehe, und jener anderen Vorstellung, die die Menschen nur als Tiere sieht, denen es darum geht, ihre Gene weiterzugeben. In diesem mittleren Bereich ist die Kultur angesiedelt, die, obgleich selbst eine menschliche Schöpfung, Menschen auf ganz und gar unerwartete und wunderbare Weise verändern kann.

NR: In den ersten Kapiteln von Büchern solcher Autoren sagt man sich fast rituell immer von Descartes los.
RR: Die Soziobiologen sind stolz darauf, Descartes zu widerlegen, aber nach Hume und Wittgenstein und Ryle bedarf Descartes keiner Widerlegung mehr.
NR: Doch es hat eine erhebliche Umwertung stattgefunden. Die Selbstbeschreibung des Menschen in darwinistischem Vokabular ist kaum mehr ein gut »materialistisches« Antidot, sondern wird – gerade in vielen populären Büchern – als »wissenschaftliches« Grundvokabular unseres Welt- und Selbstverständnisses empfohlen.
RR: Wenn Ironie zu irgend etwas taugt, dann als Mittel gegen die Vorstellung, die Naturwissenschaft, die Theologie oder die Philosophie sei jemals imstande, die *eine* wahre und wirkliche Wesensbeschreibung des Menschen ausfindig zu machen. Die Vorstellung, daß uns Biologen mehr über die Menschen sagen könnten als Anthropologen oder Historiker oder Dichter, erscheint mir absurd. Es gibt Hunderte nützlicher Beschreibungen von Menschen, und keine von ihnen kann als »*das* wissenschaftliche Menschenbild« oder als »*das* philosophische Menschenbild« privilegiert werden. Aber die Bereitschaft des breiten Publikums, sich von Leuten hinters Licht führen zu lassen, die ihre Thesen als »wissenschaftlich« ausgeben, ist offenbar grenzenlos.

So wird die Öffentlichkeit empfänglich für die verrückte Idee, bestimmte politische Maßnahmen hätten eine »wissenschaftliche« Grundlage. Repräsentanten der politischen Rechten in den USA versuchen heute, die Soziobiologie als Argument gegen den Wohlfahrtsstaat einzusetzen. Sie wollen statistische Vergleiche zwischen den Vermögensverhältnissen im unteren Viertel der Bevölkerung in den USA und in europäischen Ländern – Vergleiche, die den Schluß nahelegen, daß die USA es ähnlich machen sollten wie die Deutschen oder die Franzosen – dadurch umgehen, daß sie über die Gene reden.
NR: Auch die Kognitions- und Neurowissenschaften schicken sich da und dort an, uns ein naturalistisches Vokabular zur Selbstinterpretation anzubieten. Besteht da kein »therapeutischer« Handlungsbedarf?
RR: Genau diese Rolle sollte die pragmatische Philosophie meiner Meinung nach spielen: sie soll der Öffentlichkeit klarmachen, daß weder die Wirklichkeit noch die Menschheit eine »Natur« oder ein »Wesen« hat. In einer pragmatischen Kultur, in der jeder davon ausgeht, daß es viele unterschiedliche Beschreibungen ein und derselben Entität geben kann, die verschiedenen Zwecken dienlich sein können, und daß keine von ihnen die

eine wahre Beschreibung ist, würde es sehr viel weniger plausibel klingen, wenn sich in einer Diskussion über die Sozialpolitik jemand auf die Bibel oder die Biologie zu berufen versuchen würde.

Die sogenannte »postmoderne« Kritik an dem, was Derrida »die Metaphysik der Präsenz« nennt, könnte in diesem Sinne politisch von Nutzen sein. Der »common sense« des Westens ist noch immer von der griechischen Vorstellung infiziert, daß die Dinge ein Wesen haben und daß wir, wenn wir nur das Wesen der Menschheit – das, was Männer und Frauen in Wirklichkeit sind – entdecken könnten, endlich auch wüßten, was wir mit uns anfangen sollen. Diese griechische Idee würden die Pragmatisten gern loswerden.

In einer pragmatistischen Kultur wäre die Forderung, in einer moralischen oder politischen Erörterung solle ein naturwissenschaftliches Vokabular verwendet werden, nicht einleuchtender als die Forderung, statt dessen ein religiöses Vokabular zu verwenden.

NR: Und diese Möglichkeit sehen Sie?

RR: Die Vorstellung, der »common sense« des Westens könnte pragmatistisch werden, ist heute nicht unplausibler, als vor zweihundert Jahren der Vorschlag war, die schulische Erziehung der Kinder zu säkularisieren. Anfangs wirkte dieser Vorschlag nur irritierend, aber zuletzt wurde er in die Tat umgesetzt. Es war dies eine gewaltige kulturelle Verschiebung, aber sie wurde vollzogen, und wenn wir Verschiebungen dieser Größenordnung zuwege bringen, dann könnte es uns auch gelingen, im Laufe der nächsten paar hundert Jahre Metaphysik und Theologie durch den Pragmatismus zu ersetzen.

NR: In einer solchen Welt würden aber doch auch viele Theorien gar nicht erst entwickelt, weil der Impetus dazu fehlen würde?

RR: Theorien werden als Lösungen von Problemen entwickelt, sie sind nicht das Resultat dessen, was Aristoteles als »Staunen« bezeichnet hat. Die Probleme werden uns nie ausgehen, also werden uns auch die Theorien nie ausgehen. Die einzigen Theorien, die es in einer pragmatistischen Kultur vielleicht nicht mehr geben würde, wären die umfassenden, synoptischen Generaltheorien – schöne, jedoch leere Synthesen (von der Art, wie sie zum Beispiel E. O. Wilson in seinem neuen Buch *Consilience* entwickelt hat[3]).

NR: Es würde für Sie keinen Verlust bedeuten, wenn keine übergreifenden Theorien mehr geschmiedet werden, die sich vielleicht zuviel zutrauen, an denen man aber immerhin einiges ablesen kann?

RR: Wilfrid Sellars hat einmal gesagt, die Philosophie sei »der Versuch, die ›Dinge‹, im weitesten Sinne dieses Wortes, so darzustellen, daß sie im weitesten Sinne des Wortes ›zusammenhängen‹«. Es wird immer »übergreifende Theorien« dieser Art geben, weil es, mit Hegel zu sprechen, immer wieder Versuche geben wird, »die eigene Zeit in Gedanken zu fassen«. Aber solche Versuche, die Karte einer Kultur zu einer bestimmten Zeit an einem bestimmten Ort zu zeichnen (z. B. die der Kultur Europas im 20. Jahrhundert), sollte man von naturwissenschaftlichen oder theologischen Versuchen unterscheiden, die darauf hinauslaufen, die gesamte Menschheitsgeschichte in ein großes Schema zu pressen.

Bemühungen der ersten Art sind oft fruchtbar; die Versuche von Weber und Heidegger, von Habermas und Dewey zum Beispiel waren tatsächlich sehr fruchtbar. Bestrebungen der zweiten Art sind meiner Meinung nach niemals fruchtbar. Die Menschheitsgeschichte aus einer höheren, überhistorischen Perspektive betrachten zu wollen, wird immer fruchtlos sein.

Historismus und Pragmatismus sind Weggefährten. Die eigene Zeit in Gedanken zu fassen heißt versuchen, eine Beschreibung für das, was da vor sich geht, zu finden, aus der womöglich hervorgeht, war wir tun müßten, damit die Zukunft anders wird, als die Gegenwart ist.

NR: Auch die Denkfiguren der Ökonomie haben in den letzten Jahren erheblich an Einfluß gewonnen. Sie selbst sprechen etwa vom Markt der Ideen. Stört es Sie, wenn derartige Formulierungen vor allem auch von Neoliberalen aufgegriffen werden?

RR: Freie Märkte für Ideen und für Waren sind eine gute Sache. Aber sie sind keine Lösung für all unsere gesellschaftlichen Probleme, wie dies die Neoliberalen unterstellen. Die politische Rechte in den USA versucht heute, jede Maßnahme zur Umverteilung von Wohlstand als einen störenden Eingriff in den freien Markt hinzustellen, aber das ist lächerlich. Der freie Markt ist kein Selbstzweck, sondern ein Mittel zur Schaffung einer utopischen demokratischen Gesellschaft.

NR: Die Universität als Markt der Ideen – was genau meinen Sie damit?

RR: Die Universität ist ein Ort, an dem junge Leute konkurrierende Vorstellungen darüber erörtern können, wie sich ihre Zeit in Gedanken fassen läßt, an dem sie also auch beschließen können, welche Veränderungen ihre Generation in Angriff zu nehmen versuchen sollte. Diese gesellschaftliche Rolle ist wichtiger als die offizielle Aufgabe der Universität: »Streben nach Wissen und Erkenntnis«. Diese Formulierung ist irreführend, weil sie den Anschein erweckt, daß die Naturwissenschaften zum Modell für die Universität als Ganzes erhoben werden sollten.

Doch auch wenn die naturwissenschaftliche Forschung aus den Universitäten herausgenommen und an gesonderten Instituten betrieben würde, würden wir Universitäten immer noch brauchen, um das Gewissen der heranwachsenden Generation zu formen. Um diese Formung geht es, wenn man Fächer wie Soziologie, Geschichte, Literatur, politische Wissenschaft und Philosophie studiert.

NR: In Vorlesungen, die Sie vor einiger Zeit in Wien hielten, sprachen Sie über die Kluft zwischen europäischer und analytischer Philosophie. Gibt es für Sie keinerlei Anzeichen einer Annäherung?

RR: Ich sehe solche Anzeichen tatsächlich nicht. Das Problem besteht darin, daß im Zentrum einer Ausbildung in nicht-analytischer Philosophie die Beschäftigung mit kanonischen Texten steht, während man zum analytischen Philosophen durch die Lektüre von aktuellen Zeitschriftenaufsätzen ausgebildet wird. Die Studenten haben sehr unterschiedliche Selbstbilder, je nachdem, ob sie in der einen oder in der anderen Tradition stehen.

In Europa würde ein Student der Philosophie selbstverständlich viel Historisches und viel Literatur lesen; in den USA ist das oft nicht der Fall. Es ist bezeichnend, daß man dort immer noch der Meinung ist, gründliche Kenntnisse in symbolischer Logik seien für Studenten der analytischen Philosophie wichtiger als gründliche Kenntnisse in einer fremden Sprache. Die Vorstellung, daß die Philosophie zur humanistischen Kultur gehört, ist den meisten analytischen Philosophen fremd.

In den Vereinigten Staaten haben nur wenige fachfremde Professoren eine Vorstellung davon, was in den philosophischen Fachbereichen vor sich geht, während sich in Europa die anderen Professoren oft ein Bild davon machen können, welche Fragen die Philosophieprofessoren diskutieren.

NR: Aber verhält sich das an naturwissenschaftlichen Fakultäten nicht genauso?

RR: Nein. Der typische Physik- oder Biologieprofessor weiß über das, was in der Philosophie los ist, nur eines: daß hier Leute wie Thomas S. Kuhn die Meinung vertreten, die Wissenschaft werde niemals das eine wahre und wirkliche Wesen der Dinge ergründen. Sie finden diese These schockierend und abstoßend, und deshalb beklagen sie sich über den von ihnen so genannten »postmodernen Relativismus« und sehen in ihm eine Bedrohung. Aber nur sehr wenige von ihnen machen sich die Mühe, Kuhn oder die wissenschaftstheoretische Literatur nach Kuhn zu lesen.

Am Anfang der analytischen Philosophie stand das Projekt, die Philosophie wissenschaftlicher zu machen. Die Philosophen sollten zu den Physikern und Biologen unter die Decke kriechen und sich von den Literaturprofessoren fernhalten. Aber die Naturwissenschaftler wollten nicht, daß jemand zu ihnen unter die Decke kröche. Sie konnten auch nicht erkennen, was die analytische Philosophie zu ihrer Arbeit beisteuern sollte. So kam es, daß die analytische Philosophie zu einer hermetischen, ganz auf sich selbst bezogenen Veranstaltung wurde und in ein akademisches Abseits geriet. Analytische Philosophen wie Davidson und Brandom leisten glänzende, erstklassige Arbeit, aber außerhalb der philosophischen Fachbereiche weiß niemand davon, und es interessiert sich auch niemand dafür.

Literaturprofessoren, Historiker und Soziologen lesen eher Foucault als Rawls oder Davidson. Sie wissen von der analytischen Philosophie meistens genausowenig wie die Physik- oder Biologieprofessoren.

NR: Dieses Thema spielt ja auch eine Rolle in Ihrem neuen Buch *Achieving our Country. Leftist Thought in Twentieth-Century America.* Könnten Sie zum Abschluß noch eine kurze Zusammenfassung des Arguments geben?

RR: *Achieving our Country* behauptet: Wir hatten einmal eine wirksame sozialdemokratische Linke in den Vereinigten Staaten. Sie existierte etwa von 1910 bis 1965. Im Mittelpunkt standen dabei Versuche von Gewerkschaftern und Intellektuellen, dem Programm der Demokratischen Partei eine Wendung nach links zu geben. Diese Linke hatte viele Erfolge zu verzeichnen: sie war verantwortlich für Roosevelts New Deal und für die Sozialpolitik, die Lyndon B. Johnson unter dem Stichwort »Great Society« vorantrieb. Im Jahre 1965 verfügten die USA über erste Ansätze zu einem Wohlfahrtsstaat. Die Reichen konnten nicht mehr alles so machen, wie es ihnen paßte.

Diese Linke fiel in den späten sechziger Jahren unter der Belastung durch den Vietnamkrieg auseinander. Die Generation der sogenannten »Neuen Linken« spaltete sich von der älteren, reformistischen Linken ab und kam zu dem Schluß, nur ein vollständiger Umsturz des »Systems« könne noch helfen. Plötzlich hatten wir eine revolutionäre Linke – eine Linke, die Marx in einer Weise ernst nahm, wie es die ältere sozialdemokratische Linke nie getan hatte.

Nachdem die Revolution gescheitert war und Nixon im Jahre 1972 nicht zuletzt mit Hilfe vieler Stimmen aus der Arbeiterschaft den Sieg über Senator McGovern errungen hatte, breitete sich in der studentischen Linken die Überzeugung aus, das Land sei ein hoffnungsloser Fall. Viele Angehörige dieser Linken wurden Dozenten an Colleges und Universitäten. Sie fingen an, Foucault zu lesen, und bildeten eine Foucault-Linke, die von tiefem Mißtrauen gegenüber bürgerlich-sozialdemokratischer Politik erfüllt war, aber keine politische Alternative zu bieten hatte.

Irving Howe, der Chefredakteur von *Dissent*, unserer führenden linken Zeitschrift, sagte über die Foucault-Linke: »Diese Leute wollen nicht die

Regierung übernehmen, sondern den Fachbereich Anglistik.« So geschah es auch tatsächlich, und ein großer, einflußreicher Teil der Universität wurde nun zur Schutzzone für den politischen Aktivismus. Dieser Aktivismus hat sich jedoch mehr mit Rassen- und Geschlechterfragen als mit Klassenfragen beschäftigt.

Seit den sechziger Jahren hat diese Linke für die Rechte der Schwarzen, der Frauen, der Schwulen und Lesben eine Menge getan. Aber sie hat nie versucht, eine politische Position zu entwickeln, die die Unterstützung einer Mehrheit von Wählern im Land finden könnte. Sie hat nie versucht, eine mehrheitsfähige Politik zu praktizieren. Ökonomische Fragen hat sie immer vernachlässigt, soweit sie nicht mit Problemen der Rasse und des Geschlechterkonflikts zusammenhängen.

Diese Linke ist unpatriotisch und unterscheidet sich insofern sehr deutlich von der außerordentlich patriotischen Linken der »Progressive Era« und des »New Deal«. Ich vertrete in meinem Buch die Auffassung, daß wir die ältere, aus der Zeit vor den sechziger Jahren stammende Form von linker Politik wiederbeleben sollten. Mir scheint, die Linke der Zeit nach den sechziger Jahren hat ihre Potentiale inzwischen verbraucht. Sie hat das Thema der zunehmenden wirtschaftlichen Unsicherheit (die in den Vereinigten Staaten von allen, bloß nicht von den Angehörigen des einkommensstärksten oberen Viertels der Bevölkerung gespürt wird) den rechten Demagogen vom Schlage eines Pat Buchanan überlassen. Es gelingt ihr nicht, die weiße Arbeiterklasse zur Unterstützung einer progressiven Gesetzgebung zu bringen. Es ist Zeit für die Wiedergeburt einer altmodischen sozialdemokratischen Politik von der Art, die den New Deal hervorgebracht hat.

NR: Es ist also das Buch eines politisch engagierten Bürgers – inwieweit tauchen darin auch philosophische Themen auf?

RR: Um Philosophie geht es in diesem Buch überhaupt nicht. Es ist eindeutig eine politische Streitschrift. Die einzige Verbindung zum Pragmatismus besteht darin, daß John Dewey auch einer der führenden Leute in der älteren Linken war, die ich so schätze.

Das Gespräch mit Richard Rorty fand im Mai dieses Jahres in München statt. Geführt wurde es von Wolfgang Ullrich und Helmut Mayer; Reinhard Kaiser hat es aus dem Englischen übersetzt.

1 Vgl. Richard Rorty, *Kontingenz, Ironie und Solidarität*, Frankfurt: Suhrkamp 1989 (Taschenbuchausgabe 1992, S. 127ff.).

2 Frankfurt: Suhrkamp 1981 (Taschenbuchausgabe 1987).

3 Edward Osborne Wilson, *Consilience. The Unity of Knowledge*, New York: Knopf 1997.

Forum

Richard Rorty
Wilde Orchideen und Trotzki

C. K. Williams
In einem Regen wie diesem

Reiner Stach
Kafkas ferne Braut

RICHARD RORTY

Wilde Orchideen und Trotzki

Sofern überhaupt etwas dran ist an der Vorstellung, der beste intellektuelle Standpunkt sei von der Rechten und der Linken gleich weit entfernt, habe ich manchen Erfolg zu verbuchen. Von konservativen Kulturkämpfern werde ich oft als einer jener relativistischen, irrationalistischen, dekonstruktivistischen, höhnischen und affektierten Intellektuellen genannt, deren Schriften am moralischen Rückgrat der Jugend zehren. In einem Monatsbericht des ›Committee for the Free World‹ – einer für ihre Wachsamkeit gegenüber Anzeichen sittlicher Schwäche bekannten Organisation – stellt Neal Kozody meine »zynische und nihilistische Anschauung« an den Pranger und schreibt: »Rorty gibt sich nicht damit zufrieden, daß die amerikanischen Studenten unbedarft sind; er hätte es gern, wenn sie zur Unbedarftheit nachgerade dienstverpflichtet würden.« Richard Neuhaus – ein Theologe, der die Möglichkeit bezweifelt, Atheisten könnten tüchtige amerikanische Staatsbürger sein – meint, das von mir befürwortete »Vokabular des Ironikers kann weder eine öffentliche Sprache für die Bürger einer Demokratie liefern noch dem geistigen Kampf gegen die Feinde der Demokratie dienen, noch die für eine Demokratie sprechenden Gründe an die nächste Generation weitergeben«. Harvey Mansfield – der von Präsident Bush in den ›National Council for the Humanities‹ berufen wurde – hat sich durch meine Kritik an Allan Blooms Buch *Closing of the American Mind* zu der Behauptung hinreißen lassen, ich hätte »Amerika aufgegeben« und brächte es »sogar fertig, Dewey herabzuwürdigen«.

Dagegen sieht Sheldon Wolin als Sprecher der Linken eine Menge Ähnlichkeiten zwischen mir und Allan Bloom. Wir beide seien, wie Wolin meint, intellektuelle Snobs, die sich nur um die müßiggehende Bildungselite kümmern, der wir selbst angehören. Keiner von uns beiden habe etwas zu sagen, was die Schwarzen angehe oder sonstige Gruppen, die von der amerikanischen Gesellschaft aufs Abstellgleis rangiert worden sind. Wolins Ansicht wird auch von Terry Eagleton nachgebetet, dem führenden Kopf der britischen Marxisten. Eagleton sagt: »In Rortys Idealgesellschaft werden sich die Intellektuellen als ›Ironisten‹ geben und ihren eigenen Anschauungen gegenüber eine entsprechend unbekümmerte und entspannte Haltung einnehmen, während die Massen – bei denen sich ein derart selbstironisches Verhalten als zu subversive Waffe erweisen könnte – weiterhin die Fahne grüßen und das Leben ernst nehmen.« Im *Spiegel* hieß es, ich versuchte, »dem regressiven Yuppietum zu Ansehen zu verhelfen«. Jonathan Culler – in Amerika einer der führenden Anhänger Derridas – behauptet, meine Spielart des Pragmatismus sei, »wie es scheint, dem Zeitalter Reagans durchaus angemessen«. Richard Bernstein schreibt, meine Anschauungen seien »kaum mehr als eine ideologische Apologie für eine altmodische, ins schicke Gewand des ›postmodernen‹ Diskurses gekleidete Version des Liberalismus der Kalten Krieger«. Das Lieblingswort der Linken für mich ist »selbstgefällig«, während die Rechte nicht minder gern von »Verantwortungslosigkeit« spricht.

Die Feindseligkeit der Linken läßt sich zum Teil dadurch erklären, daß die meisten Menschen, die Nietzsche, Heidegger und Derrida im gleichen Maße bewundern wie ich – also die meisten Menschen, die sich selbst der »Postmoderne« zurechnen oder die (wie ich) nolens volens entsprechend klassifiziert werden –, am »Wettkampf in Amerika-Schmähungen« beteiligt sind, um einen Ausdruck von Jonathan Yardley zu übernehmen. Die Teilnehmer an diesem Wettkampf bemühen sich, immer bessere, bitterere Kennzeichnungen für die Vereinigten Staaten ausfindig zu machen. Sie sehen in unserem Land eine Verkörperung von allem, was am reichen Westen der Nachaufklärungszeit auszusetzen ist. Nach ihrer Auffassung leben wir in einer »disziplinären Gesellschaft«, wie Foucault das genannt hat; in einer Gesellschaft mithin, die vom abscheulichen Ethos des »liberalen Individualismus« beherrscht wird, der seinerseits Rassismus, Sexismus, Konsumismus und republikanische Präsidenten hervorbringt. Ich dagegen sehe Amerika ganz ähnlich wie Whitman und Dewey und meine, es gewähre einen Ausblick auf unbegrenzte demokratische Perspektiven. Nach meinem Dafürhalten ist unser Land – trotz seiner einstigen und derzeitigen Greuel und Laster sowie trotz seiner fortwährenden Bereitschaft, Narren und Spitzbuben in hohe Ämter zu wählen – ein Beispiel für die beste Art aller bisher ersonnenen Gesellschaften. Diese Auffassung ist in den Augen der Linken an politischer Inkorrektheit kaum zu überbieten.

Die Feindseligkeit der Rechten ist weitgehend dadurch erklärt, daß rechtsgerichtete Autoren eine schlichte *Bevorzugung* demokratischer Gesellschaften nicht für ausreichend halten. Man müsse überdies glauben, daß sie *objektiv gut* seien und daß die Institutionen solcher Gesellschaften in *obersten Vernunftprinzipien* gründen. Vor allem wenn man – wie ich selbst – Philosophie lehrt, wird erwartet, daß man der Jugend mitteile, ihre Gesellschaft gehöre nicht nur zu den besseren der bisherigen Entwürfe, sondern sie sei eine Gesellschaft, die *Wahrheit* und *Vernunft* verkörpere. Wenn man es ablehnt, dergleichen zu sagen, gilt das als »Amtsmißbrauch«: als Verweigerung der beruflichen und moralischen Verantwortung. Meine eigenen philosophischen Anschauungen – und dies sind Anschauungen, die ich mit Nietzsche und Dewey teile – verbieten es mir, derartige Dinge zu behaupten. Mit Begriffen wie »objektiver Wert« und »objektive Wahrheit« kann ich nicht viel anfangen. Die sogenannten »Postmodernen« haben nach meiner Meinung recht mit den meisten ihrer kritischen Äußerungen über das »Vernunft«-Gerede der traditionellen Philosophie. Daher kränken meine philosophischen Anschauungen die Rechte im gleichen Maße, in dem meine politischen Vorlieben bei der Linken Anstoß erregen.

Von aufgebrachten Vertretern beider Seiten wird mir mitunter vorgehalten, meine Ansichten seien so absonderlich, daß man sie bloß noch frivol nennen könne. Diese Menschen argwöhnen, daß ich alles mögliche sagen würde, um Verblüffung zu erregen, und daß ich mir einfach einen Spaß daraus mache, allen anderen zu widersprechen. Das tut weh. Daher habe ich versucht, im folgenden einiges darüber zu sagen, wie ich zu meinem jetzigen Standpunkt gelangt bin: wie ich zur Philosophie gekommen bin und dann festgestellt habe, daß ich die Philosophie nicht zu dem Zweck benutzen kann, den ich ursprünglich im Sinn gehabt hatte. Dieses Stück Autobiographie wird vielleicht deutlich machen, daß ich mir meine Anschauungen über das Verhältnis zwischen Philosophie und Politik – so seltsam sie auch sein mögen – nicht aus Gründen der Frivolität zu eigen gemacht habe.

Als ich zwölf Jahre alt war, stachen auf den Bücherregalen meiner Eltern vor allem zwei rotgebundene Bände hervor: *The Case of Leon Trotsky* und *Not Guilty*. Diese Bände enthielten den Bericht der Dewey-Kommission zur Untersuchung der Moskauer Prozesse. Ich las sie zwar nie mit den vor Faszination weitaufgerissenen Augen, mit denen ich an Krafft-Ebings *Psychopathia Sexualis* heranging, doch in meinem Denken nahmen sie die gleiche Stellung ein wie bei anderen Kindern die Familienbibel: Das waren Bücher, von denen Strahlen der Erlösungswahrheit und des sittlichen Glanzes ausgingen. Wäre ich ein wirklich *braver* Junge – sagte ich mir immer wieder –, hätte ich nicht nur die Berichte der Dewey-Kommission gelesen, sondern auch Trotzkis *Geschichte der Russischen Revolution*, ein Buch, das ich viele Male begonnen, aber nie zu Ende zu lesen vermocht hatte. Denn mir bedeuteten in den vierziger Jahren die Russische Revolution und deren Verrat durch Stalin das, was die Menschwerdung Christi und deren Verrat durch die Katholiken einem frühreifen kleinen Lutheraner vierhundert Jahre zuvor bedeutet hätten.

Beinahe hätte mein Vater in Sachen Öffentlichkeitsarbeit die von Dewey geleitete Untersuchungskommission nach Mexiko begleitet, aber dazu ist es dann doch nicht gekommen. Nachdem meine Eltern 1932 mit der Kommunistischen Partei Amerikas gebrochen hatten, wurden sie vom *Daily Worker* als »Trotzkisten« eingestuft, und diese Kennzeichnung wurde von ihnen mehr oder weniger akzeptiert. Als Trotzki 1940 ermordet wurde, hoffte John Frank (einer von Trotzkis Sekretären), die GPU würde nicht auf den Gedanken kommen, ihn in dem abgelegenen Dörfchen am Delaware River zu suchen, wo wir damals lebten. Unter falschem Namen wohnte Frank für ein paar Monate als Gast bei uns in Flatbrookville. Ich wurde ermahnt, seine wirkliche Identität nicht zu verraten. Doch es ist zu bezweifeln, daß sich meine Kameraden an der Volksschule von Walpack sonderlich für meine Indiskretionen interessiert hätten.

Als Heranwachsender wußte ich, daß alle anständigen Menschen wenn schon nicht Trotzkisten, so doch immerhin Sozialisten waren. Außerdem wußte ich, daß Stalin nicht nur Trotzki hatte umbringen lassen, sondern auch die Ermordung von Kirow, Ehrlich, Alter und Carlo Tresca angeordnet hatte. (Tresca, der in New York auf offener Straße niedergeschossen wurde, war ein Freund meiner Familie gewesen.) Ich wußte, daß die Unterdrückung der Armen kein Ende nehmen würde, ehe der Kapitalismus überwunden war. Als Zwölfjähriger arbeitete ich im Winter als unbezahlter Bürobote und trug Entwürfe für Pressemeldungen vom Büro der ›Worker's Defense League‹ nahe Gramercy Park (wo meine Eltern tätig waren) um die Straßenecke hin zur Wohnung von Norman Thomas (dem Präsidentschaftskandidaten der Sozialistischen Partei) sowie zu A. Phillip Randolphs Büro bei der ›Brotherhood of Pullman Car Porters‹ auf der 125. Straße. In der U-Bahn las ich normalerweise die Papiere, die ich bei mir trug. Sie gaben mir reichlich Auskunft darüber, wie Fabrikanten mit Gewerkschaftsaktivisten umsprangen, Plantagenbesitzer mit Farmpächtern und die Gewerkschaft der weißen Lokomotivführer mit den farbigen Heizern (deren Stellen die Weißen jetzt haben wollten, da die mit Kohle getriebenen Dampflokomotiven durch Dieselloks ersetzt wurden). Somit wußte ich im Alter von zwölf Jahren, daß der Sinn des Menschseins darin bestand, das Leben dem Kampf gegen soziale Ungerechtigkeit zu widmen.

Aber ich hatte auch private, sonderbare und snobistische Interessen, über die ich nicht reden konnte. Ein paar Jahre früher hatte mein Interesse Tibet gegolten. Dem eben inthronisierten Dalai-Lama hatte ich ein Geschenk geschickt zusammen mit einem Begleitschreiben, in dem ich dem ebenfalls Achtjährigen herzlich dazu gratulierte, daß er es zu etwas gebracht hatte. Als meine Eltern wenige Jahre später begannen, den Teil ihrer Zeit, den sie nicht im Chelsea Hotel tätig waren, in den Bergen des nordwestlichen New Jersey zuzubringen, wandte sich mein Interesse den Orchideen zu. In diesen Bergen kommen etwa vierzig Arten wilder Orchideen vor, und mir gelang es schließlich, siebzehn von ihnen ausfindig zu machen. Wilde Orchideen sind selten, und sie sind ziemlich schwer zu erkennen. Ich hielt mir enorm viel darauf zugute, der einzige in der Gegend zu sein, der wußte, wo sie wuchsen, welches ihre lateinischen Namen waren und wann sie blühten. Sobald ich wieder in New York war, ging ich in die städtische Bibliothek an der 42. Straße, um in einem Buch aus dem neunzehnten Jahrhundert über die Botanik der Orchideen in den Oststaaten der USA nachzulesen.

Warum diese Orchideen so wichtig waren, war mir nicht ganz klar, doch daß sie wichtig waren, stand für mich fest. Ich war sicher, daß unsere edlen, reinen, keuschen nordamerikanischen Wildorchideen den protzigen und gekreuzten Tropenorchideen in den Schaufenstern der Blumenhandlungen moralisch überlegen waren. Ebenso fest war ich davon überzeugt, es liege eine tiefe Bedeutung in der Tatsache, daß die Orchideen die letzten und komplexesten Pflanzen sind, die sich im Laufe der Evolution herausgebildet haben. Rückblickend möchte ich vermuten, daß ein hohes Maß an sublimierter Sexualität dabei eine Rolle gespielt hat (unter den Blumen gelten Orchideen ja bekanntlich als besonders sexy) und daß mein Wunsch, alles Wissenswerte über Orchideen in Erfahrung zu bringen, in Verbindung stand mit meinem Drang, all die schwierigen Wörter im Krafft-Ebing zu verstehen.

Allerdings hatte ich das unbehagliche Gefühl, daß an diesem Esoterikertum – an diesem Interesse für gesellschaftlich nutzlose Blumen – etwas leicht Fragwürdiges war. In der vielen Freizeit, die einem gescheiten, hochnäsigen und eigenbrötlerischen Einzelkind zu Gebote steht, hatte ich Teile von Walter Paters *Marius the Epicurean* gelesen sowie Stückchen marxistischer Kritik an Paters Ästhetizismus. Mir schwante, daß Trotzki – an dessen *Literatur und Revolution* ich ein wenig genascht hatte – mein Interesse an Orchideen nicht gebilligt hätte.

Als Fünfzehnjähriger entkam ich den brutalen Kerlen, die mich auf dem Schulhof regelmäßig verdroschen. Von diesen Tyrannen glaubte ich, sie würden irgendwie aussterben, sobald der Kapitalismus überwunden wäre, und ich entkam ihnen, indem ich an das sogenannte »Hutchins College« der Universität Chicago überwechselte. (Das war das Institut, das A. J. Liebling mit den Worten »die größte Ansammlung jugendlicher Neurotiker seit dem Kinderkreuzzug« unsterblich gemacht hat.) Sofern ich überhaupt ein Vorhaben im Sinn hatte, bestand es darin, Trotzki und die Orchideen miteinander in Einklang zu bringen. Ich wollte einen intellektuellen oder ästhetischen Rahmen finden, der es mir gestattete, »Realität und Gerechtigkeit in einer einzigen Vision zusammenzubannen« – um eine hinreißende Formulierung zu gebrauchen, auf die ich bei Yeats gestoßen war. Unter »Realität« verstand ich in etwa die an Wordsworth gemahnenden Augenblicke, in denen ich in den Wäldern um Flatbrookville (vor allem angesichts gewisser Korallenwurz-Orchideen und des kleineren gelben Frauenschuhs) das Gefühl gehabt hatte, von einem numinosen Etwas mit unaussprechlicher Bedeutung, von etwas *wirklich* Wirklichem berührt zu werden. Unter »Gerechtigkeit« verstand ich etwas, wofür sowohl Norman Thomas als auch Trotzki standen, nämlich die Befreiung der Schwachen von den Starken. Ich wollte die Möglichkeit haben, ein intellektueller wie spiritueller Snob und zugleich ein Menschenfreund zu sein: ein kauziger Einsiedler und zugleich ein Kämpfer für die Gerechtigkeit. Ich war äußerst konfus, aber einigermaßen sicher, in Chicago herauszubekommen, wie die Erwachsenen das Kunststück zuwege brachten, das mir vorschwebte.

Als ich 1946 in Chicago eintraf, stellte ich fest, daß die Universität Chicago von Hutchins samt seinen Freunden Mortimer Adler und Richard McKeon (dem Bösewicht in Pirsigs Buch *Zen and the Art of Motorcycle Maintenance*) in eine geheimnisvolle neoaristotelische Aura gehüllt worden war. Die häufigste Zielscheibe ihrer höhnischen Bemerkungen war der Pragmatismus John Deweys. Dieser Pragmatismus war die Philosophie des mit meinen Eltern befreundeten Sidney Hook und zugleich die inoffizielle Philosophie der meisten übrigen New Yorker Intellektuellen, die dem dialektischen Materialismus abgeschworen hatten.

Doch nach Hutchins und Adler war der Pragmatismus vulgär, »relativistisch« und selbstwidersprüchlich. Immer wieder wiesen sie darauf hin, daß Dewey nichts Absolutes kannte. Wenn man wie Dewey sagte: »Das Wachstum selbst ist der einzige moralische Zweck«, bliebe einem kein Kriterium zur Beurteilung des Wachstums, und man verfügte mithin über kein Verfahren, die Behauptung Hitlers zu widerlegen, unter seiner Herrschaft sei Deutschland »gewachsen«. Mit der Aussage, Wahrheit sei das, was funktioniere, reduziere man das Streben nach Wahrheit auf das Streben nach

Macht. Nur die Berufung auf etwas Zeitloses, Absolutes und Gutes – wie den Gott des heiligen Thomas von Aquin oder das Wesen des Menschen nach der Kennzeichnung des Aristoteles – ermögliche eine Antwort auf die Nationalsozialisten und die Rechtfertigung der eigenen Entscheidung für die Sozialdemokratie und gegen den Faschismus.

Dieses Streben nach unveränderlichen Absoluta war eine Gemeinsamkeit zwischen den Neuthomisten und Leo Strauss, der unter den in Chicago Lehrenden die fähigsten Studenten (zu denen auch mein Kommilitone Allan Bloom gehörte) an sich zog. Die Chicagoer Dozentenschaft war gesprenkelt mit schrecklich gelehrten Hitler-Flüchtlingen, und unter diesen Dozenten wurde Strauss am höchsten verehrt. Sie alle waren sich offenbar einig darüber, daß etwas Tieferes und Gewichtigeres als Dewey nötig war, um zu erklären, warum es besser wäre, tot zu sein als ein Nazi. In den Ohren des Fünfzehnjährigen hörte sich das ganz gut an. Denn moralische und philosophische Absoluta – das klang ein wenig nach meinen geliebten Orchideen: numinos, schwer zu finden, nur wenigen Auserwählten bekannt. Und da Dewey allen Menschen, unter denen ich aufgewachsen war, als Held galt, war die Verhöhnung Deweys eine bequeme Form der Auflehnung seitens des Heranwachsenden. Die einzige Frage war, ob diese Verhöhnung religiöse oder philosophische Gestalt annehmen sollte und wie sie sich mit dem Streben nach sozialer Gerechtigkeit vereinbaren ließe.

Damals konnte ich, ebenso wie meine Chicagoer Kommilitonen, viele Gedichte von T. S. Eliot auswendig. Mir behagten die Andeutungen Eliots, nur engagierte Christen (vielleicht auch nur Anglokatholiken) seien imstande, ihre krankhafte Konzentration auf private Obsessionen zu überwinden und auf diese Weise den Mitmenschen aus angemessener Demut zu dienen. Aber die stolze Unfähigkeit zu glauben, was ich sagte, wenn ich das Glaubensbekenntnis sprach, veranlaßte mich allmählich, meine unbeholfenen Bemühungen um Religionserwerb fallenzulassen. So geriet ich an die Philosophie der Absoluta.

In meinem fünfzehnten Sommer las ich alles von Platon und kam zu der Überzeugung, daß Sokrates recht hatte: Tugend war tatsächlich Erkenntnis. Diese Behauptung klang wie Musik in meinen Ohren, denn hinsichtlich meines moralischen Charakters hatte ich Zweifel und hegte den Verdacht, daß meine Begabung ausschließlich intellektueller Art war. Außerdem *mußte* Sokrates recht haben, denn nur unter dieser Bedingung konnte es gelingen, Realität und Gerechtigkeit in einer einzigen Vision zusammenzubannen. Nur wenn er recht hatte, konnte man hoffen, so gut zu sein wie die besten Christen (wie etwa Alioscha in den *Brüdern Kara-*

masow, von dem mir nicht klar war – und auch heute noch nicht klar ist –, ob er zu beneiden oder zu verachten ist) und zugleich so gebildet und gescheit wie Strauss und seine Studenten. Also beschloß ich, Philosophie im Hauptfach zu studieren. Ich malte mir aus: Wenn ich Philosoph würde, könnte ich die Spitze der »geteilten Linie« Platons erreichen – den Ort »jenseits der Hypothesen«, an dem das strahlende Sonnenlicht der Wahrheit in die geläuterte Seele der Weisen und Guten scheint: ein von immateriellen Orchideen übersätes elysisches Feld. Mir kam es ganz einleuchtend vor, daß jeder intelligente Mensch im Grunde an einen solchen Ort gelangen will. Klar zu sein schien auch, daß der Platonismus alle Vorteile der Religion besaß, ohne die vom Christentum geforderte und meine Fähigkeiten offenbar übersteigende Demut zu verlangen.

Aus allen diesen Gründen hatte ich den dringenden Wunsch, so etwas wie ein Platoniker zu werden, und ab meinem fünfzehnten Lebensjahr tat ich mein Bestes. Es hat aber nicht geklappt. Ich konnte nie herausbekommen, ob der platonische Philosoph es auf die Fähigkeit abgesehen hat, unwiderlegbare Argumente vorzubringen – also Argumente, die ihn instand setzen, jeden, den er trifft, von den eigenen Ansichten zu überzeugen (wie es etwa Iwan Karamasow gelang) –, oder ob er vielmehr auf ein nicht mitteilbares, privates Glück aus war (über das offenbar Iwans Bruder Alioscha verfügte). Das erste Ziel besteht darin, im Meinungsstreit alle anderen besiegen und z. B. die Schulhof-Tyrannen dazu überreden zu können, daß sie einen nicht mehr verprügeln, oder den reichen Kapitalisten klarmachen zu können, daß sie ihre Macht auf ein kooperatives, egalitäres Gemeinwesen übertragen sollten. Das zweite Ziel besteht im Erreichen eines Zustands, in dem alle Zweifel ausgeräumt sind, in dem man sich aber gar nicht mehr auf argumentative Auseinandersetzungen einlassen möchte. Beide Ziele erschienen mir wünschenswert, doch ich konnte nicht erkennen, wie sie miteinander in Einklang zu bringen waren.

Zur gleichen Zeit, da ich mir den Kopf zerbrach über diese Spannung innerhalb des Platonismus – und innerhalb jeder Form des von Dewey so benannten »Strebens nach Gewißheit« –, machte ich mir auch Gedanken über das bekannte Problem, ob es möglich sei, für irgendeinen diskutablen Standpunkt zu irgendeiner wichtigen Streitfrage eine nichtzirkuläre Begründung ausfindig zu machen. Je mehr Philosophen ich las, desto klarer erschien es, daß jeder von ihnen seine Ansichten auf Grundprinzipien zurückführen konnte, die mit den Grundprinzipien seiner Gegner nicht zu vereinbaren waren, und daß es keinem von ihnen je gelang, zu jenem sagenhaften Ort »jenseits der Hypothesen« vorzudringen. Offenbar gab es so etwas wie einen neutralen Standpunkt nicht, von dem aus diese alternativen Grundprinzipien beurteilt werden konnten. Doch wenn es keinen derartigen Standpunkt gab, schien die ganze Vorstellung von der »Vernunftgewißheit« und auch die ganze sokratisch-platonische Vorstellung von der Verdrängung der Leidenschaft durch Vernunft nicht viel Sinn zu haben.

Das Kopfzerbrechen über die Zirkularität der Begründungen erledigte sich, indem ich befand, philosophische Wahrheit sei nicht mittels Ableitbarkeit aus allgemein anerkannten Wahrheiten zu testen, sondern die Probe liege in der Gesamtkohärenz. Das nützte aber nicht viel. Denn Kohärenz ist eine Sache der Widerspruchsvermeidung, und die ist recht leicht zu erreichen, wenn man dem Rat des heiligen Thomas folgt: »Stößt du auf einen Widerspruch, so triff eine Unterscheidung.« Philosophisches Talent bestand, soweit ich sehen konnte, weitgehend darin, daß man so viele Unterscheidungen wuchern ließ, wie nötig waren, um sich aus einer dialektischen Klemme herauszuwinden. Allgemeiner gesprochen: Es bestand darin, daß man, sobald man in einer solchen Klemme gefangensaß, das umgebende intellektuelle Gelände derart neu beschrieb, daß die vom Gegner benutzten Begriffe irrelevant, trugschlüssig oder fade wirkten. Wie sich herausstellte, hatte ich eine Begabung zu derlei Neubeschreibungen. Doch ich war mir immer weniger sicher, daß der weitere Ausbau dieser Fertigkeit dazu angetan war, mir zur Weisheit oder zur Tugend zu verhelfen.

Seit dieser ersten Ernüchterung (die ihren Höhepunkt in etwa zu der Zeit erreichte, als ich Chicago verließ, um an der Yale University zu promovieren) habe ich vierzig Jahre damit zugebracht, ein kohärentes und überzeugendes Verfahren zur Formulierung meiner beunruhigten Gedanken über die Frage zu formulieren, wozu die Philosophie taugt, sofern sie überhaupt einen Nutzen hat. Mein Ausgangspunkt war die Entdeckung von Hegels *Phänomenologie des Geistes* – einem Buch, dessen Aussage ich wie folgt las: Vorausgesetzt, in der Philosophie geht es nur darum, den jeweils letzten Philosophen durch Neubeschreibung auszubooten, kann sich die List der Vernunft sogar einen derartigen Wettbewerb zunutze machen. Sie kann ihn benutzen, um das Begriffsnetz einer freieren, besseren und gerechteren Gesellschaft zu weben. Falls die Philosophie nicht mehr sein kann als »ihre Zeit, in Gedanken erfaßt« (um mit Hegel zu reden), dann genügt eventuell auch das schon. Denn indem man die eigene Zeit derart erfaßt, könnte es gelingen zu tun, was Marx erreichen wollte – nämlich die Welt zu ändern. Also selbst wenn es so etwas wie ein »Verstehen der Welt« im Sinne Platons – ein Verstehen von einem außerhalb der

Geschichte und der Zeit gelegenen Ort aus – gar nicht gab, so gab es vielleicht doch einen sozialen Gebrauch für meine Begabung sowie für das Studium der Philosophie.

Noch recht lange nach dieser Hegellektüre glaubte ich, daß die Gattung, der ich angehörte, nichts Größeres hervorgebracht hatte als *Die Phänomenologie des Geistes* und *Die Suche nach der verlorenen Zeit* (das Buch, das nach dem Weggang von Flatbrookville die Stelle der wilden Orchideen eingenommen hatte). Proust besaß die Fähigkeit, intellektuellen und sozialen Snobismus mit dem Weißdorn um Combray ebenso zu verflechten wie mit der selbstlosen Liebe seiner Großmutter, mit den orchideenhaften Liebkosungen, die Odette Swann und Jupien Charlus spendet, und mit allem anderen, was ihm begegnete, wobei er jedem gab, was ihm gebührte, ohne die Notwendigkeit zu empfinden, sie alle mit Hilfe eines religiösen Glaubens oder einer philosophischen Theorie zu einem Bündel zusammenzuschnüren. Diese Fähigkeit erschien mir ebenso verblüffend wie Hegels Vermögen, sich nacheinander in den Empirismus, die griechische Tragödie, die Stoa, das Christentum und die Newtonsche Physik hineinzuversetzen und aus jedem dieser Bereiche mit dem Willen und der Bereitschaft aufzutauchen, etwas völlig anderes zu unternehmen. Was daran so wunderbar erschien, war die Hegel und Proust gemeinsame Bindung an die Zeitlichkeit – das spezifisch antiplatonische Element ihres Werkes. Sie waren offenbar beide in der Lage, alles, was ihnen begegnete, in eine Erzählung einzuflechten, ohne zu verlangen, diese Erzählung müsse eine Moral haben, und ohne zu fragen, wie diese Erzählung unter dem Gesichtspunkt der Ewigkeit wirken würde.

Etwa zwanzig Jahre nach der Feststellung, daß die angemessene Reaktion auf die Ernüchterung bezüglich Platon in der Bereitschaft des jungen Hegel gelegen hatte, alle Bemühungen um die Ewigkeit fallenzulassen und bloß noch ein Kind seiner Zeit zu sein, spürte ich, daß ich auf dem Weg zurück zu Dewey war. Dewey kam mir jetzt wie ein Philosoph vor, der alles, was Hegel über die Möglichkeit der Vermeidung von Gewißheit und Ewigkeit zu lehren vermochte, gelernt hatte, während er sich gegen den Pantheismus immunisierte, indem er Darwin ernst nahm. Diese Wiederentdeckung Deweys fiel zusammen mit meiner ersten Derrida-Begegnung (die ich Jonathan Arac verdanke, einem Kollegen in Princeton). Derrida führte mich zurück zu Heidegger, und ich war frappiert von den Ähnlichkeiten der Einwände, die Dewey, Wittgenstein und Heidegger gegen den Cartesianismus erhoben hatten. Plötzlich begannen die Dinge sich zusammenzufügen. Ich glaubte eine Möglichkeit zu sehen, wie sich die Kritik an der cartesianischen Tradition verquicken ließ mit dem quasi hegelianischen Historismus von Michel Foucault, Ian Hacking und Alasdair MacIntyre. Ich meinte, es könne mir gelingen, sie alle in eine quasi heideggerianische Geschichte über die Spannungen innerhalb des Platonismus einzufügen.

Das Resultat dieser kleinen Epiphanie war ein Buch mit dem Titel *Der Spiegel der Natur*. Obwohl die meisten meiner Kollegen im Fach Philosophie es nicht mochten, hatte das Buch genügend Erfolg unter Nichtphilosophen, um mir ein Selbstvertrauen zu geben, das mir bis dahin gefehlt hatte. Doch im Hinblick auf meine Ambitionen aus der Jugendzeit steuerte *Der Spiegel der Natur* nicht viel bei. Die in diesem Buch behandelten Themen – das Leib-Seele-Problem, sprachphilosophische Auseinandersetzungen über Wahrheit und Bedeutung, Wissenschaftsphilosophie à la Kuhn – lagen recht weit ab von Trotzki wie auch von den Orchideen. Mit Dewey stand ich wieder auf gutem Fuß; meinen historistischen Antiplatonismus hatte ich artikuliert; und letztlich hatte ich mir eine klare Meinung gebildet über die Richtung und den Wert der derzeitigen Bewegungen innerhalb der analytischen Philosophie. Die meisten Philosophen, die ich gelesen hatte, hatte ich irgendwie eingeordnet. Aber keine der Fragen, die mich überhaupt erst zur Lektüre der Philosophen angeregt hatten, waren von mir zur Sprache gebracht worden. Der ›einen Vision‹, um derentwillen ich dreißig Jahre zuvor aufs College gegangen war, war ich nicht näher gekommen.

Während ich herauszufinden versuchte, was da mißglückt war, kam ich allmählich zu dem Schluß, daß die ganze Vorstellung, Realität und Gerechtigkeit in einer einzigen Vision zusammenzubannen, ein Fehler gewesen war – daß gerade das Streben nach einer solchen Vision Platon in die Irre geführt hatte. Um es etwas genauer auszudrücken: Ich kam zu der Erkenntnis, daß nur die Religion – nur der unbegründete Glaube an einen Ersatzvater, der im Gegensatz zu jedem wirklichen Vater Liebe, Macht und Gerechtigkeit in gleichem Maße verkörpert – das Kunststück fertigbringen konnte, auf das Platon es abgesehen hatte. Da ich mir nicht vorzustellen vermochte, religiös zu werden – ja, in meiner weltlichen Einstellung immer rauhbeiniger geworden war –, befand ich, daß die Hoffnung auf das Erreichen einer ›einzigen Vision‹ durch die Beschäftigung mit Philosophie der selbstbetrügerische Ausweg eines Atheisten gewesen war. Daher beschloß ich ein Buch zu schreiben über die Möglichkeiten des intellektuellen Lebens unter der Bedingung des Verzichts auf den platonischen Versuch, Realität und Gerechtigkeit in einer ›einzigen Vision‹ zusammenzubannen.

In diesem Buch – *Kontingenz, Ironie und Solidarität* – wird geltend gemacht, es sei unnötig, das jeweils eigene persönliche Gegenstück zu Trotzki und jenes zu meinen wilden Orchideen miteinander zu verknüpfen. Vielmehr sollte man sich anstrengen und der Verlockung widerstehen, die eigenen Verantwortlichkeiten gegenüber anderen Menschen in Verbindung zu bringen mit dem eigenen Verhältnis zu beliebigen idiosynkratischen Dingen oder Personen, die man mit ganzem Herzen, mit ganzer Seele und mit ganzem Verstand liebt (oder, wenn man möchte, den Dingen oder Personen, auf die sich die eigenen Obsessionen richten). Bei einigen vom Glück begünstigten Menschen werden diese beiden Seiten zusammenfallen: bei Christen zum Beispiel, nach deren Auffassung die Liebe zu Gott und die Liebe zu anderen Menschen nicht voneinander zu trennen sind, oder bei Trotzkisten, die von nichts anderem angetrieben werden als dem Gedanken an Gerechtigkeit. Aber sie brauchen nicht zusammenzufallen, und man sollte sich auch nicht allzu sehr bemühen, sie miteinander zu verknüpfen. So hatte Jean-Paul Sartre etwa nach meinem Eindruck recht, wenn er Kants selbstbetrügerisches Streben nach Gewißheit anprangerte, aber unrecht, sobald er Proust als nutzlosen bürgerlichen Schwächling brandmarkte und ihn als einen Mann hinstellte, dessen Leben und Schriften gleichermaßen belanglos waren für das einzige, worauf es wirklich ankam, nämlich den Kampf für den Umsturz des Kapitalismus.

Für diesen Kampf waren Prousts Leben und Werk in der Tat ohne Belang. Das ist jedoch ein törichter Grund dafür, Proust zu verachten. Es ist ebenso borniert wie die Verachtung, die Savonarola für die Kunstwerke empfand, die er »eitlen Tand« nannte. Diese Sturheit à la Sartre oder Savonarola ist das ranzig gewordene Streben nach Lauterkeit des Herzens – der schale Versuch, eine einzige Sache zu wollen. Sie ist das Bemühen, sich als Inkarnation von etwas zu begreifen, was größer ist als man selbst (die *Bewegung*, die *Vernunft*, das *Gute*, das *Heilige*), anstatt die eigene Endlichkeit zu bejahen. Dies letztere bedeutet unter anderem: Akzeptieren, daß das, was einem besonders am Herzen liegt, durchaus etwas sein kann, wofür andere Menschen vielleicht niemals viel übrig haben werden. Ihr Gegenstück zu meinen Orchideen kann praktisch jedem anderen als etwas bloß Sonderbares, bloß Idiosynkratisches vorkommen. Das ist aber kein Grund, sich seiner an Wordsworth gemahnenden Augenblicke, seines Geliebten, seiner Familie, seines Schoßtiers, seiner lyrischen Lieblingszeilen oder seines wunderlichen religiösen Glaubens zu schämen, sie herabzusetzen oder sie abschütteln zu wollen. Es ist nichts Heiliges an der Universalität, wodurch das Gemeinsame automatisch besser würde als das

Nichtgemeinsame. Das, wozu man die Zustimmung aller erreichen kann (das Universelle), verdient nicht automatisch ein Vorrecht gegenüber dem, wo das nicht gelingt (dem Idiosynkratischen).

Das bedeutet: Daraus, daß man gegenüber anderen Menschen Verpflichtungen hat (sie nicht zu drangsalieren, ihnen beim Tyrannensturz beizustehen und ihnen zu essen zu geben, wenn sie hungrig sind), folgt nicht, daß die Gemeinsamkeiten mit anderen Menschen wichtiger sind als alles andere. Was man mit den anderen gemeinsam hat, wenn man sich klar ist über solche moralischen Verpflichtungen, ist nicht – wie ich in *Kontingenz, Ironie und Solidarität* darlege – die »Vernunft«, die »menschliche Natur«, die »Väterlichkeit Gottes«, die »Erkenntnis des Sittengesetzes« oder irgend etwas anderes außer der Fähigkeit, Mitleid zu haben mit den Schmerzen anderer. Es gibt keinen besonderen Grund, damit zu rechnen, daß das eigene Mitempfinden dieser Schmerzen und die eigenen idiosynkratischen Zuneigungen in eine umfassende Gesamtdarstellung des Zusammenhangs aller Dinge hineinpassen. Es gibt, kurz gesagt, kaum einen Grund, sich Hoffnungen zu machen auf eine ›einzige Vision‹ jener Art, wegen der ich seinerzeit aufs College ging.

Soviel zu dem Thema, wie ich zu den Anschauungen gelangt bin, die ich derzeit vertrete. Die meisten Menschen finden diese Anschauungen, wie oben bereits gesagt, abstoßend. Mein *Kontingenz*-Buch ist zwar zweimal positiv besprochen worden, doch sehr viel größer war die Zahl der Rezensionen, die behaupteten, das Buch sei frivol, konfus und verantwortungslos. Der Kern der Kritiken, die mir von links wie von rechts zuteil werden, ist im großen und ganzen der gleiche wie der Kern der Einwände, die damals in den vierziger Jahren von seiten der Thomisten, der Straussianer und der Marxisten gegen Dewey erhoben wurden. Dewey war seinerzeit – ebenso wie ich heute – der Ansicht, hinter unserem Gefühl der Verpflichtung gegenüber den Leidenden stehe nichts Größeres, Bleibenderes und Zuverlässigeres als ein bestimmtes historisches Phänomen kontingenter Art: die allmähliche Ausbreitung des Gefühls, daß die Schmerzen der anderen wichtig sind, egal, ob sie derselben Familie, demselben Stamm, derselben Religion, demselben Volk oder derselben Intelligenzgruppe angehören wie man selbst. Dieser Gedanke läßt sich, wie Dewey meinte, weder durch Wissenschaft noch durch Religion oder Philosophie als wahr erweisen – zumindest wenn »als wahr erweisen« das gleiche bedeutet wie »kann jedem unabhängig von seiner Herkunft klargemacht werden«. Klargemacht werden kann es nur solchen Menschen, bei denen es noch nicht zu spät ist, sie in unsere besondere, spätblühende und historisch kontingente Lebensform zu akkulturieren.

Aus dieser These Deweys ergibt sich ein Bild, wonach die Menschen Kinder ihrer Zeit und ihres Ortes sind, ohne daß ihrer Formbarkeit metaphysische oder biologische Grenzen signifikanter Art gesetzt wären. Das bedeutet, daß ein Gefühl der moralischen Verpflichtung nicht so sehr von Einsicht abhängig ist, sondern von Konditionierung. Es bedeutet außerdem, daß es nicht möglich ist, den Begriff der Einsicht (auf beliebigem Gebiet – in der Physik genauso wie in der Ethik) im Sinne eines Sehens dessen, was unabhängig von menschlichen Bedürfnissen und Wünschen *da ist*, kohärent darzulegen. Um mit William James zu sprechen: »Die Spur der menschlichen Schlange ist überall.« Genauer gesagt: Unser Gewissen und unser ästhetischer Geschmack sind gleichermaßen Produkte der kulturellen Umwelt, in der wir aufgewachsen sind. Wir Anständigen, Liberalen, Humanitären (Vertreter der moralischen Gemeinschaft, der meine Rezensenten ebenso angehören wie ich selbst) haben nicht mehr Einsicht, sondern einfach mehr Glück gehabt als die brutalen Kerle, die wir bekämpfen.

Diese Anschauung wird oft abschätzig als »Kulturrelativismus« bezeichnet. Sie ist aber nicht relativistisch, sofern Relativismus auf die Behauptung hinausläuft, jede moralische Anschauung sei genauso gut wie jede andere. *Unsere* moralische Anschauung ist nach meiner festen Überzeugung sehr viel besser als jede Konkurrenzanschauung, obwohl es viele Menschen gibt, die sich nie dazu bekehren lassen werden. Es ist *eine* Sache, die falsche Behauptung aufzustellen, zwischen uns und den Nazis gebe es keinen Unterschied. Eine ganz *andere* Sache ist es, die richtige Behauptung zu vertreten, daß es keinen neutralen gemeinsamen Boden gibt, auf den sich ein philosophischer Nazi und ich zurückziehen können, um unsere Meinungsverschiedenheiten auszudiskutieren. Diesem Nazi und mir wird es immer so vorkommen, als setze der andere stets voraus, was er beweisen will, und verwende nur zirkuläre Argumente.

Sokrates und Platon meinten: Wenn wir uns genügend anstrengten, würden wir Überzeugungen ausfindig machen, die *jeder* intuitiv einleuchtend fände, und dazu würden auch moralische Überzeugungen gehören, deren Konsequenzen, sobald sie klar durchdacht wären, dafür sorgen würden, daß wir zur Tugend und zur Erkenntnis gelangen. Nach Autoren wie Allan Bloom (auf der straussianischen Seite) und Terry Eagleton (auf der marxistischen Seite) *muß* es solche Überzeugungen einfach geben – schwankungsfreie Angelpunkte, die die Antwort auf die Frage bestimmen: »Welche moralische oder politische Alternative ist *objektiv* gültig?« Nach an

Dewey orientierten Pragmatisten wie mir selbst reichen Geschichtswissenschaft und Ethnologie aus, um zu zeigen, daß es keine schwankungsfreien Angelpunkte gibt und daß es beim Streben nach Objektivität nur darum geht, soviel intersubjektive Zustimmung zu erlangen, wie man kriegen kann.

An den philosophischen Auseinandersetzungen um die Frage, ob Objektivität mehr besagt als Intersubjektivität, hat sich nicht sonderlich viel verändert seit meiner College-Zeit bzw. seit der Zeit, da Hegel am Tübinger Stift studierte. Heutzutage reden wir Philosophen über »Sprache der Moral« statt über »moralische Erfahrung« und über »kontextualistische Theorien der Bezugnahme« statt über die »Beziehung zwischen Subjekt und Objekt«. Doch das ist nichts weiter als Schaum auf der Oberfläche. Meine Gründe für die Abwendung von den in Chicago eingesaugten deweyfeindlichen Anschauungen sind eigentlich die gleichen Gründe wie die, aus denen sich Dewey seinerseits vom evangelikalen Christentum abwandte und vom neuhegelianischen Pantheismus, den er in seinen Zwanzigern vertreten hatte. Im großen und ganzen sind es auch die gleichen Gründe, die Hegel dazu bewogen, sich von Kant abzuwenden und darauf zu bestehen, daß sowohl Gott als auch das Sittengesetz verzeitlicht und historisiert werden mußten, um glaubwürdig zu bleiben. Trotz aller Bücher, die ich seither gelesen habe, und trotz aller Streitgespräche, die ich in den vergangenen vierzig Jahren geführt habe, glaube ich nicht, tiefere Einsichten in die Auseinandersetzungen über unser Bedürfnis nach »Absoluta« gewonnen zu haben, als mir schon als Zwanzigjährigem zu Gebote standen. Die Bücher und die Streitgespräche haben mir nur die Gelegenheit gegeben, meine Platon-Ernüchterung – meine Überzeugung, daß die Philosophie im Umgang mit Nazis und sonstigen brutalen Kerlen nichts nützt – detaillierter und vor einer Vielfalt von Hörern darzulegen.

In den Vereinigten Staaten werden seit Anfang der neunziger Jahre zwei Kulturkämpfe ausgefochten. Der erste dieser Kämpfe wird in allen Einzelheiten von meinem Kollegen James Davison Hunter geschildert, der die Sachlage in seinem umfassenden und aufschlußreichen Buch *Culture Wars. The Struggle to Define America* darstellt. Dieser Kampf ist wichtig. Er wird darüber entscheiden, ob sich unser Land weiterbewegt auf dem Weg, der von den Verfassungsartikeln der Bill of Rights gebahnt wurde sowie von den gesetzlichen Neuregelungen nach dem Sezessionskrieg, dem Aufbau staatlich subventionierter Colleges, dem Frauenstimmrecht, dem New Deal, dem Prozeß »Brown v. Board of Education«, der Errichtung von

Community Colleges, der Bürgerrechtsbewegung Martin Luther Kings, der feministischen Bewegung und der Bewegung für Homosexuellenrechte. Folgte man diesem Weg, so würde das heißen, daß Amerika auch weiterhin ein Muster abgibt für zunehmende Toleranz und Gleichberechtigung. Mag sein, daß sich die Weiterentwicklung auf diesem Weg nur aufrechterhalten ließ, solange das reale Durchschnittseinkommen der Amerikaner fortwährend stieg. Es ist also möglich, daß das Jahr 1973 der Anfang vom Ende war: das Ende sowohl der wachsenden ökonomischen Erwartungen als auch des aus dem New Deal hervorgegangenen politischen Konsenses. Die Zukunft der amerikanischen Politik wird womöglich nichts weiter sein als eine Abfolge zunehmend marktschreierischer und immer erfolgreicherer Variationen über die Themen der Fernsehreklame. Vielleicht wird ein Szenario wie in Sinclair Lewis' Roman *It Can't Happen Here* an Plausibilität gewinnen. Im Gegensatz zu Hunter fühle ich mich nicht gehalten, meine Einstellung zu den beiden Parteien dieser ersten Art von Kulturkampf – den »Progressiven« und den »Orthodoxen« – umsichtig und ausgewogen zu formulieren. Meiner Ansicht nach sind die »Orthodoxen« (also Leute, die etwa meinen, die Ausstoßung von Homosexuellen aus der Armee stärke die Werte des traditionellen Familienlebens) die gleichen aufrichtigen, anständigen, bornierten und verhängnisvollen Menschen, die 1933 für Hitler stimmten. Für mich stehen die »Progressiven« für das einzige Amerika, an dem mir etwas liegt.

Der zweite Kulturkampf wird in Zeitschriften wie *Critical Inquiry* und *Salmagundi* geführt, also in Zeitschriften mit hohem Abonnementpreis und geringer Verbreitung. Ausgetragen wird der Kampf zwischen denen, nach deren Meinung die moderne liberale Gesellschaft mit irreparablen Mängeln behaftet ist (diese Leute lassen sich unter dem bequemen Etikett »Postmoderne« zusammenfassen), und denen (darunter die typischen linksgerichteten, der Demokratischen Partei zuneigenden Professoren wie ich selbst), nach deren Ansicht unsere Gesellschaft die Möglichkeit bietet, daß Technik und demokratische Institutionen zusammenwirken und, wenn wir Glück haben, zur Förderung der Gleichberechtigung und zur Verminderung des Leidens beitragen. Dieser Kampf ist nicht sonderlich wichtig. Entgegen der Meinung konservativer Zeitungsschreiber, die so tun, als erspähte ihr sorgenvoller Blick eine gigantische – die Postmodernen wie die Pragmatisten umfassende – Verschwörung zur Politisierung der Geisteswissenschaften und zur Verführung der Jugend, ist dieser Kampf bloß ein winziges Scharmützel in den Reihen der von Hunter so bezeichneten »Progressiven«.

Die Leute auf der »postmodernen« Seite haben einen Hang zur gleichen Anschauung wie Noam Chomsky, nach dessen Meinung die Vereinigten Staaten ein von einer korrupten Elite regiertes Land sind, das sich selbst bereichern will, indem es die dritte Welt verarmen läßt. Aus dieser Perspektive betrachtet, droht unserem Land eigentlich nicht die Gefahr des Abgleitens in den Faschismus, sondern es ist immer schon ein beinahe faschistisches Land gewesen. Im Regelfall meinen diese Leute, nichts werde sich ändern, es sei denn, wir geben den »Humanismus« ebenso preis wie den »liberalen Individualismus« und den »Technologismus«. Leute wie ich selbst finden weder an diesen Ismen noch am politischen und moralischen Erbe der Aufklärung etwas auszusetzen, also am kleinsten gemeinsamen Nenner aus Mill und Marx, Trotzki und Whitman, William James und Václav Havel. Im Hinblick auf Amerika empfinden wir Deweyaner typischerweise sentimental patriotisch: Wir räumen zwar ohne weiteres ein, daß das Land jederzeit in den Faschismus abgleiten könnte, doch wir sind stolz auf seine Vergangenheit und gedämpft hoffnungsvoll in bezug auf seine Zukunft.

Die meisten, die im Rahmen dieses zweiten, winzigen und piekfeinen Kulturkampfs auf meiner Seite stehen, haben im Hinblick auf die Geschichte der verstaatlichten Unternehmen und der Planwirtschaft in Mittel- und Osteuropa den Gedanken an Sozialismus fallengelassen. Wir gestehen bereitwillig zu, daß ein sozialstaatlicher Kapitalismus das Beste ist, was wir uns erhoffen können. Die meisten von uns, die als Trotzkisten erzogen wurden, fühlen sich jetzt genötigt zuzugeben, daß Lenin und Trotzki mehr Schaden angerichtet als Gutes getan haben, während auf Kerenski (dem von Lenin abgehalfterten glücklosen Sozialdemokraten) seit siebzig Jahren zu Unrecht herumgehackt wird. Dennoch sehen wir uns nach wie vor als treue Anhänger alles dessen, was an der sozialistischen Bewegung positiv war. Die Gegenpartei beharrt allerdings immer noch darauf, daß sich nichts ändern wird, es sei denn, es gibt so etwas wie eine totale Revolution. Postmoderne, die sich selbst als Postmarxisten einschätzen, wollen sich weiterhin jene Lauterkeit des Herzens bewahren, die Lenin zu verlieren fürchtete, falls er zuviel Beethoven hörte.

Mißtrauen wird mir im wichtigen Kampf von der orthodoxen Partei entgegengebracht wie im unwichtigen Kampf von der postmodernen Partei, denn ich meine, daß die Orthodoxen sowohl philosophisch im Unrecht als auch politisch gefährlich sind, während die Postmodernen philosophisch im Recht, aber politisch albern sind. Im Gegensatz zu den Orthodoxen wie zu den Postmodernen bin ich nicht der Ansicht, daß man die Anschauungen eines Philosophen über Themen wie Wahrheit, Objektivität und die Möglichkeit einer ›einzigen Vision‹ besser beurteilen kann, wenn man etwas herausfindet über seine politische Einstellung oder über seine politische Belanglosigkeit. Daher spricht es meines Erachtens weder für Deweys pragmatischen Wahrheitsbegriff, daß er ein glühender Sozialdemokrat war, noch gegen Heideggers Kritik der platonischen Objektivitätsvorstellungen, daß er Nazi war, noch gegen Derridas Auffassung von sprachlicher Bedeutung, daß sein einflußreichster amerikanischer Verbündeter – Paul de Man – in seiner Jugend zwei antisemitische Artikel geschrieben hat. Die Vorstellung, man könne die philosophischen Anschauungen eines Autors durch Bezugnahme auf seine politische Nützlichkeit bewerten, kommt mir vor wie eine Spielart des miserablen platonisch-straussianischen Gedankens, Gerechtigkeit sei nicht möglich, ehe die Philosophen Könige oder die Könige Philosophen werden.

Die Orthodoxen wie die Postmodernen wollen immer noch eine enge Verbindung zwischen der politischen Einstellung der Menschen und ihren Anschauungen über gewichtige theoretische Angelegenheiten (Theologie, Metaphysik, Erkenntnistheorie und Metaphilosophie). Einige Postmoderne, die aufgrund meiner Begeisterung für Derrida zunächst glaubten, ich müsse politisch auf ihrer Seite stehen, zogen – als sie merkten, daß meine politische Einstellung der von Hubert Humphrey recht nahe kommt – den Schluß, ich müsse zum Verräter an der Sache geworden sein. Die Orthodoxen neigen zu der Ansicht, daß Leute, die wie die Postmodernen und ich selbst weder an Gott noch an eine geeignete Ersatzinstanz glauben, das Gefühl haben müssen, alles sei erlaubt und jeder dürfe tun, was ihm gefällt. Daher behaupten sie, wir verhielten uns selbstwidersprüchlich oder selbstbetrügerisch, wenn wir unsere moralischen oder politischen Anschauungen vertreten.

Nach meiner Einschätzung zeigt dieses nahezu einhellige Urteil meiner Kritiker, daß die meisten Menschen – darunter sogar viele angeblich ungenierte Postmoderne – immer noch die gleiche Sehnsucht empfinden wie ich als Fünfzehnjähriger: Sie sehnen sich nach einer Möglichkeit, Realität und Gerechtigkeit in eine einzige Vision zusammenzubannen. Spezifischer ausgedrückt: Sie wollen ihr Gefühl der moralischen und politischen Verantwortung mit einem Verständnis der letzten Bestimmungsgründe unseres Schicksals vereinigen. Sie möchten sehen, wie Liebe, Macht und Gerechtigkeit in den Tiefen des Wesens der Dinge zusammenkommen bzw. in der Seele des Menschen, in der Struktur der Sprache oder *sonst irgendwo*. Sie möchten so etwas wie eine Garantie dafür, daß ihr intellektueller Scharfsinn oder ihr ästhetisches Feingefühl sowie jene besonderen ekstatischen Augenblicke, welche dieser Scharfsinn oder dieses Feingefühl manchmal spenden, von Bedeutung sind für ihre moralischen Überzeugungen. Sie glauben immer noch, daß Tugend und Erkenntnis irgendwie verbunden sind: daß das Rechthaben in philosophischen Angelegenheiten wichtig ist für das richtige Handeln.

Dabei möchte ich keineswegs behaupten, es gebe hier gar keine Verbindung – die Philosophie sei gesellschaftlich nutzlos. Hätte es keinen Platon gegeben, wäre es den Christen schwerer gefallen, den Gedanken, Gott wolle eigentlich nichts von uns außer der Nächstenliebe, unter die Leute zu bringen. Hätte es keinen Kant gegeben, wäre es dem neunzehnten Jahrhundert schwerer gefallen, die christliche Ethik mit Darwins Darstellung der Abstammung des Menschen in Einklang zu bringen. Hätte es keinen Darwin gegeben, wäre es Whitman und Dewey schwerer gefallen, die Amerikaner von ihrer Überzeugung abzubringen, sie seien das auserwählte Volk Gottes, und sie dazu zu bewegen, allmählich auf eigenen Füßen zu stehen. Hätte es keinen Dewey und keinen Sidney Hook gegeben, wären die amerikanischen Linksintellektuellen der dreißiger Jahre ebenso von den Marxisten hereingelegt worden wie die Linksintellektuellen in Frankreich und Lateinamerika. In der Tat, Ideen haben Konsequenzen.

Aber daß Ideen tatsächlich Konsequenzen haben, bedeutet nicht, daß wir Philosophen – wir Ideenspezialisten – eine Schlüsselstellung innehaben. Wir sind nicht dazu da, Prinzipien oder Grundlagen bzw. tiefgründige theoretische Diagnosen oder eine Gesamtvision zu liefern. Wenn man mich fragt (was leider häufig geschieht), worin nach meinem Dafürhalten der »Auftrag« oder die »Aufgabe« der heutigen Philosophie bestehe, verschlägt es mir stets die Sprache. Bestenfalls erwidere ich stammelnd, daß wir Philosophieprofessoren uns in einer bestimmten intellektuellen Tradition auskennen, so wie sich die Chemiker einigermaßen auskennen in dem, was geschieht, wenn man diverse Substanzen miteinander vermischt. Aufgrund unserer Kenntnis der Ergebnisse von früheren Experimenten können wir den einen oder anderen Rat geben im Hinblick auf das, was geschehen wird, wenn man bestimmte Ideen zu verbinden oder zu trennen versucht. Dadurch sind wir vielleicht imstande, anderen zu helfen, die eigene Zeit in Gedanken zu erfassen. Dagegen sind wir nicht diejenigen, an die man herantreten sollte, wenn man eine Bestätigung dafür will, daß die Dinge, die man von ganzem Herzen liebt, maßgeblich sind für den Aufbau der Welt oder daß das eigene Gefühl moralischer Verantwortung nicht »bloß« ein Ergebnis der Erziehung, sondern etwas »Rationales und Objektives« ist.

Auch heute noch gibt es, wie der amerikanische Pragmatist C. S. Peirce im neunzehnten Jahrhundert schrieb, »an jeder Ecke philosophische Konfektionsläden«, die eine derartige Bestätigung liefern. Doch die kostet ihren Preis. Um diesen Preis zu bezahlen, muß man sich von der Geistesgeschichte ebenso abwenden wie von der »Weisheit des Romans«, die nach Milan Kundera ein »faszinierendes Reich der Imagination« darstellt, »in dem niemand die Wahrheit besitzt und jeder das Recht hat, verstanden zu werden«. Man läuft Gefahr, das Gefühl der Endlichkeit und der Toleranz einzubüßen, das sich aus der Einsicht ergibt, wie überaus viele Gesamtvisionen es schon gegeben hat und wie wenig Argumente leisten können, um bei der Wahl zwischen diesen Visionen zu helfen. Obwohl der Platonismus für mich relativ früh seinen Nimbus verloren hat, bin ich sehr froh darüber, alle diese Jahre mit der Lektüre philosophischer Bücher zugebracht zu haben. Denn dabei habe ich etwas gelernt, was offenbar immer noch äußerst wichtig ist: Mißtrauen gegenüber dem geistigen Snobismus, der mich anfangs zu dieser Lektüre bewogen hat. Hätte ich nicht alle diese Bücher gelesen, wäre ich vielleicht nie imstande gewesen aufzuhören mit der Suche nach der von Derrida so apostrophierten »vollen Präsenz jenseits der Reichweite des Spiels«, also der Suche nach einer leuchtenden Gesamtvision.

Inzwischen bin ich ziemlich sicher, daß die Vorstellung von der Suche nach dieser Präsenz und einer derartigen Vision nichts taugt. Besonders mißlich daran ist, daß die Suche Erfolg haben könnte, und aufgrund dieses Erfolgs würde man sich eventuell einbilden, daß man sich auf mehr verlassen kann als die Toleranz und die Anständigkeit der Mitmenschen. Die von Dewey erträumte demokratische Gemeinschaft ist eine Gemeinschaft, in der sich niemand dergleichen einbildet. Das ist eine Gemeinschaft, in der es im Grunde nicht auf die Erkenntnis einer nicht bloß menschlichen Sache ankommt, sondern auf die Solidarität der Menschen. Heute habe ich den Eindruck, daß die wirklich existierenden Annäherungen an eine in diesem Sinne völlig demokratische und völlig weltliche Gemeinschaft die größten Errungenschaften unserer Gattung sind. Verglichen damit sind sogar die Bücher von Hegel und Proust Beiwerk, ein orchideenhafter Überschuß.

[Aus dem Englischen von Joachim Schulte]

C. K. WILLIAMS

In einem Regen wie diesem

Gedichte

Reichlich

In einem Regen wie diesem wünschst du dir ein offenes Scheunentor,
von dort hinauszuschauen. Du möchtest die tiefen Hufabdrücke im Hof
sich füllen und überlaufen sehn, das Heu riechen und hören
wie das Vieh kaut und stampft und wie der Mist zu Boden prasselt.

Die Boten gingen natürlich los. Ein nasser Köter,
seine Unterlippe noch knusprig vom Hühnerblut der letzten Nacht,
wird durch das Tor treiben und winseln und sich an deinem Knie
die Schnauze reiben mit einem bösen Blick wie ein heimlicher Trinker,

und du wirst dir Löwen wünschen, Krallen, die sich aufrichteten
und zurückschlugen, weil du es müde bist, den Herrn zu spielen,
die Rippen einzudrücken, die Äxte zu schwingen und zu schießen.
Wo sind die Engel mit LKWs, die die Bäume niederrissen?

Jetzt ist es reiner Dreck, halb Kuhschiß, halb Schlamm und Blut, Gewimmel.
Du mußt wieder hinausgehen, ihn natürlich mitschleppend. Niemand
sieht dich damit. Der Regen – du wirfst Kielwasser hoch wie ein Riese.
So wie du es wolltest, so wäre es, natürlich.

Seelen

An die röhrenförmige Billig-Stoßstange eines durchrüttelten
alten Kippers sind zwei jener Riesen-Teddy-Bären,
die Leute (gewöhnlich Anwerber) in billigen Freizeitparks
gewinnen, mit Heuballendraht gebunden.
Es gießt: in richtige Kinderkleider gekleidet, sind sie – unsere
Mütter hätten gesagt – pudelnaß,
und sie sind außerdem unerbittlich dreckig, verfilzt mit jenem
klebrigen, kränklichen, gräßlichen, dunkelgrauen Glanz,
den man bei Clochards sieht, die zwischen trinkenden Straßen
umherziehen, und bei Kötern, die Schutthalden bewachen.
Ihre Füllung war aus ihnen nicht so stark herausgepreßt,
als daß es ihre unbeschwerte offen-armige Verfügbarkeit
beeinträchtigte,
doch, genauer betrachtet, schienen sie eine fanatische
Ausdruckslosigkeit wie Soldaten zu bekunden,
die verwundet, gefangen, wartend, verschifft oder erschossen
zu werden, sich jetzt fügen müssen ihrer Fotografie.

[Aus dem Amerikanischen von Walter Thümler]

REINER STACH

Kafkas ferne Braut

Felice Bauer und die Mühsal der Normalität

Einen telefonierenden Menschen zu beobachten kann belustigend sein – und unheimlich zugleich. Da spricht jemand scheinbar manisch vor sich hin, häufig mit einer Stimme, die viel zu laut und gleichzeitig viel zu intim ist; er gestikuliert ins Leere, Sätze brechen ab mitten im Laut oder werden sinnlos zwei-, drei-, viermal wiederholt, und Blicke irren leer umher, ohne das geringste wahrzunehmen. Eine alltägliche und vertraute Beobachtung, gewiß, doch keine, die sich von selbst verstünde. Noch die ersten Menschen, die auf der Straße per Handy telefonierten, wirkten wie deplazierte Schauspieler. Man wußte, daß genau die Hälfte dieser irritierenden Situation im verborgenen blieb, man ahnte, daß man sich auch an *diesen* Anblick gewöhnen würde – und dennoch blieb ein Hauch von Wahnsinn.

In genau dieser Lage befindet sich der Leser von Kafkas Briefen an Felice Bauer. Ein endloser Schreibstrom, der ins Dunkle fließt, ein selbstgenügsames, in sich kreisendes Sprechen, eine nahezu fünf Jahre währende Litanei von schockierender Intimität, deren ferne Adressatin indessen unsichtbar bleibt und wie auf Wolken zu schweben scheint. Dies jedenfalls ist der erste Eindruck, dem fast jeder Leser unterliegen wird, und dieser Eindruck hat Zeit, sich zu verfestigen. Denn allzu lange dauert die Stille auf der anderen Seite, so lange, bis man sich unwillkürlich fragt, ob dort überhaupt jemand zuhört, ob Kafka nicht eine geduldige »Felice« erfunden hat, um sich aus der sozialen Vereinsamung zu retten, die ihn im Jahr 1912 bis an den Rand des Selbstmords führte.

Es ist schwer, diesen ersten Eindruck wieder abzuschütteln. Wie schwer es tatsächlich ist, läßt sich daran ermessen, daß die Kafka-Forschung, die seit einem halben Jahrhundert jedes Blatt, ja jedes Wort von seiner Hand um- und umgewendet hat, sich für die Frau, an die er mehr als 500 Briefe richtete, so auffallend wenig interessiert hat. Genauer gesagt: Die Wissenschaft hat sich für die Funktion interessiert, die Felice Bauer in Kafkas psychischer Existenz wahrgenommen hat, aber nicht für die Frau selbst.

Denn so unterschiedlich die biographischen Deutungen auch sind, so einig sind sie sich doch darin, daß Felice Bauer für Kafka gar nicht als leibhaftige Person, als Wesen aus Fleisch und Blut und Intelligenz von Bedeutung war, sondern einzig als Spiegel, als Projektionsfläche seiner Innenwelt. Und je leerer eine Fläche ist, je weniger Eigenstruktur sie aufweist, desto geeigneter *ist* sie als Projektionsfläche. Diese These, die sich mittlerweile zu einem robusten Vorurteil verfestigt hat, erscheint in unnachahmlicher Weise versinnbildlicht auf dem Buchumschlag von Canettis Monographie *Der andere Prozeß. Kafkas Briefe an Felice*, die 1969 im Hanser Verlag erschienen ist, also erstaunlicherweise nur zwei Jahre, nachdem die Briefe selbst erstmals veröffentlicht wurden. Dieser Umschlag verwendet als Vorlage das einzige überlieferte Foto, auf dem das Paar gemeinsam zu sehen ist, sie sitzend, er seitlich versetzt dahinter stehend; statt der Frau ist nun jedoch eine Art Comicfigur zu sehen, deren Gesicht eine völlig leere Fläche ist, während Kafka aussieht, als habe er ein nicht ganz geglücktes *face-lifting* hinter sich, mit vergrößerten Augen und ernster Miene, anstatt, wie auf dem Originalfoto, lächelnd. Eine einfältige Stilisierung – doch vielleicht die eindrücklichste Mahnung, daß es an Kafkas Braut etwas gutzumachen gilt.

Freilich, Kafka selbst hat ein verfängliches Stichwort gegeben. Eine Woche, nachdem er in der Wohnung seines engsten Freundes Max Brod die Berliner Angestellte Felice Bauer kennengelernt hat, versucht er, im Tagebuch den ersten Eindruck festzuhalten, und der ist nicht sonderlich verheißungsvoll:

»Fräulein Felice Bauer. Als ich am 13. 8. zu Brod kam, saß sie bei Tisch und kam mir doch wie ein Dienstmädchen vor. Ich war auch gar nicht neugierig darauf, wer sie war, sondern fand mich sofort mit ihr ab. Knochiges leeres Gesicht, das seine Leere offen trug. Freier Hals. Überworfene Bluse. Sah ganz häuslich angezogen aus, trotzdem sie es, wie sich später zeigte, gar nicht war. (...) Fast zerbrochene Nase. Blondes, etwas steifes reizloses Haar, starkes Kinn. Während ich mich setzte, sah ich sie zum erstenmal genauer an, als ich saß, hatte ich schon ein unerschütterliches Urteil.«

Wenn man nicht wüßte, daß Kafka zu diesem Zeitpunkt schon fieberhaft überlegte, ob und wie er dem fremden Fräulein Blumen senden sollte, würde man in diesen kalten Bemerkungen gewiß nicht den Beginn einer Leidenschaft vermuten. Hätte Kafka diese Tagebuchnotiz fortgeführt – die leider mitten im Satz abbricht –, dann hätte er schildern müssen, wie sein unerschütterliches Urteil eben doch erschüttert wurde: nämlich durch das frappant freimütige, geistesgegenwärtige und selbstbewußte Auftreten des

Fräuleins, das Kafka buchstäblich aus der Fassung brachte und ein seit langem aufgestautes literarisches Potential geradezu explosionsartig freisetzte.

Nahezu alles, was wir über das Leben Felice Bauers in jenen Jahren wissen, wissen wir aus Kafkas Briefen. Kafka war begierig auf alle Einzelheiten aus ihrer Familie und noch viel mehr aus ihrem Büro in der Berliner Carl Lindström A.G., wo sie, die gelernte Stenotypistin, keineswegs Diktate aufnahm und tippte, sondern selbst diktierte und ein eigenes »Mädchen« hatte, wie man damals sagte. Felice Bauer war zuständig für den Vertrieb und den Verkauf eines avancierten technischen Geräts, des sogenannten Parlographen, einer noch bis in die dreißiger Jahre sehr verbreiteten Diktiermaschine. Kafka war aufs äußerste beeindruckt, er verlangte unentwegt nach Fotos, nach Prospekten, wollte die Personen und die Abläufe in ihrer Umgebung genau kennenlernen. Und sie erzählte offenbar gern, ausführlich und so regelmäßig, daß sich sogar in Kafkas selbstbezogensten Klagebriefen immer wieder kleine Splitter der Berliner Wirklichkeit finden, flüchtige Spiegelungen, die sich nach und nach zu einem realistischen Bild zusammensetzen, sofern man sich nur die Mühe macht, Kafkas Briefe gegen den Strich zu lesen, das heißt, sie als *Briefe* zu lesen und nicht als Literatur. (Was sie natürlich *auch* sind und was sich Kafka als allererster selbst zum Vorwurf machte.)

Freilich, ich muß zugestehen, es ist sehr schwer, sich angesichts der mehr als 700 Druckseiten umfassenden Briefe Kafkas an Felice Bauer ständig vor Augen zu halten, daß dies nur die Hälfte der Korrespondenz ist und daß die Berlinerin für *ihn* schon nach wenigen Wochen alles andere war als eine leere Projektionsfläche. Kafka muß zwischen 1912 und 1917 mehr als 400 Briefe von ihr erhalten haben, und in der allerersten Zeit hat er sogar mehr Briefe erhalten als geschrieben – man kann das aus seinen Äußerungen rekonstruieren, auch wenn die Legende von Kafka, dem unersättlichen Briefvampir, das Gegenteil behauptet. Leider vernichtete er dieses ungeheure Konvolut, nachdem er Ende 1917 die Beziehung aufgelöst hatte, und mit Felices Briefen verbrannten zahlreiche Fotografien und andere persönliche Dokumente, die wir heute sehr vermissen. Lägen sie uns vor, ich bin sicher, auf die Figur Kafka fiele ein merklich verändertes Licht – so wie der Klang eines einzelnen Satzes oder sogar dessen Sinn sich verändert, sobald man weiß, auf welchen Satz er *antwortet*.

Es ist sonderbar, wie spärlich die bisherigen Versuche ausgefallen sind, diese Lücke wenigstens teilweise zu schließen. Offenbar waren die schemenhaften Umrisse der Berliner Angestellten nicht geeignet, intellektuelle Neugier zu wecken. Das wird besonders deutlich, wenn man die seit Ende der achtziger Jahre erfolgreich intensivierten Bemühungen dagegenhält, ein realistisches Bild von Milena Jesenská zu gewinnen, der zweiten wichtigen Frau im Leben Kafkas. Milena gilt als die weitaus ›interessantere‹ Figur – zum einen, weil sie über beträchtliche sprachliche Ausdruckskraft verfügte, vor allem aber, weil sich ihr Leben in bewußter Distanz zu jeglicher Spielart bürgerlicher Normalität vollzog. Als einzige Person in Kafkas gesamtem biographischen Umfeld ist sie dessen ungeheurem Schatten entronnen, und nachdem man sie einige Jahrzehnte lang nur als ›Kafkas Geliebte‹ kannte, hat sie im kulturellen Gedächtnis ihr Eigenleben mittlerweile zurückgewonnen.

Daß sich die Aufmerksamkeit auf zwei so völlig gegensätzliche Frauenfiguren sehr ungleich verteilen mußte, ist nur zu begreiflich: Die Ausnahme ist immer das, was erregt, und Menschen, die sich eindrucksvoll artikulieren, wecken das Einfühlungsvermögen der Leser und das Verlangen nach Identifikation. Ein Erkenntnisinteresse, das sich allein von derartigen Impulsen leiten läßt, muß jedoch versagen, wo es um die Abgründe des Gewöhnlichen geht.

Daß die Figur Felice Bauer weit besser als Milena geeignet ist, die Wonnen bürgerlicher Normalität zu illustrieren, ist unbestreitbar. Doch es war ihr nicht vergönnt, diese Normalität zu leben, ohne einen beträchtlichen Preis dafür zu zahlen. In ihrer Existenz durchkreuzten einander bürgerlich-jüdischer Familiensinn, die Ansprüche eines fast schon anachronistischen Bildungskanons, weibliches Rollenspiel und der zunehmende Sog der Abstraktion eines arbeitsteilig organisierten Büroalltags. Der psychische Kraftakt, dessen es bedurfte, um in einem solchen sozialen Minenfeld fröhlich überleben zu können, bleibt im Spiegel von Kafkas Briefen ständig spürbar. Insofern bietet Felice Bauer das Bild einer vielleicht symptomatischen, aber alles andere als ungebrochenen weiblichen Biographie, die sich – würde man sie zum Gegenstand einer sozialhistorischen Fallstudie machen – wahrscheinlich in einem ganz anderen Sinne als ›interessant‹ erweisen würde.

Felice Bauer verkörperte einen neuen sozialen Typus: die Angestellte. Nüchtern, geradlinig, dem Realitätsprinzip verpflichtet, wechselte sie täglich zwischen dem Hitzepol der Familie und dem Kältepol des Büros, ohne daß dies ihre psychische Kompaktheit sichtbar bedroht hätte. Scheinbar reibungslos fügte sie sich in eine Berufswelt, in der es allein um Effizienz ging und in der mütterliche Überbesorgtheit ebenso wie weibchenhaftes Auftreten als ineffizient verpönt waren. Geschicktes Organisieren war verlangt, weiblicher Charme eine angenehme Zugabe, solange er die Arbeitsbeziehungen nicht sexualisierte – in einer Umgebung, wohlgemerkt, in der die beiden Geschlechter wöchentlich fünfzig Stunden und mehr miteinander auskommen mußten. Von den weiblichen Angestellten wurde ein ›natürliches‹, unkompliziertes Wesen verlangt. Der schnelle Aufstieg Felice Bauers von der Schreibkraft zur Repräsentantin eines bedeutenden Unternehmens sowie alle direkten und indirekten Zeugnisse, die wir über sie besitzen, deuten auf eine weitgehende Verinnerlichung dieses Sozialcharakters. Aber es war ihre auffallend starke Verwurzelung in der Familie, die es ihr überhaupt erst ermöglichte, sich in einem von Männern beherrschten Berufsfeld zu behaupten und den psychischen Verschleiß in erträglichen Grenzen zu halten – ein Paradox, mit dem Frauen in leitenden Positionen auch heute noch zu kämpfen haben.

Felice Leonie Bauer, in der Familie kurz »Fe« genannt, wurde am 18. November 1887 im oberschlesischen Neustadt geboren. Ihr Vater Carl Bauer, der aus Wien stammte, hatte die Tochter eines in Neustadt ansässigen Färbers namens Danziger geheiratet. Die Danzigers waren, wie unter Juden dieser Generation noch weithin üblich, eine kinderreiche Familie mit fünf Söhnen und vier Töchtern. Es ist daher nicht sehr wahrscheinlich, daß Felices Mutter, die bei der Heirat schon über dreißig Jahre alt war, eine nennenswerte Mitgift in die Ehe einbringen konnte. Für die Gründung einer eigenen Unternehmung reichte es jedenfalls nicht: Carl Bauer blieb in abhängiger Stellung, er arbeitete als Vertreter und war häufig auf Reisen, die ihn immer wieder für Wochen von der Familie trennten.

Felice war das vierte von fünf Kindern: 1883 kam ihre Schwester Else zur Welt, 1884 der einzige Bruder Ferdinand (»Ferri«), 1886 wurde Erna geboren, und fünf Jahre nach Felice folgte noch die jüngste Schwester Toni. Dieser Haushalt muß sehr stark von Frauen geprägt gewesen sein – nicht nur wegen der häufigen Abwesenheit des Vaters, sondern auch wegen dessen nur schwach ausgeprägtem patriarchalischen Familiensinn. Carl Bauer war ein gutmütiger, aber wenig profilierter Charakter, leicht beeinflußbar, allen Verführungen des Lebens aufgeschlossen, immer zu Späßen aufgelegt, ein Vater, der die Schulaufgaben der Kinder erledigte und ihnen von unterwegs launige Briefe schickte, der bei der Lektüre eines Romans weinen konnte, der aber auch die Freiheiten des ›Außendienstes‹ durchaus zu schätzen wußte.

Zweifellos wurde dieser wenig erfolgreiche, aber milde Vater von seinen Kindern sehr idealisiert, denn er bildete den Gegenpol zu einer strengen und dominanten Mutter und hatte immer aufregende Dinge zu erzählen, während Anna die Zwänge des Alltags verkörperte. Diese Mutter verfocht äußerst konservative Vorstellungen über die Rolle der Frau in der Familie, und diese Ideologie hielt sie auch dann noch aufrecht, als die Familie kurz vor der Jahrhundertwende aus der schlesischen Kleinstadt in die Metropole Berlin übersiedelte. Man muß sie sich wohl als typische Vertreterin einer ›mittleren‹ jüdischen Generation vorstellen, die einerseits noch in der Orthodoxie wurzelte und einen Restbestand jüdischer Kultur und Familienmoral zu bewahren suchte, während sie gleichzeitig die Normen bürgerlicher Reputation schon weitgehend verinnerlicht hatte. Rigoros verteidigte sie die Familie als identitätsstiftende Gruppe, Alleingänge versuchte sie zu unterbinden, und die obligatorischen Familienbesuche bei Onkeln und Tanten, die den Zusammenhalt des Clans gerade in der Großstadt bekräftigten, waren allemal wichtiger als jegliche Form von Selbstverwirklichung, ja, aus ihrer Sicht sogar wichtiger als die dringend notwendige sonntägliche Erholung der berufstätigen Tochter. Die Lebenstüchtigkeit und scheinbar grenzenlose Belastbarkeit Felices dürfte dem Erziehungsideal der Mutter genau entsprochen haben – aber Anna Bauer war unfähig zu der Einsicht, daß die verantwortliche Tätigkeit einer Direktrice nicht zu vereinbaren ist mit der mütterlichen Tyrannei, der die ewig strickenden und häkelnden Töchter ihrer eigenen Generation noch ausgesetzt gewesen waren. Felice, die während ihres langen, anstrengenden Arbeitstags fortwährend mit Männern zu verhandeln hatte, durfte beim Familienurlaub am Strand keinen unbeobachteten und unkommentierten Blick mit potentiellen Verehrern wechseln. Selbst Kafka fragte einmal verwundert, ob denn in der Familie Bauer die wirtschaftliche Selbständigkeit der Tochter überhaupt nicht respektiert werde.

Es scheint, als sei sich Felice Bauer der tiefen Spaltung ihrer Existenz niemals wirklich bewußt geworden. Anders als Kafka war sie es nicht gewohnt, den schwankenden Boden sogenannter Sinnfragen zu betreten, und sie vermied es strikt, sich mit Dingen allzu genau zu beschäftigen, die ohnehin nicht zu ändern waren: eine Pragmatikerin, die, wie Kafka kopfschüttelnd vermerkte, lieber hundertmal im Jahr Pyramidon schluckte, statt ein einziges Mal den chronischen Kopfschmerzen auf den Grund zu gehen, und die glaubte – oder glauben wollte –, zur guten Laune genüge der feste Entschluß, gutgelaunt zu sein. Dieser Pragmatismus, gepaart mit einer ausgeprägten Extrovertiertheit und großzügigen Geselligkeit, bot den dringend notwendigen Schutz vor Irritationen, welche die mühsam erkämpfte Balance gefährden konnten – Schutz jedoch leider nur nach *außen*. Denn die unterschwellige, aus sozialer Konditionierung herrührende weibliche Furcht vor einem grundlegenden Mangel wirkte hinter ihrem Rücken fort: die Furcht, nichts zu wissen, die Furcht, nichts zu besitzen, die Furcht, nichts zu *sein* – all das überfiel sie in Augenblicken der Schwäche. Kafka hat glücklicherweise einen solchen Augenblick überliefert, der nahezu einzige in all den Jahren, der einen flüchtigen Widerschein von Felices Unbewußtem in unser Auge lenkt. Es war zu einem Zeitpunkt schwerer psychischer Überforderung, da sie, ganz auf sich allein gestellt mit der Bewältigung einer Familienkrise, gegenüber Kafka bekannte, sie sei »ein schwacher Mensch«, »der mit sich selbst schon in ruhigen Zeiten nichts anzufangen weiß«. Ein Satz, der in so ungeheuerlichem Mißverhältnis zu ihrer äußeren, so geselligen wie erfolgreichen Existenz zu stehen schien, daß Kafka außerstande war, ihn ernst zu nehmen.

War Felice Bauer die einfache Natur, als die man sie bisher glaubte abtun zu dürfen? Gewiß, gegenüber Kafka vertrat sie das Prinzip des Common sense, riet ihm beim Schreiben gar zu »Maß und Ziel«, was er entrüstet zurückwies. Doch sie hatte sich intensiv mit Strindberg beschäftigt, Jahre bevor sie Kafka kennenlernte, und auf ihre Visite in Prag bereitete sie sich durch die Lektüre von Max Brods Frühwerk vor. Glücklicherweise hat sich ein beträchtlicher Teil von Felice Bauers Bibliothek erhalten. Und so konventionell das Repertoire im großen und ganzen anmutet, so geht es doch weit über das hinaus, was man von einer berufstätigen jungen Frau ohne Privatunterricht, ohne Abitur und ohne Fremdsprachenkenntnisse damals erwarten konnte.

Kafka hätte den ersten Brief nicht gewagt, hätte er nicht zumindest die Chance einer Verständigung gesehen, und tatsächlich scheint Felice der Charme und die ungekünstelte Offenheit von Kafkas Briefen gefallen zu haben, so sehr, daß sie dafür auch seitenlange Selbstquälereien und die an eine Belagerung erinnernde Dringlichkeit Kafkas in Kauf nahm. Sie scheint es genossen zu haben, in dieser Korrespondenz einen Schonraum der Innerlichkeit zu finden, in dem sie sich frei und ohne Scheu vor Vertraulichkeit äußern konnte. Gefühle, Träume und Erinnerungen versprachen offenbar schon in ihren ersten Briefen jenes Fluidum einer warmen Offenheit, die Kafka für Nähe hielt.

Diese Vertraulichkeit bezog sie jedoch niemals auf den von Grund auf akzeptierten Status des Familienverbands, im Gegenteil: Sobald es ums Ganze ging – und das hieß: um die Bewältigung von Konflikten innerhalb der Familie –, traten sogleich die ältesten, am tiefsten verankerten Bindungen wiederum hervor, und Felice konnte sich unvermittelt und gleichsam bewußtlos in den Dienst einer stockbürgerlichen Diskretion stellen.

Schweigemauern traten dann plötzlich Kafka entgegen, und alle Türen schlugen vor ihm zu. Diese Abwendung, die gewissermaßen gar nicht persönlich gemeint war, sondern lediglich einem übergeordneten »Gesetz« folgte, hat Kafka nicht nur schwer getroffen, er hielt sie auch für so signifikant, daß er sie zu einem zentralen Motiv seines Werks erhob. Die Frauen in seinen Romanen *Der Proceß* und *Das Schloß*, die sich dem hilfesuchenden Protagonisten immer nur so lange zuwenden, bis das »Gesetz« sie ruft, sind nicht zuletzt Reflexe dieser Erfahrung.

Kafka mußte allmählich den Eindruck gewinnen, von Felices Lebenszentrum ausgeschlossen zu bleiben. Wahrscheinlich ist dies auch einer der Gründe dafür, daß sich zwischen ihm und Grete Bloch, einer Berliner Freundin Felices, ab Herbst 1913 eine zweite, parallele Korrespondenz entwickelte. Hier konnte Kafka manches erfahren, was Felice ihm verschwieg, und hier brauchte er auch nicht zu befürchten, daß seine tiefe Lebensangst mit allzu pragmatischen Ratschlägen beantwortet würde. Grete Bloch war eine offenbar leidenschaftlichere und kompliziertere Natur als Felice, und das hat Kafka dazu verleitet, ihr gegenüber seine Vorbehalte gegen eine Ehe – und damit mittelbar auch seine Vorbehalte gegen Felice – unmißverständlich zu formulieren. Sobald sich Kafka und Felice Bauer Ende Mai 1914 miteinander verlobt hatten, mußte jedoch Grete Bloch in eine moralisch doppelbödige Situation geraten, in eine Zwangslage, über die sich Kafka offenbar noch gar keine Gedanken gemacht hatte. Sie löste schließlich das Dilemma, indem sie ihrer Freundin Felice die am meisten kompromittierenden Briefstellen Kafkas vorlegte. So sah sich Kafka im Juli 1914 einem peinlichen Kreuzverhör ausgesetzt, einem halböffentlichen Entlobungsritual, das unter Kennern als eine der Urszenen der deutschen Literaturgeschichte bekannt geworden ist, dem sogenannten »Gerichtshof« im Berliner Hotel Askanischer Hof. Urszene deshalb, weil sich Kafka, der zu seiner Verteidigung nicht viel vorzubringen hatte, hier die zentralen Metaphern des »Gerichts« und des »Prozesses« geradezu gewaltsam aufdrängten. Wenige Wochen später begann er mit der Arbeit am *Proceß*, jenes Werks also, mit dem er bis heute vielleicht am stärksten identifiziert wird.

Mehr als dreißigmal tauchen im Manuskript des *Proceß*-Romans, das heute vom Deutschen Literaturarchiv in Marbach gehütet wird, die Initialen »F. B.« auf. »F. B.« – das ist die Abkürzung von »Fräulein Bürstner« im Roman und von Felice Bauer in Wirklichkeit. »F. B.« ist das Schicksal des Angeklagten, der beim Anblick der unerreichbaren Frau den letzten Widerstand gegen die eigene Hinrichtung aufgibt, und »F. B.« hat Kafka noch Jahre später als sein eigenes Schicksal begriffen, ja, er hat sie gar als sein »Menschengericht« bezeichnet. Ich möchte hier nicht in die verwickelte Diskussion darüber eintreten, wie wichtig oder wie unwichtig der biographische Kontext für das Verständnis eines Werks ist. Sicherlich wäre *Der Proceß* auch dann einer der bedeutendsten Romane unseres Jahrhunderts, wenn wir über seinen Verfasser überhaupt nichts wüßten. Ich glaube aber auch, daß wir gegenüber voreiligen religiösen oder philosophischen Deutungen eher gewappnet sind, wenn wir wissen, daß Kafka nicht irgendeine allgemein-menschliche Entfremdungserfahrung abgebildet hat, sondern eine sehr konkrete Entfremdung, eine genau benennbare Kälte zwischen einem Mann und einer Frau, die aneinander vorbeireden und deren Begegnung in einem ebenso gierigen wie eisig empfangenen Kuß ihr Ende findet. »F. B.« ist gewiß kein Porträt Felice Bauers. Und doch scheint es – vor allem vor dem Hintergrund unseres heutigen, realistischeren Bildes von Kafkas Braut –, als liefere *Der Proceß* das genaue szenische Abbild einer von Grund auf vergeblich gebliebenen Anstrengung: der Anstrengung, sich einem Menschen zu nähern, der dem anderen Geschlecht zugehört.

Gibt es einfache Naturen, die schwer zu verstehen sind? Zweimal stimmte Felice Bauer zu, sich mit einem Mann zu verloben, den sie fast nur aus Briefen kannte; gegen den Widerstand ihrer Mutter führte sie ihn in ihre Familie ein; sie reiste mit ihm nach München, nach Budapest; verbrachte einige Tage mit ihm in Karlsbad und Marienbad. Sie ließ sich von ihm dazu überreden, in ihrer knapp bemessenen Freizeit ostjüdische Flüchtlingskinder im Jüdischen Volksheim Berlin zu betreuen, sie sprach mit ihm über die zionistische Idee und über Palästina. Und sie war sogar damit einverstanden, nach der geplanten Heirat, die gleich nach Kriegsende stattfinden sollte, ihre anstrengende Büroarbeit fortzusetzen, anstatt sich standesgemäß versorgen zu lassen. Das alles war sehr viel, aber noch viel zu wenig für Kafka, den pragmatische Lösungen und straffe Lebensplanung eher einschüchterten und der statt dessen auf Gesten wartete, auf Gesten der Intimität und der Zugehörigkeit. Nach allem, was wir wissen, hat sich das Paar innerhalb von fünf Jahren nicht mehr als zwanzigmal gesehen – zu wenig, um diesen grundsätzlichen Dissens aufzulösen und wirkliche Nähe herzustellen.

Kafka machte der Qual schließlich ein Ende, weil er im Gegensatz zu Felice die Beziehung als völlig entleert und perspektivlos empfand. Der Abschied war Ende 1917 unausweichlich geworden, und das erste Anzeichen von Kafkas Lungenerkrankung war nur mehr das Zeichen »von oben« – oder »aus der Tiefe«, was für ihn dasselbe war –, das Zeichen, das er brauchte, um ganz sicher zu sein.

Man kann sich vorstellen, daß der mütterliche Druck, doch nun endlich zur Normalität zurückzukehren, nach diesem Debakel schwer auf Felice Bauer lastete. Sie war mittlerweile dreißig Jahre alt, ein damals schon recht hohes Alter für eine unverheiratete Frau, die noch vorhatte, eine Familie zu gründen. Sie war weniger optimistisch und nicht mehr so vital wie fünf Jahre zuvor; ihr Vater war bereits 1914 gestorben; Ferri, ihr einziger Bruder, für den sie schon manches Opfer gebracht hatte, war mit dem Gesetz in Konflikt geraten und hatte in die USA auswandern müssen. Ende 1918 starb ihre jüngere Schwester Toni von eigener Hand – ein weiterer Abschied, schon der vierte innerhalb von nur fünf Jahren. Felice hatte es nun eilig, und daß sie bereits im Frühjahr 1919 den Berliner Bankier Moritz Marasse heiratete, ist sicherlich nicht nur als späte Anpassungsleistung zu verstehen, sondern ebenso Ausdruck des dringlichen Wunsches, dem eigenen Leben wieder Konstanz und Verläßlichkeit zu verleihen.

Wir wissen nicht, wo und wie sie den 45jährigen Junggesellen und Musikliebhaber kennenlernte, und auch über die Natur dieser Beziehung hat Felice Bauer stets geschwiegen. Sie blieb diskret, bis ins Alter. Es ist durchaus denkbar, daß hier eine professionelle Heiratsvermittlung tätig wurde, die ja in jüdischen Familien (auch bei den Kafkas) eine noch immer bedeutsame soziale Funktion wahrnahm, die ganz und gar nicht als peinlich empfunden wurde. Ob ihre Entscheidung die richtige war, ist eine Frage, deren Beantwortung uns nicht zusteht; die entspannten Fotos aus den zwanziger Jahren, die seit kurzem wieder zugänglich sind, vor allem die Fotos mit den beiden Kindern Heinz und Ursula deuten jedoch darauf hin, daß Felice es genossen hat, der Arbeitswelt entronnen zu sein, und daß sie sich gegen die angenehmen, regressiven Seiten der Mutterschaft keineswegs gewehrt hat. Kafka war sehr erfreut und erleichtert, als er von dieser Entwicklung hörte, hatte er doch bereits befürchtet, Felice durch seine jahrelange Unentschiedenheit in eine existentielle Sackgasse und womöglich gar in Resignation getrieben zu haben. Vielleicht hätte er sich ein klein wenig gewundert, wäre er in Berlin, wo er den kalten Hungerwinter 1923/24 verbrachte, einmal seinem um zehn Jahre älteren ›Nachfolger‹ begegnet – ein Antitypus geradezu gegenüber der knabenhaften, asketischen Erscheinung Kafkas. Und doch verband alle drei Beteiligte eine Eigenschaft, die vielleicht so etwas wie ein gemeinsamer Grund war, auf dem die beiden Verbindungen ruhten, nämlich eine ausgeprägte Souveränität und Großzügigkeit in materiellen Dingen, die Immunität gegenüber unbeherrschtem Neid und Geiz.

Im Jahr 1924, als Kafka an Kehlkopftuberkulose starb, waren die inneren Welten des einstigen Paares wahrscheinlich weiter voneinander entfernt denn je. Um so auffallender, daß Felice sich eine Deutung dieses Endes zu eigen machte, die ganz und gar nicht pragmatisch war, sondern dem Selbstbild Kafkas genau entsprach: Denn in einem Brief aus den dreißiger Jahren, der glücklicherweise erhalten blieb, bezeichnet sie Kafkas Tod als den Endpunkt seines »Strebens nach Verzicht« – ein Gedanke, den Kafka in seiner Erzählung *Ein Hungerkünstler* zur letzten literarischen Konsequenz getrieben hat.

Die Familie Marasse war wohlhabend, es gab Kindermädchen, man leistete sich Sommer- und Winterurlaube, man hatte Anteil an der Prosperität der zwanziger Jahre. Freilich waren, wie sich bald zeigen sollte, diese angeblich Goldenen Zwanziger ein nur wenige Jahre dauerndes Intermezzo zwischen zwei schweren Wirtschaftskrisen, deren verheerende Dynamik man sich aus der Perspektive des heutigen Sozialstaats kaum noch vorstellen kann. Moritz Marasse war Teilhaber einer Berliner Privatbank und erlebte hautnah die Vernichtung von Kapital als Folge der Weltwirtschaftskrise Ende 1929. Als im folgenden Jahr die Nationalsozialisten die politische Ernte dieser Krise einfuhren und mit über 100 Abgeordneten in den neuen Reichstag einzogen, scheint Marasse dies sofort als Fanal begriffen zu haben. Er sah keine Perspektive mehr in einem Land, in dem man plötzlich auf alles gefaßt sein mußte. Offenbar verdichteten sich der andauernde, katastrophale wirtschaftliche Niedergang und der Schock des politischen Erdrutschs im Kopf dieses vorsichtigen und zum Pessimismus neigenden Geschäftsmannes zu einer einzigen diffusen Bedrohung, auf die er weitaus adäquater reagierte als die große Mehrzahl jüdischer Intellektueller.

Die Übersiedelung der Familie in die Schweiz – etappenweise vollzogen in den Jahren 1930/31 – war erkauft mit erheblichen Verlusten an Vermögen, ein Unternehmen, dem sich Felice nur widerwillig anschloß. Sie war verwurzelt in Berlin; der freche Berliner Zungenschlag war ihre Sprache; hier lebten die vielen Verwandten, die Freundinnen aus alten Bürozeiten, die Ärzte, denen man vertraute, die Schulkameraden der Kinder. Wozu all diese Bindungen aufgeben? Wahrscheinlich erst 1933, nach dem Machtantritt Hitlers, realisierte Felice, daß der Umzug tatsächlich eine Emigration, ja, eigentlich schon eine Flucht gewesen war und daß ihr allzu ängstlich und ungesellig scheinender Ehemann, dem nun auch schon die Schweiz nicht mehr weit genug von Deutschland entfernt war, womöglich recht hatte.

Sehr bald schon scheint sich das Ehepaar Marasse darauf verständigt zu haben, daß es wohl klüger war, einen radikalen Neubeginn außerhalb

Europas zu wagen, solange noch Zeit war. Es muß dies ein ungeheuer schwerer Entschluß gewesen sein, denn Moritz Marasse war nun schon sechzig Jahre alt, gewiß zu alt, um in einem neuen Beruf Fuß zu fassen, und dies bedeutete, daß nun das gesamte restliche Vermögen der Familie auf *eine* Option gesetzt werden mußte – abzüglich der exorbitant hohen »Reichsfluchtsteuer«, wohlgemerkt, die bereits die Regierung Brüning seit 1932 allen jüdischen Auswanderern abverlangte und die in den Händen der Nazis zum Lösegeld pervertierte. Auch über das Ziel der neuerlichen Reise scheint es zwischen dem Paar zu einem Disput gekommen zu sein. Denn Felice, die etwas Hebräisch konnte, die sich jedoch mit Fragen des Zionismus seit der Trennung von Kafka wahrscheinlich nicht mehr beschäftigt hatte, drängte auf eine Emigration nach Palästina. Ihr Ehemann dagegen hatte von einem kurzen Besuch in Palästina schon genug, er wollte nach Kalifornien und setzte sich damit durch.

Wir wissen nicht, was er sich dort erträumt hat; wir wissen nur, daß das Spiel schlecht ausging, daß der Einsatz vergeblich war und daß die Marasses 1938, zwei Jahre nach ihrer Emigration in die USA, wirtschaftlich vor einem Abgrund standen. Es gehört ja zu dem paradoxen Muster zahlreicher Emigrantenschicksale, daß es den Männern weitaus schwerer fiel, die Sprach- und Kulturbarrieren zu überwinden, und zwar nicht *trotz*, sondern gerade *wegen* ihrer im Durchschnitt höheren Bildung und wegen des Grads ihrer beruflichen Spezialisierung. Darum mußten so häufig die Frauen einspringen und das Schicksal der Familie in die Hand nehmen, im buchstäblichen Sinne *in die Hand*, denn irgendeine Form von Handarbeit war häufig die letzte Rettung, wenn die Männer in ihren avancierten Berufen als Geschäftsleute, Lehrer oder Wissenschaftler keinen Anschluß mehr fanden. Genau dies geschah der Familie Marasse, und wenn man die Fotos betrachtet, die sich in Felices Nachlaß aus den vierziger Jahren erhalten haben – es sind Fotos, welche die Familie auf der Terrasse ihres Heims in Los Angeles zeigen –, dann ist unmittelbar zu erkennen, daß hier etwas Einschneidendes geschehen ist: Drei mit Handarbeiten beschäftigte Frauen sind zu sehen, strickend oder häkelnd, Felice, ihre Tochter und ihre Schwester Else, und daneben ein untätiger und mit größter Wahrscheinlichkeit unglücklicher Moritz Marasse, dessen Existenz unter den Fittichen weiblicher Lebenstüchtigkeit zum Stillstand gelangt ist.

Lebenstüchtigkeit – das war die Eigenschaft, die Kafka an seiner Braut am meisten bewundert hatte, die Eigenschaft, die dieser Frau in einem durchaus nicht nur positiven Sinne zum Schicksal wurde. Fast zwanzig Jahre dauerte Felices zweites Arbeitsleben in den USA, zwei Jahrzehnte lang ernährte sie sich – und lange Zeit auch die Familie – durch den Verkauf selbstgefertigter Strickwaren, sie lernte Englisch, erwarb den Führerschein, arbeitete vom frühen Morgen bis in die Nacht, kümmerte sich um den kranken Ehemann. Die Geldnot muß drückend gewesen sein, vor allem in den fünfziger Jahren, als Felice nach dem Tod ihres Mannes selbst schwer erkrankte. Elias Canetti hat sich befremdet darüber gezeigt, daß Felice »es über sich brachte«, die Briefe zu verkaufen, die sie von Kafka empfangen und später in die Emigration gerettet hatte. Canetti kannte die Lebensumstände Felice Bauers nicht, sonst hätte er anders geurteilt. Sie verkaufte diese Briefe äußerst widerstrebend, für sie waren es persönlichste Dokumente und keineswegs literaturgeschichtliche Zeugnisse, auch wenn sie den ungeheuren Ruhm Kafkas noch erlebt hat, der ja in den USA viel früher einsetzte als in Europa. Sie war die erste gewesen, die die *Briefe an Felice* lesen durfte (in einigen Fällen vielleicht: lesen *mußte*), und bevor sie vier Jahrzehnte später die Originale aus der Hand gab, hat sie das ganze Bündel nochmals vor sich ausgebreitet.

Felice Bauer starb am 15. Oktober 1960 in einem Vorort von New York, nicht weit entfernt von der Familie ihres Sohnes, nach Jahren körperlichen und geistigen Verfalls. Sie starb einen biologischen Tod, einen Tod, den das Alter vorzeichnet, nicht den gewaltsamen Tod ihrer Freundin Grete Bloch, die von einem deutschen Soldaten erschlagen wurde, und auch nicht den Massentod der drei Schwestern Kafkas, die alle in deutschen Lagern endeten. Juden und Jüdinnen ihrer Generation mußten sehr tüchtig, sehr lebenstüchtig sein, um zu entkommen und zu überleben. Und allzu leicht vergißt man angesichts der Schicksale der jüdischen Emigranten, daß Lebenstüchtigkeit und geistesgegenwärtige Vitalität einmal sehr anziehende, ja sogar erotische Eigenschaften sein konnten, bevor sie durch politische Gewalt zu bloßen Mitteln des Überlebens erniedrigt wurden. Was in den Augen Kafkas – und nicht nur in seinen Augen – die Attraktivität dieser Frau begründete, das hat sie später einsetzen müssen, um ihr mühseliges Exil zu bestehen. Das ist vielleicht, auf den allerkürzesten Nenner gebracht, der Schlüssel zum Verständnis dieser weiblichen Biographie.

Im Besitz der Familie Marasse hat sich ein seltenes und kostbares Kuriosum erhalten, ein sogenanntes Daumenkino, das von der Firma Lindström zu Werbezwecken hergestellt wurde – wahrscheinlich im Jahr 1910 oder 1911. Felice Bauer hat damals vor laufender Kamera demonstriert, wie man mit Schreibmaschine und Parlograph gleichzeitig arbeitet. Die Einzelbilder dieses kurzen Films werden lebendig, wenn man sie wie ein Kartenspiel durchblättert, und in eine vollends geisterhafte, die historische Entfernung schockhaft aufhebende Nähe rückt die junge Felice, wenn die auf Videoband übertragene Sequenz auf einem Monitor abläuft (wie in der Ausstellung »Kafkas Braut«, die im Mai und Juni in Frankfurt am Main zu sehen war). Felice Bauer bei der Arbeit, eingespannt zwischen zwei technische Geräte: Das hat einen mehr als symbolischen Bezug zu diesem anstrengenden, angestrengten Leben, das aus dem Schatten akademischer Mystifikationen nun endlich hervorzutreten scheint.

Einsprüche und Nachreden

Jakob Stephan
Lyrische Visite
(10)

Günther Rühle
»Kerr hat zweimal gelächelt«

Martin Stingelin
Nicht Herr im Haus der Sprache

JAKOB STEPHAN

Lyrische Visite (10)

Lesereise: Müller, Hull, Wiepersdorf (III) und Marginalien

Wer lange schreibt, fällt sich endlich selbst in die Arme. Ob das nun eine liebevolle oder eine eher hemmende Regung oder womöglich beides zugleich ist, vermag Ihr allzeit dienstbarer Lyrikdoktor in seinem augenblicklichen Zustand nicht recht zu unterscheiden. Immerhin muß er feststellen, daß in der gegenwärtigen zehnten Jubel- und Jubiläumsfolge seiner zärtlich gehegten Kolumne die von den Vorfolgen herrührenden Verpflichtungen zu ungeahnter Fülle angewachsen, die Seitenarme des Textkörpers beeindruckend angeschwollen sind und daß überhaupt alles derart prächtig gediehen ist, daß der Doktor ein Reißen, Ziehen und Zwicken verspürt, wohin auch immer er sich wendet. Zum Glück liegt die Sache in seiner Hand, und aus der würde er sie jetzt gerne ein Stück weit geben. Anbei also, zu Ihren Akten und zu unserer Entlastung, einige Miszellen und Marginalien. Je eine, um genau zu sein.

*

Erinnern sich meine Leser noch des Ausflugs in die wunderbare Suhrkamp-Welt, der in der fünften Folge dieser Serie heiterer Polemiken auf der Tagesordnung stand? Ich habe mir seinerzeit erlaubt, den Greisenfinger auf krankes, wucherndes Fleisch zu legen und am unerfreulichen Fallbeispiel nachzuweisen, daß bei ausreichend penibler Auslegung der Satzungen auch ein guterhaltener Siebenunddreißiger in den Genuß des Leonce-und-Lena-Preises kommen kann, einer Auszeichnung, die oberflächlich betrachtet der Jugend bis fünfunddreißig vorbehalten ist. Ein Fliegenschiß, ein Vogelfurz, ein Kinkerlitzchen, sagen Sie? Gewiß, aber im Gesamtbild des Preisgeschehens dennoch nicht ohne Signalwert. Und, wie wir inzwischen wissen, auch nicht geringfügig genug, um nicht der Änderung wert zu sein. Unlängst haben nämlich die Veranstalter des Darmstädter Preisausschreibens das Können in den Imperfekt gerückt. Will sagen, daß neuerdings in den Genuß eines Preises kommen *konnte*, wer...

Im jüngsten Darmstädter Faltblatt steht es klipp und klar zu lesen: »Teilnehmen können deutschsprachige Autorinnen und Autoren, die nicht vor 1963 geboren sind.« Gern will ich denken, daß die stillschweigende Korrektur nicht ganz ohne Rücksicht auf leisen doktoralen Wink hin geschah. Daß Wünschen noch helfen und Schelten etwas gelten könnte, daß also diese kritischen Blätter ihren Sinn nicht ganz verfehlt hätten, ist, wie ich finde, ein mut- und kraftspendender Gedanke für Schreiber wie Leser. Wahrscheinlich ist's aber bloß Zufall.

Gleiches gilt für unseren jungen Dichterfürsten Raoul Schrott. Beinahe könnte man den Eindruck gewinnen, Schrott habe sowohl die Ausführungen zur Widmungskunst in Folge drei als auch die direkt an seine Dichterperson gerichteten väterlichen Mahnungen in Folge acht nicht nur gelesen, sondern bereitwillig beherzigt. Das würde erklären, warum kürzlich in zwei Gedichten Schrotts anstelle der sonst obligatorischen Angabe von Datum und Schauplatz der Gedichtverfertigung eine Zeit- und Ortsangabe auftauchte, die sogar von einem so weitgereisten Poeten biographisch kaum eingelöst worden sein kann.

Nicht *casa di rosa,/anacapri, 14. 6. 1992* steht nämlich am Textfuß der zwei Gedichte, die jüngst ihren Auftritt im *Jahrbuch der Lyrik 1998/99* hatten, auch nicht *camoglie, 28. 7. 96* oder *schloß rosenau 12. 8. 96*, wie wir es aus früheren Werken Schrotts kennen und geringschätzen. Sondern? Sondern *copenhagen, 1926* und *venedig, um 1625*. So sehr der Lyrikdoktor die genaue Nennung des Datums vermißt, so sehr erfreut ihn doch der Zuwachs im chronographischen Repertoire. Woran liegt's?

Hat der juvenile Dichterfürst die Selbstironie entdeckt? Gott bewahre! Ist der junge Fahrensmann in eine Zeitmaschine gestiegen? Mitnichten, beziehungsweise durchaus. Die Titelzeilen offenbaren des Rätsels Lösung. *Niels Bohr – Korrespondenzprinzip* lautet die Überschrift des einen, *Galileo Galilei – Dialogo* die des anderen Gedichtes. Endlich, so möchte man erleichtert aufatmen, ist Raoul Schrott der innigen Selbstumarmung entkommen. Und, so möchte man seufzend hinzusetzen, in den Armen von Hans Magnus Enzensberger wiedererwacht. Da hat sich schon mancher nicht wieder herauswinden können.

Natürlich gibt es bei dem Großmeister des literarischen Simultanspiels viel zu lernen. Aber ob ausgerechnet die *Siebenunddreißig Balladen aus der Geschichte des Fortschritts* sich zum Fortsingen so gut eignen, wie Schrott anzunehmen scheint, ist fraglich. Enzensberger sang ja seinerseits schon fort, nämlich Gottfried Benns durchaus singuläres (gerade mal durch *Clemenceau* angebahntes) *Chopin*-Gedicht (»Nicht sehr ergiebig im Gespräch / Ansichten waren nicht seine Stärke, / Ansichten reden drum herum«). Aber was heißt hier singen. Ohnehin klingt in den Balladen weniger Sanges- als biographische Beschreibungskunst an.

Nun sind Projektierungen immer eine schöne Sache, wenn es darum geht, Pegasus vor einen leicht schwankenden Dichterkarren zu spannen. Und wenn auf der Tagesordnung steht, es gelte das vierzehnte Stück im Sonettenkranz zu werken oder das runde Hundert im Fertigungsbereich Aphorismus vollzumachen oder sonst ein quantitatives Soll im Œuvre einzuholen, ist gegen fortschrittsorientierte Produktionspläne wohl auch wenig zu sagen. Doch aus schwer benennbaren Gründen findet Ihr Lyrikdoktor es fragwürdig und zweifelhaft, mit Versen ein Wissensterrain markieren und mit Strophen einen Erkenntnisstand abstecken zu wollen. Fortschritt auf Versfüßen? Prosodie als geschichtskritischer Pas de deux? Das muß doch nicht sein.

Den störrischen Benn-Geist vor das windschnittige Brechtomobil zu spannen – das ist schon manchem mißglückt (meine Leser werden noch im Verlauf der gegenwärtigen Folge von einem weiteren Fall Kunde erhalten). Lieber halte man sich da an Benns *Chopin* und klimpere schweigend vor sich hin. Wenn schon Gesang, dann mit dem Refrain »Vorsicht vor Ansichten!« und der Strophe: »Jede Porträtmalerei wird problematisch, sobald sie zur schieren Auftragserledigung depraviert« – wobei zweitrangig ist, ob der Auftrag von dritter Seite erteilt wurde oder aber auf eigene Rechnung erfolgt.

Ein gewisser Wolfgang Buhl glaubte übrigens schon vor Jahren eine unselige Geläufigkeitsvirtuosität in Enzensbergers Fortschrittsplan erkannt zu haben. Entsprechend bösartig (wenn auch nicht entsprechend virtuos) hat Buhl die *Siebenunddreißig Balladen aus der Geschichte des Fortschritts* parodiert:

Wer war's? hörte man Tratschke fragen, als
er noch in der Binse lag.
Ein leises, unstetes Kind: *soviel wissen wir.*
Nur selten schreiend, wenn

überhaupt bei Zunge. Allgäuer in Franken,
wem verschlüge es da
nicht die Post. Hatte er eine, überhaupt,
oder sprach er Stenografie?
Spiegeljargon zur Promotion geliftet,
Journal mit Chablis.
Dior versaitet, Pucci en hysterie. Schon in
der Windel ein Spring-Genie.

Um noch ein letztes Mal auf Raoul Schrott zurückzukommen: Ihr Lyrikdoktor glaubt gar nicht, daß dieser die Fortschreibung des Fortschritts nur aus Gründen der Selbststimulation auf sich genommen hat. Schrott geht es nicht nur um das System, ihm geht es auch um das Prinzip: das Korrespondenzprinzip respektive das Gesetz des freien Falls. Deshalb auch bleibt das biographische Drumherum seiner Helden füglich ausgespart. Es scheint, als sei die traute Liaison von Literatur- und Naturwissenschaft eine Lieblingsidee des berühmten poeta doctus – ganz gleich, wer diesen mittlerweile etwas angeschlagenen Wanderpokal gerade in Händen hält.

Zum Schluß noch einige Tips für die Produzenten weltanschaulicher Sammelbilder. Wie wäre es mit der Serie *Zwanzig Boxer der Weltgeschichte* (in Brechts Manier)? Oder mit dem Sondersatz *Die großen Wagenlenker (rom, 44)*? Ganz zu schweigen von dem spektakulären Spezialsatz *Indische Fakire im Ghasel* (Brush up Your Hafis). (Wenn das nicht zwei Ausrufesätze hintereinander wert ist. Achtung, hier kommen sie.) Es lebe die Revolution der Lyrik! In diesem Sinne: Gut Holz!

*

Lyriker, das wissen wir seit Benn, sind Spezialisten: an Gedichten sehr interessiert, an Romanen, Dramen und sonstigen Erzeugnissen der literarischen Sphäre weniger. Von der Sprache mehr gebannt als von den Themen des Tages; mit dem Anschauen der Welt eher beschäftigt als mit Weltanschauungen. Für eine nie gehörte, betörende Metapher würde solch ein Laborant der Sprache leichten Herzens seine Gesinnungstreue aufs Spiel setzen.

Wie soll Ihr Lyrikdoktor den Gedichten eines Mannes Gerechtigkeit widerfahren lassen, der, aus dieser Perspektive betrachtet, gar kein Lyriker war? Der seine Gedichte in einer früheren Werkausgabe als »Lektionen« präsentierte und der nicht nur Dramen, sondern sogar sogenannte »Lehrstücke« geschrieben hat; der gegen Ende seines Lebens nicht nur eine Institution des Theaterlebens in Deutschland, sondern eine geschickt sich selbst inszenierende Medienperson geworden war und dem Gedichte nicht Selbstzweck, sondern Mittel zum Zweck bedeuteten (dem Zweck der politischen Agitation in frühen Jahren, dem der raschen Selbstverständigung in späteren)?

Die Rede ist von Heiner Müller. Und die Antwort auf des Lyrikdoktors Frage »Wie sich dem Patienten nähern« lautet wohl: Am besten ungezwungen, am besten höflich und rücksichtsvoll, am besten ohne falsche Höflichkeit und Rücksichtnahme. Sozusagen mit innerem Zigarrepaffen. Kurz, den Gedichten Heiner Müllers wenden wir uns füglich so zu, wie er selbst sich ihnen zugewandt hat. Etwa in dem Gedicht *Selbstkritik* aus dem Jahr 1990:

Meine Herausgeber wühlen in alten Texten
Manchmal wenn ich sie lese überläuft es
mich kalt Das
Habe ich geschrieben IM BESITZ DER
WAHRHEIT
Sechzig Jahre vor meinem mutmaßlichen
Tod
Auf dem Bildschirm sehe ich meine
Landsleute
Mit Händen und Füßen abstimmen gegen
die Wahrheit
Die vor vierzig Jahren mein Besitz war
Welches Grab schützt mich vor meiner
Jugend

Das ist nicht nur eines der berühmtesten, sondern auch eines der besten Gedichte Müllers. Zwischen verhaltenem Nörgeln über ein abtrünnig gewordenes Volk und der erschrockenen Einsicht in vormalige Selbstgerechtigkeit lavierend, erteilt es mit seltener Prägnanz Auskunft über die Aporien der DDR-Intellektuellen beim Einsturz ihres Staates. Zugleich tröstet es den Leser solcher späten Verse über manches frühere Gedicht ihres Autors hinweg. Denn es muß einen zwar nicht gerade kalt überlaufen, ein bißchen schütteln und frösteln kann es einen aber schon angesichts etlicher Gedichte, die der junge Heiner Müller schrieb.

Leider findet *Selbstkritik* sich erst auf Seite zweihundertachtundzwanzig des rund dreihundertsechzig Seiten umfassenden Bandes *Die Gedichte*, der jetzt als Auftakt einer auf sieben Bände angelegten Gesamtausgabe der Werke Müllers erschienen ist. Diese neue Edition folgt dem keineswegs ungewöhnlichen, hier aber mit strikter Konsequenz eingehaltenen editorischen Ordnungsprinzip der zeitlichen Abfolge. Fünf Hauptkapitel enthalten die veröffentlichten Arbeiten je eines Jahrzehnts, beginnend mit dem Jahr 1949. Ergänzt werden sie um Unterkapitel, die jeweils unveröffentlichte Verse nachtragen. Heiner Müller, der diese Edition noch selbst vorbereitete, hat dafür das Schlagwort von der »brutalen Chronologie« geprägt.

Nun kann man sich natürlich fragen, ob ein Abstraktum wie »Chronologie« zu einer Regung wie Brutalität überhaupt fähig sei. Das Resultat des Verfahrens entbehrt jedoch in der Tat nicht einer gewissen Grausamkeit sowohl gegenüber dem Autor als auch gegenüber dem Leser. Nicht so sehr deshalb, weil Starkes und Schwaches nun traulich Seit' an Seite steht, ohne sich wirklich zu stützen (das läßt sich in einer Gesamtausgabe schlechterdings kaum vermeiden), sondern weil der große Klumpen eines von abgelaufenen Gewißheiten beschädigten Frühwerkes sich auf diese Weise vor den weniger kontaminierten Stücken der achtziger und neunziger Jahren gewaltig breitmacht.

Die Anordnung genießt zumindest den Vorzug der Ehrlichkeit, zumal auch wenig schmeichelhafte Produktionszeugnisse wie die von Müller in den fünfziger Jahren erstellten Übersetzungen hurra-kommunistischer Agitationslieder aus dem Russischen Aufnahme fanden. Heiner Müller war offenbar daran gelegen, sein lyrisches Werk nicht als Abfolge gelungener Kunstwerke, sondern als Zeugnis einer menschlich-künstlerischen Gesamtentwicklung mit all ihren Irrungen und Ablenkungen zu präsentieren. Das Interesse des Lesers hätte sich demnach mehr auf die Person Müllers und deren Lernprozeß zu richten als auf die lyrischen Subjekte und ideologischen Konzepte der Gedichte. Oder, wie es der Herausgeber Frank Hörnigk im Nachwort so unvergleichlich schnörkellos ausdrückt:

> So kann eine neue Lektüre beginnen, nicht mehr in der Erwartung auf Erlösung, die aus den Texten selbst kommt, sondern auf Hoffnung setzend in der Ermutigung zu einem selbstbestimmten Denken, das die endgültige Absage Müllers an das Publikum, seine Arbeiten vor allem als Lieferanten vordenkender Entwürfe von Welt anzusehen und zu feiern, anders als mit bloßer Enttäuschung beantwortet.

Statt die chronologische Reihung der Gedichte durch Zehnjahreszäsuren zu konturieren, hätte der Herausgeber den Band jedoch ebensogut in zwei Kapitel einteilen können. *Unter Genossen* stünde dann vielleicht über dem ersten, die Gedichte von 1949 bis etwa 1980 umfassenden Kapitel, *Zwischen Antipoden* über dem zweiten mit Versen der späteren

Jahre. Werfen wir je einen Blick auf beide Abteilungen, und der lyrische Müller wird sich uns in all seiner Ambivalenz erschließen.

Zu den Wahrheiten, die der Künstler als junger Mann sein eigen nannte, gehört auch die, daß der damals noch lebende Klassiker Bertolt Brecht ein klasse Dichter sei, dem es unbedingt nachzueifern gelte. Die fünfziger Jahre zeigen Müller als eifrigen Epigonen des Lyrikers Brecht (so, wie das vierte Lebensjahrzehnt ihn anfangs als Nachahmer des Lehrstückschreibers Brecht zeigen sollte; aber das steht auf einem anderen Blatt). Zum Vorbild hat sich Müller freilich kaum einmal den frühen, vagantisch-kraftmeierischen Brecht und nur gelegentlich den späten, fernöstlich-weisen auserkoren. Er folgt vorzugsweise dem agitatorischen, im Besitz klassenkämpferischer Gewißheiten befindlichen Brecht der mittleren Jahre, Autor so berühmter Gedichte wie *Fragen eines lesenden Arbeiters* und *An die Nachgeborenen*.

Wie das so ist bei jungen Dichtern, übertreibt Müller die Eigenheiten des anderen bis an die Grenze der Lächerlichkeit und darüber hinaus. Was bei Brecht oft schon als schwer strapaziertes Stilmerkmal erscheint, taucht bei Müller als Marotte wieder auf. Wer also noch nie verstanden hat, was an den Gedichten Brechts potentiell zweifelhaft und lächerlich ist, dem könnten bei Müller die Augen aufgehen. Alles Brechtische findet sich dort vergröbert und vergrößert wieder: die ruhmheischende Hinwendung zu den Dichtern der Antike ebenso wie der schlaumeierische Weltbelehrungston; die allumfassende Gleichniswut ebenso wie der predigerhafte Duktus. Etwa in Müllers Gedicht *Geschichten von Homer*:

> Häufig redeten und ausgiebig mit dem Homer die
> Schüler, deutend sein Werk, ihn fragend um richtige Deutung.
> Denn es liebte der Alte immer sich neu zu entdecken
> Und gepriesen geizte nicht mit Wein und Gebratnem.
> Kam die Rede, beim Gastmahl, Fleisch und Wein, auf Thersites
> Den Geschmähten, den Schwätzer, der aufstand in der Versammlung
> Nutzte klug der Großen Streit um das größere Beutstück
> Sprach: Sehet an den Völkerhirten, der seine Schafe
> Schert und hinmacht wie immer ein Hirt, und zeigt die blutigen
> Leeren Händ der Söldner als leer und blutig den Söldnern.
> Da nun fragten die Schüler: Was ist mit diesem Thersites
> Meister? Du gibst ihm die richtigen Worte, dann gibst du mit eignen
> Worten ihm unrecht. Schwierig scheint das uns zu begreifen.
> Warum tatst dus? Sagte Homer: Zu gefallen den Fürsten.
> Fragten die Schüler: Wozu das? Der Alte: Aus Hunger. Nach Lorbeer?
> Auch. Doch schätz er den gleich hoch wie auf dem Scheitel den Fleischtopf.

Es hat seinen eigenen, morbiden Reiz zu beobachten, wie die angestrebte dialektische, brechtisch »listige« Volte hier eine Bauchlandung »hinmacht«, teils als altphilologische Schnurre und knarzige Schmunzelnummer, teils als komplett sinnentleertes Radebrechen. Dabei nimmt sich *Geschichten von Homer* noch als harmloser Schwulst aus, verglichen mit dem grauenhaften Kommißton, in dem etwa die industrielle Landschaft der frühen DDR besungen wird:

> Hier werden die Brikettfabriken stehen in
> Fünf Jahren und die neuen
> Kraftwerke. Hier
> Ist Schönheit.

Gewiß ist es ehrenhaft, die Eskapaden der Jugend im Alter nicht zu leugnen. Dennoch haftet dem Verfahren der »brutalen

Chronologie« in solchen Lektüremomenten ein unangenehmer Beigeschmack an. Ist es wirklich so brutal? Läßt sich die scheinbar ehrliche und schonungslose Historisierung der eigenen Person nicht auch als Selbsterhöhung verstehen? Gewiß, daß Müller anscheinend alles, was da ist, auf den Tisch legt, will nicht zuletzt als Geste schonungsloser Offenheit verstanden sein: Wo so viele Versehrte offen herumliegen, liegen im Keller ja wohl kaum noch Leichen vergraben. Das unselige Lavieren zwischen literarischen und politischen Interessen, das bereits einen Teil des Werkes unrettbar verdorben hat, setzt sich also noch in der krönenden Gesamtschau fort. Aber das ist nur ein Teil der Misere.

Der Lyrikdoktor hat die nachfolgende Frage zu einem früheren Zeitpunkt schon einmal gestellt, und er steht nicht an, sie bei dieser Gelegenheit stirnrunzelnd zu wiederholen: Von wem als von den höchsten und größten Künstlern sollte uns denn noch das Geringste interessieren? Indem Heiner Müller der Nachwelt auch seine schwachen und schwächsten Gedichte nicht vorenthält, gibt er zu verstehen, daß er sich zu den Bedeutendsten zählt. Kurz und hart gesagt: Die Gedichte rechtfertigen eine solche Einschätzung nicht.

Erst wenn Müller sein Thema im Subjekt und nicht im Kader sucht, entkommt er der unseligen Rhetorik der Verallgemeinerung, die in jedem Detail nichts als ein Gleichnis auf das große Ganze zu sehen vermag und die Welt nicht anders denn als System begreifen will. Es ist die subjektive Regung des Sarkasmus, die Müller – spät, aber immerhin – aus den Trivialitäten der Gesinnungspoesie errettet. Etwa in diesem Gedicht aus den achtziger Jahren:

MANCHMAL WENN ICH MEINE
PRIVILEGIEN GENIESSE
Zum Beispiel im Flugzeug Whiskey von
Frankfurt nach (West)Berlin
Überfällt mich was die Idioten vom
SPIEGEL meine
Wütende Liebe zu meinem Land nennen
Wild wie die Umarmung einer
totgeglaubten
Herzkönigin am Jüngsten Tag

Da stimmt dann sogar die abschließende Wendung in das Abstraktum der Heimatliebe, weil sie zuvor im Empfinden des lyrischen Subjekts verankert wurde, statt umgekehrt dem Subjekt die Bringschuld für Wohl und Wehe des Gemeinwesens aufzubürden. Weil es das dialektische Klischee scheinbar bedient, in Wahrheit aber geschickt unterläuft, entspricht das Gedicht auch formal dem Thema der schwierigen Liebe zum sozialistischen Halbvaterland.

Zwischen Antipoden. So könnten, wie gesagt, die späteren Gedichte Heiner Müllers überschrieben sein. Gemeint sind natürlich die beiden lyrisch-weltanschaulichen Hauptgegenspieler der deutschen Literatur dieses Jahrhunderts, gemeint sind Brecht und Benn und das, wofür sie im Fall der späten Gedichte Heiner Müllers stehen: das Pendeln zwischen einem auf Linie gebrachten und einem politisch unkorrekten Ich, das aus der sicheren Distanz unbelebter Ecken in Hotelhallen und Restaurants seine Mitwelt beäugt. Das Gedicht *Müller im Hessischen Hof* etwa verabschiedet im Jahr 1992 wenn schon nicht die Revolution, so doch ihre Lyrik: »Der schlafende Penner vor ESSO SNACK&SHOP / Widerlegt die Lyrik der Revolution«.

Schade nur, daß sich mit dem teilweisen Abschied von der Revolution auch die Abkehr von deren Hauptdarsteller, dem Volk, vollzieht. In den Gedichten der neunziger Jahre macht sich das als Dünkel oft unangenehm bemerkbar, siehe den Beginn von *Ajax, zum Beispiel.*

> In den Buchläden stapeln sich
> Die Bestseller Literatur für Idioten
> Denen das Fernsehen nicht genügt
> Oder das langsamer verblödende Kino

Wie so oft, wenn andere herabgewürdigt werden, ist auch hier Selbsterhöhung die unerfreuliche Folge.

Wie eine Klammer umschließen die Gedichte das Gesamtwerk Heiner Müllers. 1949 hatte er, zwanzigjährig, mit Gedichten begonnen und war ihnen ein Jahrzehnt lang treu geblieben. In den sechziger und siebziger Jahren dann, in denen der Dramatiker Müller berühmt wurde, fielen Gedichte nur selten, entweder als Nebenprodukte der Theaterarbeit oder als knappe Zeitkommentare, ab. Erst Ende der achtziger Jahre, mit dem Dahinscheiden der DDR, sah sich Müller wieder auf die grundlegenden Äußerungsformen der Poesie angewiesen. Vor allem für den Krebskranken der letzten Lebensjahre war das Gedicht wohl tatsächlich eine Klammer, mit der er sich an ein schwindendes Leben heften konnte. Die Verse dieser Zeit legen davon bewegendes Zeugnis ab.

Wie eine Klammer haben sich aber auch zwei Optionen deutscher Lyrik um Heiner Müllers Werk gelegt, die agitatorische und die solipsistische. Ausgeglichene Gemüter könnten sagen, Müller habe in der zweiten Hälfte unseres Jahrhunderts noch einmal einen Garten ausgeschritten, dessen Beete bereits in der erster Hälfte angelegt worden waren. Der Lyrikdoktor hätte den Dichter aber lieber querbeet stapfen sehen. Mag Heiner Müller im Sinne Brechts auch den einen oder anderen »benutzbaren« Vers geschrieben haben, ein Lyriker im strengen, im Bennschen Sinn ist er nie gewesen.

*

Wie meine Leser sich erinnern werden, waren die Beschwerden des befreundeten Dichters, auf dessen Notruf hin ich nach Schloß Wiepersdorf geeilt war, nicht etwa der geistigen Notlage eines Stipendiaten oder den Ränken neidischer Kollegen geschuldet, sondern den mißlichen Umständen einer Lebensmittelvergiftung. So trieb mich neben dem leiblichen Appetit auch ein gesunder Hunger nach Erkenntnis, als ich das Stallgebäude der Kunstschaffenden hinter mir ließ und meine Schritte über den knirschenden Kiesweg in Richtung des Haupthauses lenkte. Dort wurde um diese Uhrzeit das Abendessen serviert.

Eintretend, folgte ich dem vertrauten und an allen Orten der Welt gleich heimeligen Geräusch gedämpften Tellerklapperns und leise plätschernder Rede. Mein Gang durch die mäßig langen, mäßig hohen Flure des Schlosses endete folgerichtig vor einem großen, weiß eingedeckten Tisch, welcher als Büffet für die Speisen des Abends diente. Der Tisch war neben dem Eingang zu einem Eßsaal gleichfalls mäßiger Größe postiert, worin sich die kleine Schar der Schriftsteller, Maler und Komponisten um gefüllte Teller tummelte.

Soeben war eine fidele Dame mittleren Alters eingetroffen, die von der weißbekittelten Küchenmamsell als Direktorin des Hauses begrüßt wurde. Die Direktorin schwankte.

»Hmmm«, sagte sie, wobei sie unschlüssig am Rock ihres Kostüms zupfte und mir einen forschenden Blick zuwarf. »Das sieht aber wieder gut aus heute. Da weiß man ja gar nicht, wo man zuerst zugreifen soll.«

Ich räusperte mich und wollte zu einer Entgegnung ansetzen, doch die Direktorin schien mich bereits vergessen zu haben. Mit jäher Entschlossenheit füllte sie ihren Teller aus einer großen, dampfenden Schüssel, die in der Mitte des Tisches thronte. Zwar entzog eine dicke rote Tunke die Zutaten dieses Gerichts allen zudringlichen Blicken, doch gelang es mir, einen Blick auf die Überreste jener Nudeln und Fleischbällchen zu erhaschen, die laut Auskunft meines Freundes auf der Mittagskarte des vorvergangenen Tages gestanden hatten.

Ich überließ die Direktorin ihrem Schicksal, so wie sie mich dem meinen überlassen hatte, und griff nun meinerseits zu. Allerdings verschmähte ich die rote Tunke, desgleichen ein Ofenblech, auf dem eine Art Reissalat eine unselige Allianz mit käseüberbackenen Toastscheiben und schrumpeligen Champignons eingegangen war, nahm ich doch an, daß hier beziehungsweise in den entsprechenden Fleischtöpfen der Vortage die Pathogenese meines Patienten zu orten sei. Die rundum aufgebauten Schüsseln mit Eisbergsalat, Tomaten, Gurken und Zwiebelringen schienen hingegen der EU-Norm zu entsprechen. Dort konnte kein Keim verborgen sein, weshalb ich unbesorgt zugriff.

Eben wollte ich das Gemisch auf meinem Teller mit einigen Würfeln Schafskäse krönen, da erregte ein schlaksiger junger Mann meine Aufmerksamkeit, der mit auffälligem Gang aus dem Eßsaal schnellte und einige wippende Schritte in Richtung der beleibten Küchenmamsell machte. Mit anklagender Miene hielt er ihr einen Teller unter die Augen, auf dem sich eine der meinen ganz ähnliche Salatmischung befand.

»Da«, richtete er das Wort an die Weißbekittelte.

»Was gibt's denn?« entgegnete diese.

»Der Schafskäse. Er ist sauer.«

Unverzüglich legte ich die Schöpfkelle aus der Hand.

»Kann gar nicht sein«, beschied die Bedienstete.

»Sie können gern mal probieren.« Lockend schwenkte der Stipendiat seinen Teller.

»Kann aber nicht sein. Weil, wir haben den Käse eben erst aus der Folie geschnitten.«

»Genau!« Eine zweite Küchenmamsell hat dem Zwiegespräch in den Tiefen ihrer Wirkstätte gelauscht. Nun tritt sie mit den feuchten Überresten einer Großpackung »Schafskäse Akropolis« hinter den Büffettisch. Trübe Molke tropft auf das weiße Linnen des Tischtuchs.

»Aber sauer ist er trotzdem.« Diese Künstler. Immer haben sie etwas auszusetzen. Gott sei Dank hat auch Küchenmamsell Nummer eins etwas, nämlich eine rettende Eingebung. Sie setzt eine bedeutsame Miene auf.

»Ja, das muß aber so schmecken«, sagt die Frau vom Lande.

Der junge Dichter schwankt bedrohlich.

»Glauben Sie mir, ich war schon in Griechenland, und der Schafskäse hat dort nie diesen fauligen Beigeschmack gehabt.«

»Dann legen Sie ihn doch einfach zurück in die Schüssel.« Einladend wedelt die zweite Mamsell mit der Plastikpackung.

»Verstehen Sie doch, der Käse ist sauer. Sie müssen ihn wegschütten.«

»Wenn der nun aber so schmeckt.«

Der weitere Verlauf der Debatte entzieht sich meiner Kenntnis, denn ich folge eilends dem Vorbild der Direktorin, die in Richtung des Eßsaales entschwunden ist, und betrete den rauchgeschwängerten, von halblauten Gesprächen durchzogenen Raum.

»Paß auf«, raunt eine heisere Stimme neben mir. Ich zucke zusammen.

Wird fortgesetzt

*

Ah, der Sommer hält ja doch noch ein paar Sonnenstrahlen bereit! Genau das richtige Wetter für den Lyrikdoktor, um die Fenster zu öffnen, die rauchgeschwängerte Luft aus seiner Pensionärshöhle entweichen zu lassen und einen Blick in Richtung Westfriesland zu werfen, wo Phöbus seinen Wagen soeben in den Untergang lenkt. Phöbus in Friesland! Wenn das kein Eins-A-Ritornell wert ist, will ich nicht Jakob Stephan heißen.

Andere sollen es dichten, denn des Lyrikdoktors Geist kennt keine Ruhe, und seine Sinne wandern mit der Sonne. Rastlos schweifen sie über die westlichen Felder und Marschen, rastlos nähern sie sich der Stadt Groningen, Niederlande. Kurz verweilen sie über dem Schiffahrtsmuseum, ehe sie den Flug über die gleißende Nordsee antreten. Es dauert nicht lange, und Land kommt in Sicht.

Nördlich von *The Wash* markiert ein Regenbogen die Einflugschneise in das Vereinigte Königreich Großbritannien. Dort ist Lincoln, 76700 Einwohner, Verwaltungssitz der Grafschaft Lincolnshire. Ein ödes Kaff (soviel zu dem Versuch, Poesie nach Breiten- oder Längengraden anzuordnen). Unverzüglich biege ich in Richtung Norden ab, wo achtzig Kilometer entfernt die Unversitätsstadt Hull im verblassenden Abendlicht liegt. Weder die Gerbereien- noch die Mühlenindustrie, ja, nicht einmal die Schokoladefabrik kann mich zum Landen verlocken. Doch die Universität zieht meine Aufmerksamkeit mit magischer Kraft an. Endlich, da ist sie: die Brynmor Jones Library, Wirkungsstätte des verehrten Philip Larkin. Für einen kurzen, genießerischen Augenblick verharren des Lyrikdoktors Sinne, ehe sie raubvogelgleich…

Oh. Ich glaube, das Telefon hat geklingelt. Mit drängendem Beiklang reißt es mich aus der abendlichen Reverie. Mögen meine Leser den doktoralen Geist noch eine Weile über der Bibliothek von Hull kreisen lassen. Ich gehe derweil ans Telefon.

Es kommt darauf an, sich selbst zu entkommen. Bis bald!

Heiner Müller: *Die Gedichte.* Suhrkamp Verlag, Frankfurt am Main 1998. 359 S.

GÜNTHER RÜHLE

»Kerr hat zweimal gelächelt«

Die Wiederentdeckung eines Kritikers

Alfred Kerr: Kritiker, Publizist, Poet, Weltenwanderer, Vertriebener: Am 12. Oktober sind es 50 Jahre her, daß er starb. Als er – zur Visite in das Land seiner Sprache zurückkehrend – das Theater in Hamburg besuchte, lähmte ihn der Schlag. Den letzten Schritt in den Tod tat er selbst.

Lovis Corinth hat ihn, als er im Licht des Lebens stand, so gemalt: steile Haltung, stechende Augen, packender Blick, die Arme, wie zur Abwehr und eigener Festigung über der Brust gekreuzt, der Anzug eng anliegend, hoch geknöpft, im Habitus kein anarchisches Künstlertum, sondern innere und äußere Straffheit: eine Stele seiner selbst. Wie er auftrat, hieß: »Hier bin ich. Kerr!!« Sichtbar, als Blickpunkt, stand er im Theaterparkett, bevor der Vorhang aufging. Es geht die Legende, oft hätten die Theater den Beginn verzögert, wenn er nicht rechtzeitig da war. In Carl Zuckmayers Erinnerungen ist nachzulesen, was seine Wirkung auf Theaterleute war. »Gleich neben meiner Mutter«, schreibt er, »saß der grimmige Kerr, der mich bisher so entsetzlich verrissen hatte.« In der Pause der

Uraufführung des *Fröhlichen Weinbergs* kam die Mutter kurz hinter die Bühne. »Sie war starr und bleich, und sie flüsterte nur mit verkrampften Lippen vor sich hin, ›Kerr hat zweimal gelächelt.‹« So was nennt man, ja wie nennt man das? Macht, Ruhm, Autorität? Zuckmayer hatte den Satz der Mutter ein halbes Jahrhundert lang im Ohr. Am nächsten Tag fühlte sich Zuckmayer mit dem Lob Kerrs und Herbert Iherings für den *Fröhlichen Weinberg* so, »als hätten Griechen und Trojaner mich gemeinsam auf den Schild gehievt«.

Kurz, scharf, apodiktisch, überlegen, so war Alfred Kerr der meistbewunderte und meistgehaßte Kritiker in Berlin. Seit den Tagen von damals ist sein Bild fixiert. Was ist sein Werk?

Wir haben in den vergangenen fünfzig Jahren viel dafür getan, die in einer Nacht im Jahre 1933 zerstörte deutschsprachige Literatur in ihren Werken, in ihrem Zusammenhang wieder verfügbar zu machen und die Kontinuität im geistigen Leben zurückzugewinnen. Von den Gebrüdern Mann bis zu Ernst Toller, Alfred Döblin, den Zweigs, Walter Mehring, Tucholsky, Zuckmayer, Hermann Kesten, Anna Seghers und Friedrich Wolf; über Freud, Horkheimer bis zu Popper und Norbert Elias ist alles wieder verfügbar. Von großem Enthusiasmus für eine Kerr-Edition konnte unter deutscher Verlegerschaft bis vor kurzem kaum die Rede sein. Was es in den Jahren nach 1945 an Ausgaben seiner Schriften gab, waren mehr vorübergehende Lotungen und Erinnerungen als Sicherungen für ein weitgreifendes Werk, für ein Leben, das wir noch bis zum Jahre 1933 überblicken, das sich mit der Flucht aus Deutschland, dem Exilleben in der Schweiz, Paris und England unserem Blick entzog und erst mit den Büchern seiner Tochter Judith, *Als Hitler das rosa Kaninchen stahl* und dessen Fortsetzungen, langsam, und jetzt, mit dem Blick in seine jüngeren Jahre, auf sein eminentes Anfangstalent in seinen vergessenen »Berliner Briefen« – ediert unter dem Titel *Wo liegt Berlin?* – plötzlich wieder sichtbar wurde.

Das Leben des Alfred Kerr war – angetrieben von der emanzipatorischen Kraft der sich um 1900 endlich befreienden jüdischen Intelligenz – ein sehr jüdisches Leben. Es war aber auch ein sehr deutsches Leben und gewiß dies noch mehr als jenes. Fasziniert vom deutschen Geist, der deutschen Sprache, hat Kerr vierzig Jahre lang dieses geistige Leben nicht nur kritisch begleitet, sondern mitgestaltet, auch repräsentiert. Sein Wort »Ich bin ein Deutscher« enthält eine Selbstdefinition, die auch dann nicht in Frage gestellt wurde, als Hitlers Austreibung deutsche Staatsbürger in Bewußtsein und Ausgeschlossensein zu Juden machte. Kerr, eingebunden in die Wirrnisse zweier Kriegsepochen, hat, auf seine Art mitkämpfend mit Aufrufen, Analysen und Polemik, dann jenes andere Deutschland mitvertreten, das den Anspruch erheben durfte, gegen die Dämonien, die im Innern des Landes ausbrachen, geistige Kraft und humane Gesinnung als Bestandteil des deutschen Erbes zu bewahren. Er war als richtender auch ein entschiedener Geist.

Seit Lessing, seit der Arbeit der Brüder Schlegel, Heines und Börnes ist in Deutschland Kritik nicht mehr mit solchem Anspruch, solcher Klarheit, solcher Meisterschaft und mit so nachhaltiger öffentlicher Wirkung betrieben worden wie von ihm. Er war ein Kritiker nicht aus Beruf, sondern von Natur. Also einer jener seltenen Menschen, die von Anfang an eine Disposition zum Erkennen, Unterscheiden und Benennen haben. Sinnliches Empfangen und denkendes Analysieren waren die beiden Seiten seines Talents, teilzunehmen an den Vorgängen seiner Lebenszeit, Eindrücke und Erkenntnisse aufs Wesentliche zu verkürzen und sie durch Sprache zu komprimieren und zu schärfen.

Berlin – aus dem er gern flüchtete und ebenso gern dahin zurückkehrte – war sein Feld. Er nutzte, da war er ganz Journalist und Kommentator zum Tag, die Möglichkeiten der Großstadt; sowohl ihre Zeitungen und Zeitschriften – angefangen von *Magazin für Literatur* über *Die Nation* bis zur *Neuen Rundschau*, die Tageszeitungen *Der Tag* und von 1919 ab das *Berliner Tageblatt* wie später den Rundfunk. Die Stadt war Erlebnisland, ihre Geselligkeit ein Informations- und ein Tanzplatz, ihre Tragödien, ihre Zwistigkeiten und ihre Festlichkeiten Nährstoff fürs Schreiben. Die *Berliner Briefe* geben das deutlichste Zeugnis. Kerrs übergreifende Erlebniskraft bewahrte ihn mit den Jahren vor der Schrumpfung auf die Funktion, an die sich die Erinnerung heftet: die des Theaterkritikers, der sich – wie kein anderer – seine Texte zu wahren Sprachballetts formte, der eine neue Sprache brachte, eine ganz ungewohnte Prägnanz und Leichtigkeit.

Gleichwohl – Kerrs Theaterkritiken wurden in einer Stadt, die schon heute auf die Energie des nächsten Tages vertraute, die sich zum ersten Theaterplatz Deutschlands ausbildete, Ereignisse des Tages. Premieren eigener Art. Nicht nur wegen der souveränen Meinungs- und Urteilsbildung oder der Reaktionssicherheit. Sie gaben ihrerseits der Großstadt Gesprächsstoff. Denn als Kerr als Kritiker in Erscheinung trat, von 1893 an, wurde auch das Theater zum Indikator tiefgreifender Verwandlungen. Es setzte neue Themen, brachte neue Formen. Ibsen, Hauptmann, Schnitzler, Wedekind: das war die erste Phalanx der Neuerer gegen die vermuffte, spätidealistische, im gedankenlosen Traditionalismus befangene Szene. Der junge Kerr trat – inspiriert von Robert Schumann – bald auf als Davidsbündler, als Schleuderer gegen die Goliaths und Philister aller Art von gestern und als Harfenist für die Könner. Einer seiner frühen Grundsätze hieß: »Die Kritik schäme sich der ungezwungenen Regungen nicht: des Hasses und der Liebe.« – Er sprach ihr – gegen die herrschende bildungsgesättigte Kritik – das Recht auf Willkür zu, die sich durch Sachargumente sicherte. Kerrs Erfolg als Kritiker war also nicht nur ein Pointenerfolg; sein Erfolg kam aus seinem Gefühl für die Grund- und Gegenströmungen der Zeit.

Willkür und Sachlichkeit: wie geht das zusammen? Viele seiner Kritiken bezeugen: Mit den Klassikern hatte er nicht viel im Sinn; den großen Shakespeare sah er nicht auf dem Götterthron des Theaters. In *Hamlet* fand er für seine Gegenwart kein Meisterstück. Warum? Weil der dänische Prinz nur den königlichen Mörder Claudius, nicht aber das Königtum überhaupt in Frage stelle. An solchen Begründungen zeigte sich der Rebell in Kerr, der Sympathisant, der 1896, mit 29!, während des Sozialistenkongresses in London mit August Bebel im Regents-Park spazierenging, der mit den dort ausgeschlossenen Anarchisten diskutierte, dem Clara Zetkin imponierte und der dann bezeugte, dies sei ein lebensprägendes Erlebnis gewesen.

Kerrs Unverhältnis zu den klassischen dramatischen Dichtungen hat Hans Mayer einmal verglichen mit dem eines gelangweilten, unerzogenen Primaners, der Goethe zwar als Bestandteil des Lehrplans respektiert, aber nicht als Bestandteil des eigenen Lebens gelten lassen will. So mag man denken. Aber der erlebnishungrige Kerr fand »Erlebnis« gerade dort nicht mehr; was er also an Zustimmung verweigert, erklärt sich zum großen Teil aus dem Zustand, in dem er jene dichterische Substanz auf dem Theater vorfand. In dem Moment, in dem ein neuer Mann mit neuer Kraft den Firnis von den alten Stücken wegkratzte, war er zur Stelle. Als Leopold Jessner 1919 das Theater der Republik mit einem anders gesehenen *Wilhelm Tell* einleitete, rief er laut: »Hier ist ein Wunder, glaubet nur!«

Kerr sagte: Auch der Dichter sei nur ein Konstruktor. Aufgabe des Kritikers: das Kunstwerk als Konstrukt zu zergliedern und durchsichtig zu machen, dann es zu werten in seiner Wahrheit und Bedeutung. Analyse und Neuordnen der Einsichten: das war für ihn schöpferische kritische Arbeit. »Produktive Kritik ist solche, die ein Kunstwerk in der Kritik schafft«, schrieb er 1905. Und fuhr fort: »In der Kritik ist also nicht nur Wahrheit zu sagen (welches Voraussetzung ist), sondern ein Kunstwerk in ihrer Äußerung zu gestalten, eine Schönheit zu zeugen, ein Gebilde zu bilden.«

Mit diesem Begriff von Produktivität, der für ihn selbst eine Herausforderung enthielt, wuchs Kerr als Person, als Schreiber, ins öffentliche Bewußtsein und wurde dort bald eine leuchtende, geliebte, anderen eine verhaßte Person.

Diese Person, also auch die Theorie und die Praxis, die sie ausmachten, geriet mit der Veränderung der Zeit in grundsätzliche Konflikte. Seine Position wird etwa von 1920 ab energisch bestritten. Bis dahin, also bis zum Ende des Kaiserreichs, dem Kerrs erste Lebenshälfte zuzuordnen ist, gibt es zwar differierende Meinungen zu den seinen (etwa die von Siegfried Jacobsohn), aber keinen Widerspruch gegen die Position.

Der nun neben Kerr heranwachsende und zu seinem Rivalen sich entwickelnde Herbert Ihering denkt vor allem in Entwicklungen; ihn interessieren nicht Menschen- und Seelenzergliederungen, nicht Stückkonstruktionen. Ihering fragt vielmehr, was ein Stück, eine Aufführung innerhalb der Zeitsituation und der Entwicklung der Bühnenkunst bedeutet. Gegen Kerrs Definition von der Produktivität der Kritik setzt Ihering, Brechts Positionen übernehmend, eine andere Definition von Produktivität des Theaters und der Kritik. Er, Brecht, bestimmt immer deutlicher die Produktivität des Theaters aus dessen Mitarbeit an der Veränderung der Gesellschaft und leitet aus der Mitarbeit an dieser Produktivität die der Kritik ab. So versucht Brecht den Kerr-Antipoden Ihering zu konditionieren: »Sie selbst«, so schreibt er an Ihering, »hatten dieses Theater entscheidend beeinflußt. Es war eine schlechte Sache, in der Sie Ihre gute Kraft investiert hatten. Sie hatten bald für dieses Theater die Zuneigung eines Arztes für seine Patienten. Sie unterschieden zwischen ›gut‹ und ›schlecht‹. Warum unterschieden Sie nicht zwischen ›richtig‹ und ›falsch‹?«

Brecht bezeichnet Kerrs Kritik dagegen als das Muster einer »kulinarischen Kritik«. Die nämlich leiste nur Zutreiberdienst für das Theater und restauriere den Geschmack. »Um die Kritik aus ihrem Schlemmertum herauszubringen, habe ich immer wieder den prinzipiellen Vorschlag zu machen, Kritik solle statt des ästhetischen, kulinarischen den soziologischen, wissenschaftlichen Standpunkt einnehmen. Sie solle fragen ›Wem nützt es?‹« Die gesellschaftliche Rolle der heutigen bürgerlichen Kritik sei »die eines Vergnügungsanzeigers«. Wir lebten aber in einer Situation, in der »etwas ästhetisch glänzend Geformtes falsch sein kann. Das Schöne darf uns nicht mehr als wahr erscheinen, da das Wahre nicht als schön empfunden wird. Man muß dem Schönen durchaus mißtrauen.«

Das enthält eine direkte Polemik gegen Kerr und mehr. Es ist die Funktionalisierung der Kritik im Hinblick auf das erstrebte Ziel gesellschaftlicher Veränderungen. Wenn man so will: eine Kritik der engagierten Parteilichkeit.

Dem ist Kerr nie gefolgt. Kerrs Position blieb auch in den zwanziger Jahren die des progressiven Bürgers. Er blieb offen und neugierig auf die jungen Kräfte, engagiert für Ernst Toller wie für Erwin Piscator, mißtraute dem Expressionismus, blieb verbunden mit den Grundpositionen des naturalistisch-realistischen Theaters von Otto Brahm, weil es in seinen besten Produktionen bezogen war auf den Willen zur Wirklichkeit und Menschenwahrheit.

War Kritik *ein* Grundelement in seiner Natur, so ist das andere Erlebnisbereitschaft, Lebenserfahrung, Welthunger und Lebensbestätigung. Er war eine lustbestimmte Person. Seine Lieblingsbeschäftigungen hat er so benannt: »Seefahren, Musikmachen, Kindern Gutenachtsagen. Atmen. Sätze meistern. Und Krach.« – »Und Krach«: Er liebte den Streit, weil er sich in ihm selbst erfuhr. Der Streit war die Realität des Polemikers, der in Kerr hauste. So brach er vom Zaun den Streit mit dem Berliner Polizeipräsidenten Jagow, die Dauerpolemik mit Maximilian Harden, der – was öffentlicher Einfluß und Anerkennung betraf – gewiß ein nachzuahmendes Beispiel für ihn war. Er prozessierte gegen die bestechlichen Musikkritiker, führte über Deutschland hinweg seinen wahnwitzigen Kampf mit Karl Kraus in Wien, dann den Plagiatsstreit mit Brecht.

Der Lebensenthusiast Kerr war aber nicht blind für das, was um ihn aufwuchs. Obwohl die Politik nicht zu seinen Neigungen gehörte, war er ein politisch reagierender Mensch, dem schon im Kaiserreich die Augen aufgingen, wohin das trieb. In seiner Freundschaft mit Walther Rathenau, dem er im Pariser Exil ein bewegendes Buch der Erinnerung schrieb, hat er politisches Leben und verantwortliches Handeln aus der Nähe erlebt. Anfang der dreißiger Jahre beginnen die politischen Kommentare. In der Berliner *Welt am Abend* sagt er 1931 auf die Frage: »Was haben wir von ihnen (den Nazis) zu erwarten?« dies: »Die Balkanisierung Deutschlands. Das Zurückschrauben der erworbenen Geistigkeit durch Feldwebel und stellungslose Mystiker.«

Kerrs Hellsicht und ätzende Polemik haben den anrückenden Goebbels so erregt, daß er Kerr auf die frühesten Listen der kommenden Proskriptionen und die erste Liste der auszubürgernden Bürger setzte. Kerrs *Diktatur des Hausknechts*, 1934 in Brüssel erschienen, ist eines der ersten politischen Streitbücher des deutschen Exils. Ein Dokument für den Sturz dieses Feingeists in die brutale Politik, die ihn erregt, ihm nahebringt, wie auch in ihm politischer Haß wächst und wechselt mit milderer Stimmung.

Das Leben im englischen Exil, für das er soviel Lob und gute Worte fand wegen der Freundlichkeit, die er fand, war ohne Vergleich mit dem in Berlin. Armut, Suche nach Verdienst, Publikationsnot.

Nach dem Krieg berührte Kerr noch mit einigen Aufsätzen in der *Neuen Zeitung* und in der neugegründeten *Welt* die Zukunft des vernichteten Deutschland. Eine neue Rolle blieb dem Einundachtzigjährigen freilich versagt. Er konnte nur registrieren, was er, der »Zwangsgewanderte«, wie er sich nannte, empfand, als er 1947 zum erstenmal im zerstörten Land war:

»Bin heut, seit vierzehn Jahren zuerst wieder, in dem Land meiner Liebe, meiner Qual, meiner Jugend. Und meiner Sprache.

Diese Trottel wollten mir blitzdumm die Zugehörigkeit absprechen. Ich werde nicht wehleidig … Aber wie kommt man sich vor nach all dem Vergangenen?

Nicht wie ein nachtragender Feind – wahrhaftig nicht. Sondern wie ein erschütterter Gefährte.

Erschüttert... aber mißtrauisch (...) Zuletzt behält der romantische Begriff ›Deutschland‹ die Oberhand. Es ist ja doch nicht auszurotten, was man so lange belacht und geliebt hat. Und eines steht fest: über dem Ganzen dämmert die innigste Hoffnung für ein heut unglückliches Land.«

So gedruckt am 19. Juli 1947 in der *Neuen Zeitung*.

Das war Kerrs Kraft: daß er im Räsonieren nicht das Staunen und im Staunen nicht die Lust an der Raison verlor. Und auch nicht die Liebe zum Leben. Er verzichtete erst darauf, als das Leben in der Lähmung nicht mehr zu leben war.

MARTIN STINGELIN

Nicht Herr im Haus der Sprache

Walter Muschg und Sigmund Freud

Friedrich Nietzsche hat im dritten Aphorismus der zweiten Abhandlung seiner Streitschrift *Zur Genealogie der Moral* eine Formel geprägt, die Schmerz und Kultur in ebenso unauflöslicher wie unnachahmlicher Weise im menschlichen Erinnerungsvermögen miteinander verbindet: »›nur was nicht aufhört, weh zu thun, bleibt im Gedächtniss‹ das ist ein Hauptsatz aus der allerältesten (leider auch allerlängsten) Psychologie auf Erden.« Folgerichtig hat Sigmund Freud, der bei der Lektüre Nietzsches »wegen des inhaltlichen Reichtums seiner Schriften« über eine halbe Seite nicht hinausgekommen sein will[1], seinen Eigennamen an eine narzißtische Kränkung der Menschheit geknüpft, um ihn dem kulturellen Gedächtnis einzuprägen. Freud glaubte, daß diese dritte »große Kränkung« nach der kopernikanischen Wende, die die Menschheit aus dem Mittelpunkt des Universums rückte, und der Darwinschen Entdeckung der Evolutionsgesetze, die den Menschen von der Spitze der Schöpfungspyramide stieß, den Widerstand seiner Zeitgenossen gegen die Psychoanalyse erklärt: »Die dritte und empfindlichste Kränkung aber soll die menschliche Größensucht durch die heutige psychologische Forschung erfahren, welche dem Ich nachweisen will, daß es nicht einmal Herr ist im eigenen Hause, sondern auf kärgliche Nachrichten angewiesen bleibt von dem, was unbewußt in seinem Seelenleben vorgeht«, unterrichtete Freud die Hörerinnen und Hörer seiner 18. Vorlesung zur Einführung in die Psychoanalyse im Wintersemester 1916/17.

Der Germanist Walter Muschg[2] aber war schon als knapp Dreißigjähriger einem Menschenbild verpflichtet, das frei von Idealisierungen war und vor Kränkungen nicht in Schutz genommen werden mußte. Vielleicht konnte er deshalb in den Schriften, die er nach seiner Berufung auf den Basler »Lehrstuhl für deutsche Sprache und Literatur« am 1. September 1936 veröffentlichte, den Namen Sigmund Freud nahezu gänzlich vergessen. In der Zeit zwischen der Zürcher Antrittsvorlesung als Privatdozent für deutsche Literaturgeschichte 1929 und dem Ruf nach Basel sieben Jahre später aber war Muschg einer der wenigen Literaturwissenschaftler unter Freuds Zeitgenossen, der sich auf die Psychoanalyse mit der Hoffnung auf einen methodischen Gewinn für die eigene Disziplin einließ. Das Fakultätsgutachten im Rahmen von Muschgs Berufungsverfahren, das Vorbehalte gegen Muschgs Hang zur Polemik und sein aufbrausendes Temperament festhielt, vermerkt ausdrücklich, »daß er die Prinzipien der Psychoanalyse in die Literaturwissenschaft hineinzutragen wünsche«, aber ebenso aus »der geistigen Welt J. J. Bachofens und verwandter Strömungen« wie Friedrich Nietzsche und Jacob Burckhardt herkomme.[3] Keine Geschichte des Verhältnisses zwischen Literaturwissenschaft und Psychoanalyse versäumt einen Hinweis auf diese Pioniertat.

Muschgs Zürcher Antrittsvorlesung trägt den programmatischen Titel »Psychoanalyse und Literaturwissenschaft«.[4] Es handelt sich um eine methodologische Studie, die das Forschungsgebiet, das die beiden Disziplinen miteinander teilen, vermißt und ihre methodischen Berührungspunkte kartographiert. »Übergriffe« von Psychoanalytikern weist der Literaturwissenschaftler Muschg barsch zurück, doch er begrüßt den »barbarischen Einbruch von Eroberern« gleichzeitig als durch die Schwächung seines Faches gebotenen »Anlaß zur Selbstbesinnung«. Bei allen kräftigen Vorbehalten gegen die »Partei von schriftstellernden Ärzten«, die »in die Literaturwissenschaft hineingepfuscht« habe und ihrem »bisweilen ans Zynische streifenden Rationalismus und Schematismus« die »integrale schöpferische Persönlichkeit« und den unvergleichlichen künstlerischen Rang ihres Werks opfere, hebt Muschg eine Reihe von Anstößen der Psychoanalyse hervor, durch die sich die Literaturwissenschaft eine Erneuerung versprechen darf: »Neu ist an ihnen [den psychoanalytischen Forschungen] die Verschmelzung der drei Gebiete [Traumdeutung, Mythendeutung und Deutung der Poesie] zu einem einzigen Forschungsbereich, durch welche besonders die Fragen der Mythenforschung unmittelbar an die Literaturwissenschaft herangetragen werden. [...] Das Resultat lautet: es gibt bestimmte unbewußte Triebkräfte, welche die Tätigkeit der Phantasie hervorrufen, und bestimmte psychische Mechanismen, die an ihrem Entstehen beteiligt sind; sie spielt sich überdies in bestimmten symbolisierten Ausdrucksformen ab, die sich ergründen lassen und die ergründet worden sind.« So erhofft sich Muschg Anregungen durch die Psychoanalyse bei der Deutung der dichterischen Phantasietätigkeit, bei der psychologischen Durchdringung der dichterischen Phänomene, bei der Interpretation des dichterischen Naturgefühls und bei der Analyse dichterischer Symbole. Überall zeichnet sich die Psychoanalyse hier in den Augen von Walter Muschg durch einen der Literaturwissenschaft überlegenen »Willen zur konkreten Faßbarkeit« aus.

Die Psychoanalyse hat Walter Muschgs Annäherung ihrerseits mit Aufmerksamkeit registriert. Der Bericht über die Antrittsvorlesung, den die *Neue Zürcher Zeitung* in ihrem Feuilleton druckte, wurde Ende Januar 1930 in der Zeitschrift *Die psychoanalytische Bewegung* referiert; kaum war sie publiziert, veröffentlichte dieselbe Zeitschrift zwei Monate später unter dem Titel »Die Psychoanalyse als Rivalin der Literaturwissenschaft« einen siebenseitigen Auszug mit dem Hinweis: »Im Falle Muschg [...] begegnen wir einmal einem außenstehenden Kritiker, von dessen Seite die Anerkennungen uns ebenso wertvoll erscheinen, wie die Einwendungen beachtenswert.«

Ein halbes Jahr später zeugte ein weiterer Beitrag in der Zeitschrift *Die psychoanalytische Bewegung* für die vorübergehende Allianz zwischen der Psychoanalyse und dem Literaturwissenschaftler Walter Muschg, sein Artikel über »Freud als Schriftsteller«.[5] Er gehört nicht zufällig zum Beredtesten, was Schweizer Essayistik hervorgebracht hat, steht darin doch nicht nur Freuds Stil, sondern die Sprache selbst auf dem Spiel, und auf den Hebammendienst des Zitats sei hier bis auf eine Schlüsselwendung bewußt verzichtet, um niemanden von der Lektüre zu entbinden. Muschg hat den eigentlichen Kern von Freuds narzißtischer Kränkung der Menschheit erkannt: Ist das Ich nicht Herr im eigenen Haus, ist es auch nicht Herr der Sprache. Wie aber kann Sigmund Freud dieses Gesetz der Psychoanalyse sprachlich angemessen zum Ausdruck bringen? Um diese Frage zu beantworten, untersuchte Walter Muschg Sigmund Freuds Metaphern, allen voran die allegorisch verdichteten Übertragungen aus dem Bildfeld der Archäologie. Sie entspringen vordergründig dem Bestreben, das Unsichtbare und Unsagbare durch Analogien augenfällig zu machen: »In der Psychologie können wir nur mit Hilfe von Vergleichungen beschreiben«, erläutert Freud dieses Verfahren in »Die Frage der Laienanalyse«. Gleichzeitig offenbart sich in diesen Behelfskonstruktionen aber eine noch größere Darstellungsnot, die Freud in seiner Selbstanalyse, die den Grundstein zur Psychoanalyse gelegt hat, zur Mimesis zwingt: Er kann dem eigenen Unbewußten nur auf die Spur kommen, wenn er nach seinem Diktat schreibt. Hier entdeckte Walter Muschg den Beweggrund von Sigmund Freuds Schreibtrieb, dem er in seinen Texten nachspürte, »Das Drängen des Buchstabens im Unbewußten«, um eine berühmte Formel des französischen Psychoanalytikers Jacques Lacan zu zitieren, der diese Mimesis schließlich zu sibyllinischer Vollkommenheit führen sollte. Und hier enthüllt sich Walter Muschgs Untersuchung von Freuds Texten als Psychoanalyse mit den literaturwissenschaftlichen Mitteln der Stilkritik. Freuds Wortmächtigkeit und Sprachbeherrschung kommen gerade darin zum Ausdruck, daß er sich den ihm selbst unbewußten Vergleichsgründen seiner Metaphern überläßt, um dem Gesetz des Unbewußten auf die Spur zu kommen und es zu formulieren. Diesen Punkt zum erstenmal in wissenschaftlicher, rationalisierender, nicht in poetischer Absicht angesteuert zu haben, zeichnet in Walter Muschgs Augen Freud als Schriftsteller aus, der vom Psychologen nicht zu trennen ist.

Das überraschendste Moment dabei ist vielleicht die Bestimmtheit, mit der Walter Muschg die Schrift als »höchst intimes Gesetz der Persönlichkeit« gegen das Sprechen und die Stimme ins Feld führt. Er analysiert die physiognomischen Schriftzüge von Sigmund Freuds Denken, dessen Sprachkörper er gleichzeitig erotisiert. Wie aber stellt sich Freuds Persönlichkeit in der stilkritischen Brechung durch Walter Muschgs Analyse dar? Wo das Schreiben als Triebkraft herrscht, erweist sich Freud als Eroberer des Unbewußten; wo Wort und Sache dabei zusammenfallen, erweist er sich als Gesetzgeber, der selbst unter dem Gesetz der Sprache und des Unbewußten steht; und wo Freuds Erzählertrieb den Leser in einen im Sprechzimmer geübten Dialog einspinnt, erweist er sich als Therapeut. (Apropos Gesetzgeber: Hierher gehört auch Walter Muschgs Beobachtung, daß Freud seine Vergleiche vornehmlich aus den Quellen der Rechtspflege schöpft. Wort und Sache fallen hier zusammen, weil die Freudsche Entdeckung darin besteht, daß das Unbewußte nicht nur entwicklungspsychologischen Gesetzen untersteht, sondern selbst als Gesetz auftritt: »Der kategorische Imperativ Kants ist so der direkte Erbe des Ödipuskomplexes«, lautet Freuds Formel für diesen doppelten Gesetzesbegriff in »Das ökonomische Problem des Masochismus«.)

Der Schriftsteller Freud als Eroberer, Gesetzgeber und Therapeut? Freud war seinerseits um ein ambivalentes, in der Schwebe des Konjunktivs gehaltenes

Kompliment nicht verlegen. Am 12. Mai 1931 bedankte er sich bei Walter Muschg für ein Gratulationsschreiben zum 75. Geburtstag:

12.5.1931

PROF. DR. FREUD

WIEN, IX., BERGGASSE 19

Sehr geehrter Herr

Sie sind mir seit dem
Aufsatz in der »Bewegung«
kein Fremder mehr.
Und ich bekenne, daß es
keinem besser als Ihnen
gelungen ist mir zu
sagen, was ich über alles
gerne höre und wovon
ich möchte daß es im
ganzen Umfang zuträfe.

Mit herzlichem Dank

Ihr Freud[6]

Die leise Ironie, die in einer doppelten Unentscheidbarkeit zum Ausdruck kommt, ist nicht zu überhören: Erstreckt sich der Konjunktiv, der zwischen dem Optativ und dem Irrealis oszilliert, nur auf Freuds Selbsteinschätzung oder berührt er auch die Trefflichkeit von Walter Muschgs Freud-Analyse? Freud liebte den rhetorischen Topos, seinen Dank für zutreffende Charakterisierungen seines Werks und seiner Person, durch die er sich entblößt wähnte, in ein ambivalentes Lob des in seine geheimen Wünsche und Absichten Eingeweihten zu kleiden. So bedankte er sich am 3. August 1930 beim Sekretär des »Kuratoriums des Goethe-Preises der Stadt Frankfurt am Main« für den Begleitbrief zur Preisverleihung: »Für Ihren Brief habe ich Ihnen besonderen Dank zu sagen, er hat mich ergriffen und verwundert. Von der liebenswürdigen Vertiefung in den Charakter meiner Arbeit abzusehen, habe ich doch nie zuvor die geheimen persönlichen Absichten derselben mit solcher Klarheit erkannt gefunden wie von Ihnen, und hätte Sie gern gefragt, woher Sie es wissen.«

Drei Jahre später scheint Walter Muschg mit der Freudschen Psychoanalyse eher die Anfechtungen als die methodischen Prämissen zu teilen. Von diesen ist das archaische Moment der psychologischen Entwicklungsgeschichte gänzlich in den Vordergrund getreten. Durch ein paar wenige Losungsworte aus der psychoanalytischen Theorie hatte Muschg seinen Aufsatz »Dichtung als archaisches Erbe«[7] auf ihr publizistisches Flaggschiff, die *Imago*, geschmuggelt, auf dem er aber schon unter eigener Fahne kreuzte, deren Bannergrund das Emblem des Tragischen zeigt, das in die archaische Frühzeit des Menschen zurückgreift und das Muschg durch den ›aufgeklärten Bürger‹ »unbewußt« »verdrängt« und »abgewehrt« sieht: »Es gibt keine große Dichtung ohne die überwältigende Beziehung zum archaischen Grund, aus dem auch der Traum sich nährt. Dies ist das Furchtbare und Berückende an ihr, dies ist die Unwirklichkeit, die man an ihren Gebilden wahrnimmt. Sie ist ein Rückfall in diesen Grund, ein Relikt aus ihm.«

Bis auf die gemeinsamen Berührungspunkte in der Archaik, die ihn eher zur Tiefenpsychologie von Carl Gustav Jung zu führen schienen, entfernte sich Muschg ansonsten zusehends von Freud. Nach seinem Vorwort zu *Gotthelf. Die Geheimnisse des Erzählers* von 1931, in dem er Freuds Gleichnis der Archäologie für seine eigene Methode in Anspruch nimmt, in den archaischen Seelenschichten der Dichtung zu schürfen, kommt Walter Muschg kaum mehr und nur noch am Rande auf Freud zurück. In seinen in skizzenhafter Form überlieferten Vorlesungen läßt sich beobachten, wie der bereits in der Zürcher Antrittsvorlesung geäußerte Vorbehalt gegen »die mechanistische Beschreibung des Seelenlebens« als Apparat ins Karikatureske übersteigert wird: »›mit Hebeln + Schrauben‹ d. Kunst nicht völlig beizukommen«.[8]

Indirekt spiegelt sich das Verhältnis zwischen dem Literaturwissenschaftler und dem Psychoanalytiker auch in Freuds Verhältnis zum Schriftsteller Albrecht Schaeffer wider. Walter Muschg, der sich 1929 in Zürich über Schaeffers »Prosadichtung« *Helianth* habilitierte, glaubte in seiner Zürcher Antrittsvorlesung darin ähnlich »starke psychoanalytische Züge« zu entdecken, wie in den Werken von Franz Kafka, Alfred Döblin, Thomas Mann und Hermann Hesse. Tatsächlich zählte Schaeffer, den Freud in seinem letzten Brief drei Tage vor seinem Krebstod »meinen Dichter« nannte, zu den frühesten Bewunderern von Freuds Buch *Die Traumdeutung*, und es mutet wie ein Treppenwitz der Literaturgeschichte an, wenn der Psychoanalytiker den Schriftsteller in seiner Studie über »Das Unheimliche« dafür lobt, die rätselhafte Figur des »Gettatore« im Roman *Josef Montfort* »mit poetischer Intuition und tiefem psychoanalytischen Verständnis« gestaltet zu haben, bezog Schaeffer dieses Verständnis doch aus Freuds Buch, wie sein fiktives Gespräch »Die Geschichte eines Traumes« (1928) belegt: sein erster Beitrag für die *Imago*, der sich ausnimmt wie eine Illustration der Freudschen Traumtheorie.

Doch die Psychoanalyse ist nur der eine Pol von Schaeffers Werk, das gleichzeitig von der Idee des Mythos beherrscht wird. Unter dem Eindruck von Stefan Georges Vorstellung, der Mythos vermöge die Dinge durch bloße Nennung ins Dasein zu rufen und das Chaos zu ordnen, verkehrte und überhöhte Schaeffer die psychoanalytische Beobachtung, daß der Anstoß zur Seelenarbeit von außen kommt, zu einem eigentümlichen Spiegelverhältnis: »Nichts was entsteht in der Schöpfung, entsteht allein aus sich selber.« Dieses Credo war Ausgangspunkt seiner Kritik an Freuds Deutung der Feuerzähmung in »Das Unbehagen in der Kultur«.[9] Während die Feuerzähmung für Freud ein Beispiel dafür war, daß alle großen Kulturleistungen der »Lohn für einen Triebverzicht« sind (in diesem Falle auf die infantile Lust, das Feuer durch den Harnstrahl auszulöschen), entsprachen für Schaeffer sowohl das Feuer selbst wie die Erfindung des Feuerquirls einer ›vorgefaßten Idee‹, einem Mythos, der von der Sonne inspiriert worden war. So gelangte Schaeffer – im Gegensatz zu Freuds passiver Deutung (Verzicht und Verdrängung) – zu einer aktiven Deutung des Prometheus-Mythos als Ausdruck sexueller Erregung.

Auf diesen Widerstreit zwischen der Georgeschen Mythopoesie und der Freudschen Psychoanalyse in Schaeffers Werk hat Walter Muschg in seiner Habilitation ausdrücklich hingewiesen.[10] Er selbst hatte sich mit seinem Aufsatz über »Dichtung als archaisches Erbe« für das tragische Moment entschieden, das diese beiden Ansätze in einer überhistorischen Perspektive miteinander verbindet. So vernehmen feinhörige, an Walter Muschgs Frühwerk geschulte Ohren noch im Vorwort zur zweiten, umgearbeiteten und stark erweiterten Auflage der *Tragischen Literaturgeschichte* von 1953[11] einen leisen Nachklang des psychoanalytischen Gedankengutes, der von gemeinsamen urgeschichtlichen Quellen rührt, auf die sich beide berufen; Freud, indem er den psychologischen Entwicklungsfaden fortspinnt, Muschg, indem er den existentiellen Entwicklungsfaden aufspindelt: »Allem tragischen Denken ist gemeinsam, daß es das Leiden zum Mittelpunkt des Daseins macht. Es begreift die Welt durch den Schmerz. Der natürliche Grund dieses Denkens ist die Tatsache des Todes. Es versenkt sich in die Qual der Kreatur, die mit der Notwendigkeit des Sterbens gegeben ist. Aber es erschöpft sich nicht im körperlichen Schmerz, sondern steigert sich zum geistigen Leiden an den Rätseln des Lebens, das den archaischen Menschen als kosmische Angst beherrscht und noch den Kulturmenschen unbewußt beunruhigt.«

Sigmund Freud jedenfalls glaubte einen Verbündeten auf dem Basler »Lehrstuhl für deutsche Sprache und Literatur« zu wissen. Der Mediziner und Psychoanalytiker Heinrich Meng, der 1933 als Professor für Psychohygiene von Frankfurt am Main nach Basel emigriert war, kondolierte Elli Muschg-Zollikofer am 10. Dezember 1965 zum Tod ihres Mannes, indem er folgende Anekdote überlieferte: »Ich war zu Besuch bei S. Freud in Wien, als mich die Nachricht von seiner Berufung nach Basel erreichte. Freud sagte: ›ich freue mich darüber und gratuliere Basel‹«.[12]

1 Vgl. grundsätzlich Reinhard Gasser, *Nietzsche und Freud*, Berlin/New York: de Gruyter 1997; das Freud-Zitat aus einem Protokoll der Wiener Psychoanalytischen Vereinigung von 1908 auf S. 55.

2 Dieser Artikel ist aus einem Vortrag im Rahmen der akademischen Feier zum 100. Geburtstag des Basler Germanisten Walter Muschg (geb. am 21.5.1898 in Witikon bei Zürich, gest. am 6.12.1965 in Basel) hervorgegangen, die am Mittwoch, den 20. Mai 1998, in der Aula der Museen an der Augustinergasse in Basel stattfand.

3 Zit. nach Karl Pestalozzi, »Walter Muschg und die schweizerische Germanistik in Kriegs- und Nachkriegszeit«, in: Wilfried Barner und Christoph König (Hg.), *Zeitenwechsel. Germanistische Literaturwissenschaft vor und nach 1945*, Frankfurt am Main: Fischer Taschenbuch Verlag 1996, S. 282–300.

4 Walter Muschg, »Psychoanalyse und Literaturwissenschaft« (1930), Antrittsvorlesung in Zürich 1929, in: ders., *Pamphlet und Bekenntnis. Aufsätze und Reden*, ausgewählt und herausgegeben von Peter André Bloch in Zusammenarbeit mit Elli Muschg-Zollikofer, Olten/Freiburg im Breisgau: Walter-Verlag 1968, S. 111–135.

5 Walter Muschg, »Freud als Schriftsteller«, in: *Die psychoanalytische Bewegung* II. Jg., Heft 5 (September-Oktober 1930), S. 467–509; Wiederabdruck in leicht gekürzter und redigierter Form in ders., *Die Zerstörung der deutschen Literatur*, Bern: Francke Verlag 1956, 1958 (3., erweiterte Aufl.), S. 303–347.

6 Handschriftensammlung der Universitätsbibliothek Basel, Nachlaß Walter Muschg F 34, 11, Antwort Sigmund Freuds auf Walter Muschgs Gratulationsschreiben zum 75. Geburtstag vom 6.5.1931, Wien, 12.5.1931.

7 Walter Muschg, »Dichtung als archaisches Erbe«, in: *Imago. Zeitschrift für psychoanalytische Psychologie, ihre Grenzgebiete und Anwendungen*, Wien: Internationaler Psychoanalytischer Verlag, XIX. Band (1933), S. 99–112.

8 Handschriftensammlung der Universitätsbibliothek Basel, Nachlaß Walter Muschg A 15, Grundfragen der Literaturgeschichte (Basler Vorlesung), S. 5.

9 Vgl. Heidi E. Faletti, »Der Feuermythos und die Beziehung Albrecht Schaeffers zu Sigmund Freud«, in: *Germanisch-Romanische Monatsschrift*, N.F., 42. Bd. (1992), S. 428–443.

10 Vgl. Walter Muschg, *Der dichterische Charakter. Eine Studie über Albrecht Schaeffers »Helianth«*, Berlin: Junker und Dünnhaupt Verlag 1929, S. 7: »Die Gegenkraft zu George aber, welche erst die schöpferische Durchschlingung der Sphären möglich machte: das extrem veristische Element, der Hang nach furchtloser Zerfaserung darf vielleicht mit einem Namen bezeichnet werden, der im ›Helianth‹ zwar nicht erscheint, dessen Schatten aber offenbar, obschon durchsichtig genug, auf weiten Strecken des Werkes liegt: mit dem Namen Siegmund [sic] Freuds.«

11 Walter Muschg, »Aus dem Vorwort zur zweiten Auflage« (1953), in: ders., *Tragische Literaturgeschichte*, München: Francke Verlag 1983 (5. Aufl.), S. 11–19.

12 Handschriftensammlung der Universitätsbibliothek Basel, Nachlaß Walter Muschg F 39, 27, Kondolenzbrief von Heinrich Meng an Elli Muschg-Zollikofer, Basel, 10.12.1965.

Die Autoren

JÜRGEN BUSCHE, geboren 1944, ist Chefredakteur der *Badischen Zeitung*.

ERIK V. GRAWERT-MAY, geboren 1944, lehrt Unternehmenskultur an der Fachhochschule Lausitz in Senftenberg.

HERIBERT KLEIN, geboren 1957, ist Redakteur bei der *Frankfurter Allgemeinen Zeitung* und erhielt den Quandt-Medienpreis. Zuletzt veröffentlichte er: *Operation Amerika. Hoechst in den USA* (1996).

ANDREAS PLATTHAUS, geboren 1966 in Aachen, ist Redakteur bei der *Frankfurter Allgemeinen Zeitung*. Er veröffentlichte zuletzt *Im Comic vereint. Eine Geschichte der Bildgeschichte* (1998)

RICHARD RORTY, 1931 geboren, ist Professor für Philosophie an der University of Stanford. Veröffentlichungen u. a.: *Philosophy and the Mirror of Nature* (1979; dt. Der Spiegel der Natur: Eine Kritik der Philosophie, 1980), *Contingency, Irony and Solidarity* (dt. Kontingenz, Ironie und Solidarität, beide 1989), *Achieving our Country. Leftist Thought in Twentieth-Century America* (1998).

GÜNTHER RÜHLE, geboren 1924, studierte Germanistik und Geschichte. Er war von 1974 bis 1985 Feuilletonchef der *Frankfurter Allgemeinen Zeitung*, danach Intendant des Schauspielhauses Frankfurt am Main. Zuletzt veröffentlichte er *Theater für die Republik. Im Spiegel der Kritik* (2 Bde., 1988).

DIRK SCHÜMER, geboren 1962 in Soest, arbeitet als Kulturkorrespondent für die *Frankfurter Allgemeine Zeitung* in Hamburg. Autor von *Gott ist rund. Die Kultur des Fußballs* (1996).

BARBARA SICHTERMANN, geboren 1943, arbeitet als freie Autorin und erhielt den Jean-Améry-Preis für Essayistik. Unter anderem veröffentlichte sie *Vorsicht Kind. Eine Arbeitsplatzbeschreibung für Mütter, Väter und andere* (1992, Neuausg. 1998).

RAINER STACH, geboren 1951, lebt als Literaturwissenschaftler, Publizist und freier Verlagslektor in Frankfurt am Main. 1987 erschien *Kafkas erotischer Mythos. Eine ästhetische Konstruktion des Weiblichen*. Der vorliegende Text ist die überarbeitete und ergänzte Fassung eines Vortrags, der anläßlich der Eröffnung der Ausstellung »Kafkas Braut. Felice Bauer in biographischen Zeugnissen« am 7. Mai 1998 in der Deutschen Bibliothek in Frankfurt am Main gehalten wurde.

JAKOB STEPHAN, 1928 in Greifswald geboren, studierte Medizin und Literaturwissenschaft in Marburg und Tübingen, praktizierte in mehreren norddeutschen Kleinstädten, lebt als Pensionär in der Nähe von Bremen. 1968 veröffentlichte er den Gedichtband *Verse auf Leben und Tod*. Publizierte unter dem Pseudonym »Steffen Jacobs« im S. Fischer Verlag die Lyrikbände *Der Alltag des Abenteurers* (1996) und *Geschulte Monade* (1997).

MARTIN STINGELIN, 1963 in Binningen bei Basel geboren, ist Wissenschaftlicher Assistent für Neuere deutsche Literaturwissenschaft am Deutschen Seminar der Universität Basel. Er veröffentlichte zuletzt *»Unsere ganze Sprache ist Berichtigung des Sprachgebrauchs«. Friedrich Nietzsches Lichtenberg-Rezeption im Spannungsfeld zwischen Sprachkritik (Rhetorik) und historischer Kritik (Genealogie)* (1996).

BERND ULRICH, geboren 1956, ist Historiker und Publizist in Berlin. Zuletzt veröffentlichte er *Die Augenzeugen. Deutsche Feldpostbriefe in Kriegs- und Nachkriegszeit 1914–1933* (1997).

C. K. WILLIAMS, geboren 1936 in Newark, New Jersey, lebt in Frankreich und den USA. Er erhielt den National Book Critics Circle Award for Poetry. Er veröffentlichte u. a. *Flesh and Blood* (1987), zuletzt erschien *Selected Poems* (1994).

Register 1998

(In der Reihenfolge:
Autor, Titel, Übersetzer (=Ü), Jahrgang, Heft-Nr., Seite)

Adonis *Die Wahrheit kommt immer aus der Zukunft. Stefan Weidner im Gespräch mit dem syrischen Dichter Adonis* (Ü: Stefan Weidner) 109 3 97

Arnold, Fritz *Tunis, 1943. Erinnerung an eine Begegnung mit André Gide.* 109 1 165

Berlin, Isaiah *J. L. Austin und die Anfänge der Oxford Philosophy. Essay* (Ü: Reinhard Kaiser) 109 3 109

Blumenberg, Hans *Repräsentant mit Sinn fürs Mythische. Texte aus dem Nachlaß: Thomas Mann in seinen Tagenbüchern* 109 1 9

Böhme, Hartmut *Mediale Projektionen. Von der Vernetzung zur Virtualisierung der Städte* 109 2 64

Böldl, Klaus *Erinnerungen an die Nachwelt. Ein Monolog* 109 3 127

Bollack, Jean *Vor dem Gericht der Toten. Paul Celans Begegnung mit Martin Heidegger und ihre Bedeutung* (Ü: Werner Wögerbauer) 109 1 127

Bude, Heinz *Die Stadt und ihr Preis. Über Abschiede von vertrauten Bildern der Metropole* 109 2 11

Busche, Jürgen *Konditionierte Öffentlichkeit. Ein Lehrstück politischer Führung* 109 4 19

Busche, Jürgen *Warum Carossa? Hans Blumenbergs Hommage an einen fast vergessenen Dichter* 109 1 94

Davis, Mike *Das Ende der Vorstadt und der Sieg der »edge cities«. Schlaglicht: Pomona, Los Angeles County* (Ü: Gennaro Ghirardelli) 109 2 40

Detering, Heinrich *Schnee und Asche, Flut und Feuer. Über den Elementar-dichter W. G. Sebald* 109 2 147

Gernhardt, Robert *Ein Reim auf Leben und Tod. Robert Gernhardt im Gespräch mit Sandra Kerschbaumer über Form, Tradition und Skepsis sowie des Dichters Platz am Nebentisch* 109 1 113

Geyer, Christian *Soziologische Manifeste oder Wie die Soziologie sich zur Orientierungswissenschaft wandeln will* 109 3 44

Grasskamp, Walter *Wenn alles Zeichen wird. Über wissenschaftliche Scheinrevolutionen* 109 3 52

Grawert-May, Erik v. *Positive Paranoia. Selbstführung zwischen Spaß und Ernst* 109 4 46

Grimm, Reinhold *Von Katzen und Translatzen. Anmerkungen zu zwei Versen von Hans Magnus Enzensberger und deren Übertragung ins Englische* 109 1 101

Hacking, Ian *Ironiker, Reformer und Rebellinnen oder Was sich sozial konstruieren läßt* (Ü: Karin Wördemann) 109 3 19

Hinck, Walter *»Aber die Hoffnung«. Hilde Domin plädiert für eine zweite Chance* 109 1 169

Kallscheuer, Otto *Grenzenlos global. Hans Küngs Weg vom Theologen zum Prediger des »Weltethos«* 109 3 57
Kemp, Wolfgang *Mode und Mehr. Harte, aber ungerechte Worte in Richtung Geisteswissenschaften* 109 3 9
Kerschbaumer, Sandra *Ein Reim auf Leben und Tod. Robert Gernhardt im Gespräch mit Sandra Kerschbaumer über Form, Tradition und Skepsis sowie des Dichters Platz am Nebentisch* 109 1 113
Klauser, Wilhelm *Der Kassierer. Schlaglicht: Tokyo* 109 2 24
Klein, Heribert *Patriarchen, Brandstifter, Drohnen. Kleine Galerie deutscher Wirtschaftsführer* 109 4 38
Konersmann, Ralf *Geduld zur Sache. Ausblick auf eine Philosophie für Leser* 109 1 30
Kunert, Günter *Durch die Nacht. Elegien* 109 2 129
Lütkehaus, Ludger *Ortsungebunden. Schlaglicht: Rainer Maria in Las Vegas* 109 2 77
Lützeler, Paul Michael *Vereinigung und Entropie. Der Schock einer Zeitenwende: »Die Überfliegerin« von Angela Krauß* 109 3 142
Macho, Thomas *Hermeneutik der Tränen. Notizen zu Hans Blumenbergs »Matthäuspassion«* 109 1 61
Martelaere, Patricia de *Der vorbildliche Schriftsteller. Rorty, Nietzsche, Wittgenstein, das Sagen und das Zeigen* (Ü: Anne Middelhoek) 109 2 133
McLiam Wilson, Robert *Stock und Steine. Die irische Identität* (Ü: Christa Schuenke) 109 2 161
Moxter, Michael *Die schönen Ungenauigkeiten. Hans Blumenbergs phänomenologische Variationen* 109 1 83
Müller, Lothar *Kosmopolitismus als Obsession. Versuch über György Konrád* 109 2 29
Ōe, Kenzaburō *Was es heißt, in seinen Möglichkeiten eingeschränkt zu sein. Kenzaburō Ōe im Gespräch mit Ulrich Walberer über die Lektüre ausländischer Literatur während des Kriegs, einen komplizierten Stil und die Legenden der Mütter oder Großmütter sowie das Küssen junger Bäume* 109 2 117
Platthaus, Andreas *Das Hilfeleistungsgewerbe. Neue Selbständigkeit sucht neue Wege und verläßt sich auf alte Rezepte* 109 4 26
Redecke, Sebastian *Schwebender Skistiefel. Schlaglicht: Euralille* 109 2 59
Reichholf, Josef H. *Öko-Moden. Was wird aus einer Wissenschaft, die politische Karriere macht?* 109 3 70
Rorty, Richard *Überreden ist gut. Ein Gespräch mit Richard Rorty über Philosophie und Literatur, das Erhabene und die ordnende Vernunft, private Selbsterschaffung und politisches Engagement* (Ü: Reinhard Kaiser) 109 4 87
Rorty, Richard *Wilde Orchideen und Trotzki* (Ü: Joachim Schulte) 109 4 113
Rottenburg, Richard *Auch ein Projektbericht. Dar Es Salaam. Eine lokale Bühne für das globale Stück »Entwicklungspolitik«* 109 2 46
Rühle, Günther *»Kerr hat zweimal gelächelt«. Die Wiederentdeckung eines Kritikers* 109 4 161
Schulze, Ingo *Trümmer. Schlaglicht: Kaliningrad* 109 2 99
Schümer, Dirk *Vom Ball getrennt. Führungsstile deutscher Fußballtrainer* 109 4 61

Seng, Joachim *Von blühenden Sprachgittern. Paul Celan als Leser Jeans Pauls* 109 1 157
Sichtermann, Barbara *Friß, Vogel. Erziehung als Führungsstil* 109 4 74
Sommer, Manfred *»Sagen zu können, was ich sehe«. Zu Hans Blumenbergs Selbstverständnis* 109 1 78
Stach, Reiner *Kafkas ferne Braut. Felice Bauer und die Mühsal der Normalität* 109 4 136
Stephan, Jakob *Lyrische Visite (7). In Wiepersdorf (II), bei Timotei und bei Kavafis* 109 1 174
Stephan, Jakob *Lyrische Visite (8). Exkurs: In Anderen Bibliotheken und in der Business Class* 109 2 165
Stephan, Jakob *Lyrische Visite (9). In unbewohnten Räumen, bei Frau X. und bei »Allegra« (2). Nebst einem Plädoyer des Lyrikdoktors für bessere Gedichte, einem Praxisbericht seiner Sprechstundenhilfe Felicitas Hoppe und einem Leserbrief* 109 3 157
Stephan, Jakob *Lyrische Visite (10). Lesereise: Müller, Hull, Wiepersdorf (III) und Marginalien* 109 4 153
Stingelin, Martin *Nicht Herr im Haus der Sprache. Walter Muschg und Sigmund Freud* 109 4 166
Ulrich, Bernd *»Kämpfen und Durchkommen«. Anmerkungen zur »Führung« angesichts des Tötens* 109 4 9
Walberer, Ulrich *Was es heißt, in seinen Möglichkeiten eingeschränkt zu sein. Kenzaburo Ōe im Gespräch mit Ulrich Walberer über die Lektüre ausländischer Literatur während des Kriegs, einen komplizierten Stil und die Legenden der Mütter oder Großmütter sowie das Küssen junger Bäume* 109 2 117
Wefing, Heinrich *Die neue Sehnsucht nach der Alten Stadt, oder: Was ist Urbanität? Ein Suchbild* 109 2 82
Weidner, Stefan *Die Wahrheit kommt immer aus der Zukunft. Stefan Weidner im Gespräch mit dem syrischen Dichter Adonis* (Ü: Stefan Weidner) 109 3 97
Wetz, Franz Josef *Gegen den Absolutismus der Wirklichkeit. Hans Blumenbergs »Arbeit am Mythos«* 109 1 47
Wieland, Karin *Eine Stadt und ihr Körper. Berliner Metamorphosen* 109 2 101
Williams, C. K. *In einem Regen wie diesem. Gedichte* (Ü: Walter Thümler) 109 4 134
Woelk, Ulrich *Strömungsverhältnisse oder Gibt es Moden in den Naturwissenschaften?* 109 3 84